BEYOND PAST LIVES

前世を超えて

並行現実、同時存在による癒し、変容

ミラ・ケリー 著
Mira Kelley

立花ありみ 訳

ナチュラルスピリット

BEYOND PAST LIVES
by Mira Kelley

Originally published in 2014 by Hay House Inc.

Japanese translation published by arrangement with Hay House UK Ltd., through The English Agency (Japan) Ltd.

わたしの母であるリリアナ・アンジェロヴァ・パシリヴァに捧げます。
あなたの無条件の愛とサポートは、
大いなる源がわたしたち一人一人に注ぐ無条件の愛とサポートの写し鏡でした。
ありがとう！　そして、愛しています。

『前世を超えて』目次

序文

数年前に、わたしは『成功と内なる平安のための10の秘密』という本を執筆しました。その根本的な原理となっているのは「あらゆるものに対して開かれている心と、何事にもとらわれない精神」です。わたし自身の人生において、それがどれほど重要であったか強調してもしすぎることはないほどのものでした。何事に対してもオープンであることが、奇跡を日常的な出来事にするのだと、わたしは長い間信じてきました。そうすることで、宇宙の寛容な力がわたしたちを助け、聖なるシンクロニシティ（共時性）が働いて「ピースをあるべき場所」に配置し、エゴに本当の統治者はだれであるのかを示すのです。

妻とわたしは、いつも子どもたちにも開かれた心を持つように育ててきました。そして、生まれ変わりや前世の記憶といったさまざまなトピックについても自由に議論できるように奨励してきました。しかしながら、わたしは良き友人でもあるブライアン・ワイス博士の著書『前世療法』（ＰＨＰ研究所）を愛読し、世界中のステージを彼とともに立ってきましたが、自分自身はただの一度も前世療法を受けたことはありませんでした。そういう中で、わたしはミラ・ケリーに会いました。

ワイス博士と一緒に働いていたミラから、わたしは数年前に手紙を受け取りました。退行催眠を受けてみないかという内容の手紙でした。彼女は、直感的にわたしがセッションから恩恵を得られるだろうと感じたのだそうです。そして、純粋にわたしにその機会を提供したいだけで、それ以上の意図はないということが書き添えられていました。わたしはミラの心のこもった手紙に心動かされ、彼女の申し出を受けることにしました。

わたしが彼女の退行催眠を受けたいと申し入れるための連絡をすると、ミラは突然、臨死体験（NDE）について綴ったアニータ・ムアジャーニという女性の素晴らしい手記のことを話し出しました。そして、わたしにその手記を送ってくれたのです。その結果として、わたしは数多くのコピーを周囲に配り、この素晴らしい女性の手記を出版するようヘイ・ハウス社［訳注：米国最大のスピリチュアル系書籍出版会社］に掛け合うというところまで動かされました。今では、アニータはわたしの親しい友人であり、彼女の著書『喜びから人生を生きる――臨死体験が教えてくれたこと』（ナチュラルスピリット）はベストセラーとなり、多くの人々にインスピレーションを与え続けています。わたしにアニータの臨死体験（NDE）の手記を送ろうと思ったミラ・ケリーの直感は、素晴らしい出来事の連鎖を引き起こしました。

はじめてミラに会ってから、しばらく時が流れました。その間も、わたしたちは数回のやり取りをしていました。そして満を持して、ミラは退行催眠を行うために、わたしを訪ねにマウイまでやってきてくれました。わたしはセッションについて何も期待しないようにしていましたが、ミラの到着から一時間もしないうちに、想像しうる限り、もっとも興味深い催眠下のタイム・トラベルを経験することとなったのです。ミラはセッション全体を録音し、逐語記録を起こしてくれました。それについて、自著『ダイアー博士の願いが実現する瞑想CDブック――本当の自分に目覚め、満たされて生きる』（ダイアモンド社）の中で部分的に取り上げています（ミラも本書で触れています）。

セッション中に自分が何を話していたのかほとんど覚えていませんが、視覚的なイメージは非常に鮮明でした。ミラとともにいたあの半催眠状態で起こったすべてのことについて、わたしは今でも強く惹き付けられています。また、彼女と会ったあとも続いていた、あらゆるシンクロニシティ（共時的な出来事）に対しても同様です。この経験は、まさに何事にも捕われない一方で、すべてに対して開かれた心を持つということの一つの良い例ではないかと思っています。わたしの好きなマーク・トウェインの言葉に次のようなものがあります。「やっかいなのは、何も知らないことではない。実際は知らないのに、知っていると思い込んでいることだ」。

わたしがそうであったように、きっとあなたも本著とミラが提供している洞察の数々を楽しむことができるでしょう。

Dr. ウェイン W・ダイアー

新たな始まり

わたしは本書を古いブルガリアの儀式とともに始めたいと思います。何か新しいことを始める前や、数多くの人生の節目節目に、愛する母、リアナ・パスレヴァとともに行ってきた儀式です。

母は水の入った器を用意し、そこに新鮮な花を浮かべたものです。そして手のひらで器を包むと目を閉じて、そこに母なる愛を注ぎ込みました。それから、わたしが人生の冒険で加護を受け、導かれるように祈ってくれました。

わたしと母は、家の玄関口の中に立ち、それから母はドアを開けると地面に水をこぼしました。そしてこう言うのです。「あなたの行く先に神がいらっしゃり、そのあとに続くことができますように」と。

わたしは新たな始まりに胸を躍らせながら、玄関先の通路へ踏み出します。そして、地面の水たまりに片足を入れ、「わたしの行く先に神がいらっしゃり、そのあとに続くことができますように」と言いました。

準備が整ったことを確認しながら、一歩を踏み出しました。信じる心とともに未知へと飛び込むことができるように。通路を渡ることは、自分が――肉体的にも、感情的にも、霊的にも――より大きな存在へと移行することを象徴しています。

それからもう片方の足も水たまりにつけ、もう一度宣言します。「わたしの行く先に神がいらっしゃり、そのあとに続くことができますように」。

わたしは足下から安定と確信を感じ取ります。今、自分の道にしっかりと根を下ろしたのだと。その道とは、自らの仕事を通して見出したことを人々と分かち合うことであり、人類の発展に寄与するものです。

わたしは信頼をもって、この冒険へと踏み出します。そして、自分が導かれることも知っています。道中の一歩一歩がわたしにとって必要なものであり、結果的に冒険をサポートしてくれることを知っています。わたしは、これから差し出されるであろう、すべての贈り物や機会に感謝します。そして、本書で紹介する情報がどのようにわたしの人生を変えてくれたのかについても、心から感謝しています。その情報はきっとあなたの人生にも影響を与え、奇跡と発展に満ちた人生を創造するのを助けてくれるでしょう。

さあ、一緒に通路を渡ろうではありませんか！　前世療法、時間、変容、そして癒しの冒険へとともに出発しましょう。

わたしたちの行く先に神がいらっしゃり、そのあとに続くことができますように。

はじめに――前世療法を通じたわたしの癒しと成長の道

わたしが人生ではじめて前世療法を自分自身に対して行ったのは、13歳のときでした。それは、ブライアン・ワイス氏の『前世療法2』（PHP文庫）を読んだばかりの頃でした。彼のクライアントが抱える現在の困難な課題が、どのように前世とつながっていたのかが判明することによって解決されていくことに、わたしはすっかり魅了されました。わたしはそれまで生まれ変わりの概念について、先入観を全く持っていませんでした。というのも、わたしは共産主義国・ブルガリアに生まれ育ったので、幼少時代に宗教やスピリチュアルな話題に触れたことがなかったからです。けれども、もしかしたらという気持ちが湧き起こり、本の中の指示に従って自分自身に前世療法を行いました。その最初のセッションで、わたしは第二次世界大戦に生きたソビエト人スパイの人生を再体験したのです（その全容については第三章で取り上げます）。その体験があまりに鮮明で感情をゆさぶるものだったので、その後のわたしの人格形成に多大な影響を与えました。

それから先は、ほとんどの子どもがたどる道を同様に歩んでいきました。そして大学に進学し、法科大学院で学び、ニューヨークで弁護士として働いていた頃に、再び前世療法と出会ったのです。その頃のわたしは、医師の治療を受けているにもかかわらず、身も心も衰弱させられるようなひどい痛みに一年以上も苦しめられていました。そして突如、子どものときに体験した前世療法を思い出したのです。絶望の淵から地元の催眠療法のセラピストに電話をかけたのですが、たった二回のセッションで自然に治癒されてしまうという経験をしました。それ以来、痛みは戻っていません。

それからというもの、自分の体験談を語り、前世療法の持っている驚くべき可能性について人々と分かち合うことが、わたしの人生の最大の喜びとなりました。また、前世療法について深く学んでいくことにも情熱を注ぎました。前世療法や生まれ変わりの概念について書かれたあらゆる文献に目を通しました。前世療法のセミナーにも参加するようになりました。友人にも自分の体験を話しました。催眠療法が効果的であることを知っていたので、どんな相談を受けてもわたしは毎回同じことを言いました。「ね、セッションを通して癒してみない？」と。また、受けてみたいと言ってくれたすべての大事な人たちにもセラピーを行いました。わたしの愛するパートナーが、その筆頭に上げられます。

わたしが他者に前世療法を行う方法を教わっていないということは、問題になりませんでした。それは、あまりにも自然で簡単だったからです。あたかも、どのようにすればよいかを生まれながらに知っているようでした。けれども、ロジカルな次のステップとしては、ちゃんとした訓練を受けるということでした。ですから、わたしはこの分野で最も卓越した実践者であるブライアン・ワイス博士とドロレス・キャノン氏の元で学ぶことにしました。そして、最終的には自分で開業し、週末にはクライアントに会うようになりました。この一連の流れの分岐点となったのが、ウェイン W・ダイアー博士に前世療法を行う機会に恵まれたことです――この経験が扉を開いてくれました。おかげでわたしは、前世を体験することを通して、クライアントの現在の生活を改善するというワークに全力投球できるようになりました。

クライアントとワークを行っていると、彼ら／彼女らはまさにわたしの眼前で変容を遂げていきます。セラピーの共同作業のあとでは、クライアントの人生はこれまでとは全く違うものになります。そのことは、とてつもない達成感とやりがいをわたしにもたらしてくれます。けれども、この仕事の最も興味深い点は、クライアントを通じて人生について学ばせてもらえているということです。わたしの最も大きなスピリチュアルレッスンは、彼らの探究を通じて得られたものです。こうしたレッスンをみなさんと分かち合いたいと願っていますし、その想いが本書の執筆へと向かわせてくれました。何となく長年耳にしてきたものの、本当には身に付いていなかった事柄について理解を深めることができました。さらに、これまで聞いたことがないような真理についての新たな発見もありました。このような歩みの中で、わたしは自分自身が意識の未知の領域の真の冒険家になったように感じています。

イントロダクション

本題に入る前に、読者のみなさんに「前世を超える」体験を最大限に感じていただけるように、いくつかのポイントを明記しておきたいと思います。以下のポイントに留意しながら読み進めてください。

各章がレッスンです

全10章のそれぞれが、前世療法の経験の中でわたしが発見したレッスンに対応しています。もっとも基本的なレッスンは、過去に働きかけることで現在を癒すことが可能だ、というものです。それについて、第1章ではより詳細に扱います。また、前世療法において、わたしがどのようにクライアントを誘導していくのかについても述べたいと思います。第2章では、ある衝撃的な発見を紹介したいと思います。魂の視座からは、現在・過去・未来の人生は、すべて「今」の瞬間に同時に存在している、というものです。その学びについて第3章でさらに掘り下げ、どのようにわたしたちの選択が新たな現実を創造していくのかについて説明していきます。第4章では、あなたの日常的な「自己」と「高次の自己（以下、ハイアーセルフ）」の違いを明らかにし、どうすればいついかなるときでもハイアーセルフとつながり、そこからガイダンスを得ることができるのかについて説明したいと思います。第5章では、わたしたちの周りで起こっている出来事は、すべて自分自身の反映である、というレッスンについて取り上げています。第6章では、ゆるしの重要性について言及します。第7章ではどのように時間と遊ぶことができるのかについて考察し、第8章の自分自身を癒す《セルフ・ヒーリング》というテーマに取り組んでいきます。第9章のレッスンの核心を理解することで、どうしてわたしたちが自分を愛する権利を持っていて、どのように宇宙がわたしたちを無条件に愛情深く支えてくれるのかが分かります。最後に第10章で、カルマや運命、自由意志について、クライアントがわたしに伝えてくれたことを分かち合いたいと思います。

用語について

本書には、いくつかの特殊な用語が出てきます。あなたに馴染みのある言葉もあれば、そうではないものもあるでしょう。はじめに、誤解を避けるためにいくつかの用語について明確にしておきたいと思います。

すべての創造物の起源である原初のエネルギーを表す名前に、良いも悪いもありません。わたしたちが思いつく限りの名称は、すべて**原初であるもの**から生まれ出ているので、全部が正しいと言えます。したがって、わたしはそれを表すときに言い換え可能な用語として、**神**、**すべてなるもの**、**一なるもの**、**大いなる源**、**創造**、**神なる霊《スピリット》**、**無限**、**光**といった言葉を使います。

また、あなたの本質や存在、スピリット、あるいは意識のエネルギーを表す言葉として**魂**を使用します。

魂は、それ自身の側面を物質的現実の中に映し出します。そして、あなたはそれらの側面を肉体やエゴ、意識的、無意識的な心として認識しています。

すべての魂は**オーバーソウル**を起源としています。オーバーソウルは、別々の魂から構成されています。オーバーソウルは、さまざまな環境や次元における創造というものを体験したいので、そのための方法として自分自身のエネルギーを「分裂」します――分裂されたエネルギーが、異なる人生となるわけです。すべてのパーツは、それ自身で完全で完璧な魂です。あなたと同じオーバーソウルを起源とする人物が、あなたの**魂の片割れ**です。

ソウル・グループとは、生まれ変わりをくり返す中で、親密な関係を築いたオーバーソウルのグループです。ソウル・グループのメンバーは、生まれ変わったときに必要なレッスンを経験できるようにお互いが助け合う約束をしています。

存在にはレベルがあります。それは、最下部の個人の魂からはじまり、頂点の**神意識**までずっと続いています。段階を上げるごとに、より高次のエネルギーと共鳴し、それに伴って個人の意識は薄らぎ、より全体としての意識が拡大していきます。そして、最終的には一なるものに到達します。天使意識は、神意識の一つ下、あるいは最初に分裂したレベルにあり、自分自身がその一なる源からはじめて分離し、固有の存在だと認識した意識です。さらに分裂をくり返してより密度の大きい波動の現実へと降下すると、天使意識はオーバーソウルのレベルに入ります。さらに分裂がくり返されて、最終的には個人の魂となります。この構造を視覚的にイメージするとしたら、シンプルに三角形を思い浮かべればいいだけです。底辺は、人間として肉体的な輪廻転生をしている魂たちを表し、頂点は大いなる源を示していますその間にオーバーソウルの領域と、その上に天使意識があります。

わたしの前世療法のセッションでは、クライアントが**ハイアーセルフ**とつながり、そこからガイダンスや答えを得られるようにサポートしています。ハイアーセルフは、あなたの魂の延長にあり、より高次の領域に存在しています。それは、わたしたちの意識のようには肉体的な現実に沿って動いていません。ハイアーセルフは、あなたの現在の人生のテーマや目的、全体像を把握しています。あなたの魂のエネルギー周波数を持っていて、あなたの本質や目的にかなった波動へと調整してくれます。

また、わたしは本書を通して、**前世や同時並行する人生**、**別の人生**、**パラレル・ライフ（並行人生）**という表現を言い換え可能な用語として使っています。というのも、オーバーソウルの観点では、すべての人生は今の瞬間に同時に起こっているのであり、お互いに並行しているからです。けれども、わたしたちは時の流れを時系列的に認識しているので、今の人生の前の生は、「前世」のように感じられます。本書では、これらの言葉を全て使って、実際には同じ経験であることを伝えていきたいと思っています。

わたしがここで挙げたのは、基本的な用語です。この本を読み進めるにあたって、あなたの理解は深まります。すべての用語が本文にも登場しますので、今の段階でいくつかの用語を理解できなくても心配しないでください。本を読み終える頃には、これらの用語はあなたの言葉になっているでしょう。

エクササイズ

本書を通して、あなたがパワフルな癒しを体験できるように、エクササイズを用意しています。催眠のワークを使うものもあれば、使わないものもあります。エクササイズから最大限の効果が得られるように、手元にノートと筆記用具を用意しておきましょう。気づいたことをメモしてください。そして、あなたにとって使い勝手よく本書を活用してほしいと思っています。印象に残った部分や目に止まった箇所には、下線を引いたり、マーカーを使ったりしてください。ぜひ、空欄やメモに「なるほど！」と思ったことを書き留めてください。それから、友人とその気づきを分かち合ってみてください。そうすることで、本書とあなたの意識のエネルギーがブレンドされてより観点が広がり、あなた自身の成長と意識の変容を実感できるでしょう。

また、あなた自身が前世療法を受けることをおすすめします。そうすることで、実際に身体で知ることができますし、また、かつて経験したある人生を再体験することがどれほど価値のあることなのか実感していただけると思うからです。巻末に付録として、自分自身に前世療法を行うための台本を用意してあります。必要なときに参照してください。また、わたしのガイドによる前世療法を受けたいと思われる方は、『前世療法の癒し、その先へ』のＣＤをご利用ください。入手方法は、巻末の補足資料、オーディオの項目にあります。

本書の目的

人生とは、学ぶことと教えることの循環です。わたしが本書を書こうと思ったのは、前世療法がどのようにクライアントの人生を本来の幸せで健康的なものへと変えていくのに役に立ったのかをお伝えしたかったからです。そして、あなたにも同じことができると伝えたいのです。

本書では、輪廻転生や前世療法の信憑性について掘り下げるつもりはありません。それについては、すでに多くの優れた文献があります。前世療法が効果的であるかどうかは、わたしがはじめて体験したそのときから、わたしの中で揺るぎのない確信となっています。わたしもわたしのクライアントも前世療法から人生が変わるほどの恩恵を受けています。ですから、その部分に焦点を当てたいのです。本書では、クライアントが実際に体験した感情的な変化や肉体の調整、変容といったさまざまな奇跡的な事例を紹介していきたいと思います。

ここで紹介するすべてのクライアントの物語が、とてもパワフルで、わたし自身が感動を覚えたものばかりです。本を書き始めると、何か大きなものが働いていると感じました。この本は、大いなる魂のプロジェクトであるように感じたのです。わたしは単に、創造という巨大なグリッドの結び目に過ぎません。ただ情報を受け取っているだけです。より偉大な魂が、すべてを組織していました。わたしに課されていたのは、ただすべてのクライアントのそばにいて、シンプルな質問をすることでした。「あなたの物語を他の人々と分かち合ってもいいでしょうか？」と（注記：ウェインとセリーナ・ダイアー氏以外は、すべてプライバシーを保護するために仮名を使っています）。

これらの物語を分かち合うことで、わたしが前世療法からどんな学びを得たのかを知ってもらえればと願っています。というのも、これらの学びはわたしだけのものではないと感じているからです。つまり、だれもがそこから学ぶことができるのです。それは、人間としてだれもが直面する試練について語られています。

あなたが本書から必要なサポートを受け、新たな自信と見解を得られることを願っています。また、この世界を生きる上で、新たな機会や生き方を見出されることも願っています。本書があなたを力づけ、理解を深め、さらなる成長の助けとなりますように。そして何よりも、あなた自身が故郷に戻ったような安らぎを得られますように——あなたの内にある神性と再びつながることによって。

第1章

過去を探求することで現在が癒される

事件はむしろ控えめな形でやってきました。歯の詰め物が古くなり壊れてしまったので、新しいものと入れ替えなければなりませんでした。わたしが処置を受けた歯医者は腕が良いと評判でした。けれども、治療後にわたしの口は完全におかしくなってしまったのです。新しい詰め物を入れた歯は、他の歯とうまく噛み合わず、噛んだときに違和感がありました。ですから、歯医者は詰めた歯と周辺の歯の両方に、くり返し調整を続けました。その数限りない「調整」は、顎関節症という症状とともに我慢できないほどの痛みを残していきました。顎の構造上は何も問題ないのですが、周りの筋肉にずれが生じたのです。口を開けようとする度にひどい痛みがあったので、食べることも困難になりました。突き刺すような痛みのせいで、首や肩の筋肉も慢性的に痛むようになりました。話すことも眠ることさえも困難でした。

わたしは状況を良くするために、思いつく限りのことをしました。筋肉の痛みを軽減し、少しでも顎が楽になるように、新しい歯医者のところへ毎週通いつめ、さらなる調整を続けました。そして、マウスガードを付けて眠るようになりました。枕を変え、それからベッドも変えました。週に3回、理学療法士にも会いました。噛んだり食べたりが楽にできるように、食生活も変えました。痛みや感染を抑えるために、四六時中薬を飲んでいました。終わりのないリストは続きます。すべてがわたしの人生に重くのしかかっていました――銀行口座への圧迫も然りです。

一年が経過しても、痛みは依然としてなくなりませんでした。ある日、歯医者はわたしを椅子に座らせてから「ミラ、そろそろ現実を見なくちゃ」と言いました。これ以上同じこと続けても効果は期待できないので、ある決断を迫ったのです。彼は手術をするか、あるいは残りの人生を痛みと共存して生きる術を学ぶことをすすめました。手術は顎を切断し、ワイヤーで再接合するというもので、それをしたからといって必ずしも痛みが軽減される保証はないということでした。そもそも壊れていない部分を切断することに合点がいきませんでしたし、何よりも問題は骨や関節ではなく、筋肉にあると聞かされていたのでなおさらです。けれども、慢性的な痛みを抱えて残りの人生を生きるということも、わたしを震え上がらせました。どちらの提案も受け入れがたいものでした。

人生のシンクロニシティー（共時性）は、自ずとタイミングを知っているようです。週明けに、歯医者のすぐ後に理学療法士と会う予定でした。理学療法士の施術を受けている最中にふとある問いが頭に浮かんだのです。「さて、次はどうしよう。やるべきことはすべてやったし、これ以上何ができると言うの、そうでしょう?」。その瞬間、頭の中にぱっとひらめきました。子どもの頃に試した退行催眠を思い出し、前世を体験したことで体に奇跡的な治癒が起こった人たちの話が記憶に甦ってきたのです。誰の紹介もないまま、わたしは直ちにニューヨークの催眠療法のセラピストを探し出し、予約を入れたのです。

わたしの最初のセッションは1時間でしたが、退行催眠自体は実質15分くらいのものでした。施術者とある程度親しくなり、わたしの抱える問題を知ってもらい、退行催眠を受ける前に彼女の前でリラックスできるようになるため、また帰る前にセッション中に起こったことを振り返るために時間が必要でした

（わたしが現在、クライアントのためにセッションで費やす時間は大体4時間ほどです）。時間が気になり、十分な信頼関係もまだなかったので、初回では前世を見ることができませんでした。けれども、藁をもすがる思いで救いを求めていたので、わたしは数日後の予約を取りました。

二度目のセッションで、非常に短い時間ですが、わたしは前世を体験することができました。長身で頑強な黒人男性としての自分の姿を見たのです。鉄製の重くてがっしりとした首輪が首にかけられており、手首と足首に四つの枷がついていました。首輪は鎖とつながっていて、手足の枷まで伸びていました。鉄製の首輪がはずされることはなく、非常に不快で常に顎にこすれていました。そして、現在の人生で顎関節症の痛みに悩まされているまさに同じ部位に、一生消えない傷があったのです。奴隷として生きた人生では、わたしは肉体的にはとても強かったのですが、非人間的な扱いによって魂が壊されていました。頑強な肉体と無力な魂の間に、完全な分裂が起こっていました。わたしは絶対的な無力感に支配されていました。自分の所有者に対して何の嫌悪感も持っていませんでした。むしろ、感謝さえしていたのです。十分な世話もなく、ただ食事を与えていたというだけなのに、大変な好意だと受け取っていたのです。そして、心から感謝していたのです。

施術者のオフィスの中で、わたしは涙を流して泣きました。奴隷としての自分をとても哀れに思いました。わたしは彼の痛みと壊れた魂を感じ取ることができました。どうしたら人間が他の誰かをこのように扱うことができるのでしょうか？　どうやって人間が他の誰かの首に鉄製の首輪をかけられるのでしょうか？　明らかに虐待をしている相手に対し、どうしてわたしは感謝していたのでしょう――ただ食事を与えられていたという理由だけで？　あんなに頑強な体を持っていたのに、どうしてあれほどの無力感を味わっていたのでしょうか？　どうして声を上げなかったのでしょうか？　反逆でも逃走でもして、置かれた状況をどうして変えようとしなかったのでしょうか？

わたしがその体験から持ち帰った主要なメッセージは、「力強さとはどういうことですか？」と。催眠状態から覚めて、施術者のカウチに腰掛けながら彼女に問いかけました。彼女は何も答えませんでした（現在わたしはクライアントがより高い見地から理解できるように、質問しながら誘導していきますが、彼女はそういうやり方ではありませんでした）。その代わりに、シンプルに「あなた自身が答えを見つけるのですよ」と言いました。

この二回目のセッションでは一つのヴィジョンしか見えませんでしたが、わたしにとっては非常にカタルシスの強い体験でした。その日一日中、「力強さとはどういうことだろう」と自分に問い続けていました。明確な答えはやってきませんでしたが、あふれ出る涙とともに感情が解放されていきました。

今になって振りかえってみると、それ以降のわたしのキャリア生活において、この問いが中心的命題となっているのではないかと思います。当時のわたしは若手で、所属する法律事務所の中のもっとも優秀な弁護士の一人でした。上司からは毎回、労働倫理や法律家としてのスキル、クライアントの対応や仕事上の取引などを高く評価されていました。けれども、同格の同僚のように給与を引き上げてもらうことはできませんでしたし、真摯にお願いしたにもかかわらず、転職もゆるされませんでした（数カ所からオファーがありました）。忠誠心によって満たされるというよりは、あの奴隷のようにわたしは力の欠如を感じていました。同僚を愛していましたし、その事務所にいることの心地よさや安心感は失いたくありませんでしたが、自分の欲しいものを得られていませんでした。声に出しても解決しませんでしたし、こだわることもかえって自分を傷つけてしまうかもしれません。ですから自分の感情をのみ込んで、これまで通り良き働き手でいることしかできませんでした。

来る日も来る日もこのような感情的苦痛を噛みしめている一方で、どうすれば顎の痛みを解放できるかを模索していました。あとになって気づいたのですが（本書でも後ほど詳述しますが）、すべての肉体的不調や病は感情のレベルからはじまります。もし肉体に不調を感じたら、自分の内側を見つめて解決の糸口を探すサインだと考えるとよいでしょう。わたしたちが意識的に課題から目を背けようとしたとき、それを健康の問題として身体が反映してみせます。今となっては、奴隷であった頃のわたしの葛藤と現在のわたしの葛藤が関連していたことは明白です。

催眠療法のセラピストは、顎が癒されるための誘導は行いませんでしたが、セッションによってわたしは自分自身に力があり、したがって現実は自分で選択できるのだということが分かりました。翌日、この一年強のうちではじめて顎に痛みを感じずに目を覚ますことができました。

あっという間にわたしの生活は元の状態に戻りました。痛み止めもやめ、マウスガードもいらなくなり、理学療法士に会いに行くこともなくなりました。次に歯医者に行ったときは、彼はわたしの回復について何も言えませんでした。わたしの治癒を奇跡と呼びました。

わたしはいつでも別の事務所に移ることができると気づきました。奴隷のときに経験した無力感のパターンをくり返す必要はもうありません。仕事においても、自分自身をだれとも対等で力を持った存在だと認識できるのです。それによって肉体的、感情的な課題が解消され、わたしは前に進むことができました。

力強さとは何であるかという問いに対する答えは得られたでしょうか？　奴隷の人生や上司との関係か

らわたしが気づいたのは、本当の力とはわたしが学生時代に政治学で学んだこととはかなり違っているということでした。力強さとは、誰かを支配することではなく、自分が何者かということに忠実であることだと、今のわたしは知っています。他者を支配したり操作しようとしたりする人たちは、自分が無力だと感じているからそうするのです。彼らは、他者や自分自身を傷つけずに欲しいものを手に入れることはできないと思っています。一方、本物の力はただ欲求と許容、信頼を必要とするだけです。本物の力は大いなる源の偉大な創造との同調だけを求めています。本物のリーダーにとって、力強さとは統合の観点や他者を鼓舞したいという想いから率いていくことです。

あの肉体的な痛みは、シンプルですが深遠なレッスンをわたしに与えてくれました。力とは自らの本当の姿を認識することから生まれ、自らの力強い本質を知ることを可能にするのは自分自身にほかならないのだと教えてくれたのです。

*

それから7年もの月日が流れました。今日に至るまで、わたしは一度も痛みを感じていません。その間、わたしの顎がどのように治癒したのか歯医者に説明しませんでした。当時の自分のスピリチュアルな探求について、オープンに人に話すことに抵抗があったのです。自分が癒されたという事実だけで十分だと思っていたので、説明は必要ありませんでした。けれども本を執筆する段階になって、もう一度その歯科医に会う機会がありました。お互いに会ったのはしばらくぶりだったので、近況報告を交わす中で、わたしは自分の新しいキャリアについて話しました。彼は興味深くわたしの話しを聞きながら、自分はエルサレムの旧市街を訪れる度に、なぜか馴染みがあるという奇妙な感覚におそわれると言いました。彼は、別の人生で住んだことがあるのだろうかと声に出して打ち明けたのです。

わたしは彼の言ったことに驚きました。実は最初から、彼とスピリチュアルな事柄について話すことができたのでしょうか？　多分、わたしは自らの不安を彼に投影していたのでしょう。彼のオープンな姿勢に勇気づけられ、わたしは自分のバックの中から『前世療法の癒し、その先へ』のＣＤを取り出して、彼に渡しました。

「わたしの顎がどうやって治癒したのかについてこれまで話したことがありませんでしたが」と切り出しました。彼はわたしの話に熱心に耳を傾けてくれました。

「これから顎関節症の治療の専門施設を開業するつもりなんです」と彼は言いました。そして一呼吸おいてから、わたしの目を見てこういったのです。「もっとそれについて話しましょう」。

言うまでもなく、前世療法がわたしの人生にもたらした奇跡に興奮しながら、わたしは歯科医のオフィスをあとにしました。前世療法は、きっとあなたの助けとなるはずです。ですから、もっとも基本的な質問からはじめしょう。そもそも前世療法とは何でしょうか？

前世療法　101

退行催眠は非常に繊細でありながら、とてもパワフルなツールです。セッションでは、わたしはクライアントの身体と心を深い安らぎの状態へと誘導します。身体がリラックスすることによって、意識は覚醒した状態よりも内面の深い領域へと自然に向かいます。

わたしたちは常に、自分のあらゆる人生につながっています。これまで生きてきた人生、そしてこれから生きる人生のすべてです。それらはわたしたちの道、本質、遺産の一部なのです。外的な世界の刺激を背景へと退けることで、わたしたちは簡単に自らを形づくってきた経験につながることができます。セッション中は、他の人生の物語やイメージや情感がすぐに甦り、クライアントの記憶に鮮明に流れ込んできます。

セッションはどれもユニークですが、クライアントが経験することは彼らにとって最善の形で役に立つよう、いつも完璧に備えられます。経験する人生は、無作為に選ばれていないのです——ディナーパーティーで披露するための単なるネタではありません。生まれ変わりを再体験することは、自分が何者であるかを理解する助けとなりますし、わたしたちをもっとも圧迫するような身体的、感情的な課題を理解するためのガイダンスを与えてくれます。このシンプルなプロセスによって、自分がかつて生きたことがある人生を体験しますが、その終わり方は実にさまざまです。けれども、どんな場合でも、クライアントは畏敬の念を示します。また、クライアントがハイアーセルフや霊的なガイド、天使とコミュニケーションできるようなワークも行います。そうすることで、重要な決断をする際のアドバイスや人生の問いに対する答えを得ることができます。

退行催眠は感情的、身体的な問題を解決する助けとなります。恐怖症やトラウマを理解し、解放する手助けにもなります。退行催眠によって、他者との人間関係を理解できますし、関わりのあった人生の中でどのような役割を担っていたのかが分かります。時をさかのぼって紡がれた関係の糸を見つけることで、どうして今の状態が起こっているのかを理解できるのです。そして、より慈悲の心とゆるし、愛をもって見ることができます。

本書に描かれている退行催眠の物語（クライアントとわたし自身のも含め）は、人間であるとはどういうことなのか、時間とは何か、宇宙の無限の可能性とは何か、もっとも深刻な身体的・感情的な問題を癒すためにどうすればよいのか、について多くの学びをもたらしてくれました。

別の人生を体験するために、特別な環境は必要ありません。ふと別の生を思い出すような場所や状況に置かれると自然と思い出すのです。また、夢の中で体験することもあります。けれども、退行催眠によって意図的に思い出すことで、答えやガイダンスを得るために前世からの情報を引き出すことができます。

意識にとっては、そのプロセスは途切れのないものです。脳波の活動にわずかな変化を加えるだけでいいのです。退行催眠では、ベータ波の状態（通常の覚醒状態）からアルファ波の状態（リラックスした状態）に移行します。そこからわたしのガイダンスにしたがって、クライアントはシータ波かガンマ波の状態に移ります。シータ波は、うとうとしているけれども、どこか気づいている状態です。この状態は眠りに落ちる前や、目が覚める前になるものです。シータ波は、意識と無意識の境界にあります。意図的に活用すれば、非常に深いレベルの学習や癒し、成長が起こる状態です。ガンマ波のレベルでは、わたしたちは非常に高められた知覚と意識を経験し、万物との一体感を得られます――存在そのものの本質を先天的に知っている状態、至福の状態です。退行催眠が強力に作用するのは、このシータ波とガンマ波の状態です。

クライアントをそのような深いトランス状態に誘うために、わたしは催眠を使います。けれども、催眠ほど誤解され、恐れられている手法はあるでしょうか！　催眠術のショーで繰り広げられるパフォーマンスを見ることで（さらには、「心を思うままに操る」という暗示の文言のせいで）、わたしたちのエゴは自らの支配権を放棄させられることを本能的に恐れます。深いレベルのトランス状態に入ることは、わたしたちが人格のコントロールを手放すことではありませんが、そのことがしばしば誤解されています。退行催眠の最中、あなたは完全に自分をコントロールできます。それどころか、セッションを通してエゴや意識が同席していることこそが重要なのです。プロセスの一部を意識が担っている――プロセスから学び理解しているのは意識だからです。退行催眠で見出された新たな情報によって、エゴを含めた全人格がより拡大されたあり方や人生を創造していくのを可能にします。

すべての催眠は、つまるところ自己催眠です。リラクゼーションのプロセスでエゴ意識が物理的な環境を見て、当人は（身体は）安全だと判断するのです。わたしの存在とオフィスの空間が安らかで心地よいものであれば、安心してリラックスできます。それはわたしに対して信頼をおき、きちんとガイドし、安心して身を任せられると感じていただけるからです。エゴが探究の最中に安全だと判断すれば、意識は自ずと舵取りをします。

催眠とは、自分の内側に意識の焦点を向けるということです。身体をリラックスさせることで、外的感覚のインプットから内なる感覚のインプットへと意識の焦点を向けることができます。心は肉体的現実から離れて、内なる感覚を解き放ち、探究することを可能にします。次に、内なる感覚は自ずと舵を取り、意識の異なる層を旅するのです——感情、個人的な信条、社会的信条や構造、そしてハイアーセルフの領域へと。わたしたちの心的エネルギーが高まれば高まるほど、自分の人格的個性や人生の物語から離れることができます。波動が高まれば高まるほど、オーバーソウルと呼ばれる意識に近づけるのです。

前述したように、オーバーソウルとはわたしたちの現在、過去、未来の人生を包み込む、いわばすべての魂の「母」のようなものです。オーバーソウルは、あらゆる時代を「今」として体験できる領域にいます。オーバーソウルから見れば、わたしたちが「現在」「過去」「未来」と呼ぶ時間はすべて同じ瞬間に起こっているのです。退行催眠では、内なる感覚がオーバーソウルの領域に到達できるようにします。つまり自分の意識をオーバーソウルの意識へと融合させるのです。その領域では、自分が戻りたいと願うどの人生の現実も体験できます。ですから、ある人生を再体験したときは、その人物に完全になりきることができるのです。わたしたちはその人生を、自らが生み出したすべての魂と一体になっているオーバーソウルの観点から知覚しています。セッション中は、「別の人生」を自分だと感じる一方で「今の人生」も自分だと認識しています。というのも、オーバーソウルのエネルギーや活動の域では、両方の人生が二つの別々の軌道として同時に起こっているからです。オーバーソウルからすれば、わたしたちのあらゆる生は

「今」にあります。ですから、セッションでもそのように体験します。

したがって、退行催眠とは、実は記憶の体験ではないということです。もちろん、便宜的にそのように表現しても構いません。別の生を「前世」と呼ぶときには、そうしているわけです。ですが、本当にセッション中に何が起こっているのか理解したいのならば、わたしたちは自分のエネルギーの波動をオーバーソウルにつないでいると認識しなければなりません——その領域において、わたしたちは「今の瞬間」に起こっている別の生を体験しているのです。この認識の仕方は、前世療法や存在の本質に関するまったく新しい見方と言えましょう。第6章で扱う時間のレッスンでは、この事実に関する理解を深め、わたしたちが「前世療法」と呼ぶ探究の威力を存分に味わうことを可能にします。

人生のレッスン

退行催眠は、わたしたちの人生のレッスンを学ぶためのもっとも効果的な道の一つです。わたしたちが自分の生きた別の人生につながるとき、その葛藤や喜び、感情、物語の詳細を体験することができます。魂は前世で縁を結んだ他の魂と生まれ変わり、一緒に成長し、探究し続けたいと願います。だからこそ、わたしはしばしばセッション中に愛する人たちや友人と出会います。同様に、困難な人間関係を持っている人たちとも会います。退行催眠で経験する人生は、必ず今の人生と共通のテーマを持っています。前世の再体験は、わたしたちが今葛藤しているレッスンに取り組むための異なる観点を提供してくれます。それがこのプロセスの威力です。わたしたちは大局的な見地、すなわち、数々の人生を通して織りなされたタペストリーを見ることができるのです。そうすることで、自らの魂の歩みをより深く広範囲に理解することができます。同じ試練を別の生でどのように乗り越えたのか知ることによって、今の行動を変える力を得ます。自分自身を解放できるのです。自分自身を勇気づけられるのです。こうして、前世を探究することでわたしたちの現在の肉体的、感情的課題を癒すことができます。

それでは、わたしのクライアントが伝えてくれた人生のレッスンを見ていきましょう。そして、それらのレッスンがあなたの人生をも変容する可能性に触れてみましょう。

第2章

あらゆる人生は同時に起こっている

まだ企業法務弁護士事務所に勤めていた数年前のある日、わたしは事務所近くのバーンズ・アンド・ノーブル〔訳注：全米規模のチェーンを持つ書店〕に立ち寄ることにしました。ちょうどランチタイムで、事務所に戻る前に何か目を引くような本はないか探してみたかったのです。ニューエイジ系のセクションの棚の書籍に目を通していると、わたしのお気に入りの一つであるジェーン・ロバーツ著『個人的現実の本質』(ナチュラルスピリット)が目に止まりました。棚からその本を手に取ると、とてもよい感触がしました。そして、本を開こうとするとある考えが浮かんだのです。

「名刺を本に挟もう」と。

こうした直感が訪れた瞬間は、わたしは疑問を挟まずに、遊び心をもって好奇心に従うことを学びました。けれども、浮かんだ言葉は全くのナンセンスに感じたことも認めなければなりません。それでも財布の中から名刺を引っ張りだしてページの間に挟み込んだのです。棚に本を戻すともう一つの考えが浮かびました。

「この本を買い、名刺を見つけた人はわたしにとってとてもスペシャルな人になる」と。

この考えはあまりにも異質で、あたかも外から降ってきたようでした――そう、わたしよりもずっと多くを知っている存在です。「とてもスペシャルな人」という言葉に神秘的な雰囲気が漂っていました。わたしの魂はそれを感じ取っていましたが、頭では説明がつきませんでした。

数か月後、わたしはすっかりそのことを忘れていましたが、ジョンという男性からEメールが届きました。ジョンはもう一度「個人的現実の本質」を読むときがやって来たと感じたのだそうです。それで、職場から通りを挟んだ目の前にある同じバーンズ・アンド・ノーブルに足を運びました。彼はわたしが手に取ったのと全く同じ本を手に取ると、名刺が落ちて来たと言うのです。

彼は「だから何だというんだ？」と自分自身に言ったそうです。それでも彼自身が知る由もない理由から、とにかく名刺を取っておくことにしたのです。そして、その夜に仕事から帰るとわたしのウェブサイトを訪問しました。たった数分間読んだだけで、ジョンはわたしにEメールを送りました。何かがそうするように後押しし、ほとんど自動的だったと彼は説明してくれました。

わたしのウェブサイトの数千にも及ぶ言葉の中の一フレーズが彼の心をとらえました。半年前のブログで、わたしは職場で自分が「魂の覆面捜査官」みたいだと書いたのです。当時わたしは、企業弁護士としてパークアベニューの大手の弁護士事務所で働いていました。とてもよく仕事をこなしていたので「有能な弁護士」として、同僚たちにスピリチュアルなことに関心を持っている自分――ひいては自分の本当の人となり――を見せることができませんでした。自分が誤解され、ジャッジされ、社会から葬り去られることを恐れていたのです。わたしを魂の覆面捜査官のように感じさせていたのは、そのような孤独感からでした――わたしは密かに職場にポジティブなエネルギーや協力的な雰囲気、バランス、光をもたらそうとしていましたが、そうした資質はあまり重要視されませんでした。ジョンも同じことを感じていたので、わたしにメールしたのです。彼はそういったことを理解できる人と自分の気持ちを分かち合いたかったのです。わたしはまさにそういう相手でした！

ジョンは自分が20代半ばの独身男性であり、数年前にスピリチュアルな歩みを始めたのだけれど、そばにいてくれる家族や友人がいなかったのでとても孤独だと言いました。そこでわたしは自分の前世療法の体験を話し、そこから学ぶのはいつもその人にとって完璧なことで、もっとも予期しない形で癒しが起こるのだと言いました。興奮冷めやらぬうちに、わたしはセッションを受けてみませんかと誘い、ジョンは喜んで応じたのです。

わたしはこれまですべての家族や友人たちに、情熱的に退行催眠について語ってきましたし、彼らの多くにセッションを行いました。でも、ジョンに関しては別でした。彼はたった今知り合ったばかりの人でしたから。約束の日が来たとき、わたしは緊張していました。彼の身体をリラックスさせるためのガイドを始めたときは、声が震えていました。けれども幸運なことに、彼をリラックスさせていくうちに、自分もリラックスしはじめました。けれども、このときはまだこのセッションから自分が出会う最初のレッスン（そして、おそらくもっとも興味深いレッスン）がどんなものであるのか、想像もつきませんでした。

今なんて言ったの？

ジョンの意識の焦点を内側へと導いたあとに、わたしは彼に見えるもの、感じるもの、聞こえるものをそのまま言うように促しました。彼は自分が丸石を敷いた通りにある床屋の前に立っていると答えました。そして、通りの街灯柱には傘がかかっていると続けました。彼はスーツを着ていました――茶色のパンツ、ベスト、ストライプの入ったワイシャツに茶色の背広を羽織っていました。アンサンブルを完成させるべく、礼装用の靴とジョンいわく「新聞配達の少年」のような帽子をかぶっているとのことでした。彼は30代前半で、名前は現在と同じジョンでした（彼はセッションで体験したさまざまな人生で異なる名前を持っていましたが、分かりやすくするためにすべてをジョンで統一します）。

彼の人生について質問しながらセッションは続きました。彼の人生について話すときは、ジョンは名称や日付に関してとても具体的でした。彼はブルックリン、ニューヨークに住む成功した銀行マンであり、キャサリンという名前の妻との間に、息子と娘がいました。１９４０年に彼の息子が生まれた場面に立ち会い、それから１９６３年の娘の結婚式の場面にも行きました。彼の息子は１９５７年に自動車事故で亡くなったことも知りました。ジョンは娘の結婚式のときに、もっとよい伴侶を見つけられたのにと思っていたことも思い出しました。時が流れ、娘との連絡も途絶え、妻が１９７１年に亡くなったあとの彼の人生はとても孤独でした。世の中から疎外されたように感じ、誤った投資の判断によって財産を失ってから数年が過ぎると、彼は1978年に自殺しました。

その人生からジョンが学んだ最大のレッスンは、孤独であることと自殺したことの影響でした（それについては第6章で詳しく取り上げます）。ジョンの魂が肉体から離れ、魂の次元へと昇っていったときに、霊的なガイドに会うことができました。ジョンとガイドは彼が生まれ変わらなければならない理由について話し合いました。彼が一方的に断ち切ってしまった人生では耐え難かった孤独という課題に、向き合うために生まれ変わる必要があるということでした。彼はすぐさま生まれ変わるという体験をし……そして今は1950年だと言ったのです。

え、今なんて言ったの？ という問いがわたしの頭の中で鳴り響きました。**なんと言うこと！** パニックと疑念の波が押し寄せてきました。ジョンは目の前のベッドに寝ていて、わたしはショックをひた隠しにしながら真横の椅子に座っていました。たった今、彼は20世紀の初頭に生まれ、1978年に亡くなった人生を経験し、そして次に1950年に生まれ変わったと言うのです！

わたしの頭は異議申し立てをしていました。**いいえ、いいえ！ そんなことは断じてあり得ないわ！ 時間はそのように進まないもの。生まれ変わりはそのように起こるはずがないわ。時間は直線的よ。一つの生を全うした魂だけが次の生へと移れるのよ。すべてがあり得ないわ！**

わたしはショック状態にいました。わたしは呼吸を止めて、存在を椅子の内に消し去ろうとしました。けれどもわたしの呼吸がそれを真っ向から否定し、わたしのパニックに彼が気づいてしまうのではないかと恐れました。わたしの駆け巡る思考に彼が影響を受けて、せっかく浮かんでいる情景が妨害されてしまうのではないかと心配したのです。

静寂はまるで永遠のように感じられました。心臓はハンマーのように脈打っています。ジョンの言葉が頭の中で反響し、**どうしよう？　なんと言えばいいの？**　と自問していました。**ただ待ちなさい**、という声が内面の奥深くからやってきました。**最初に彼が語るに任せなさい**、と。

わたしは待ちました。酸欠で胸が苦しくなりました。わたしはこれまで試みた中で、もっとも静かな呼吸をしました。そしてありがたいことに、ジョンが沈黙を破りました。

「彼女は僕を自慢げに女友達に見せている」と言いました。「たくさんの女性……香水の付け過ぎ、化粧が濃い。僕は泣いている。ぼくはこういうのが大嫌い……」。

わたしは深い息継ぎをしました。ジョンが見ているものの描写を続けたので、安心しました。ジョンはこの二度目の人生では、南の方から来た浅黒い混血の子どもで、裕福な白人家庭に引き取られていました。彼の両親は養子縁組をする前に、子どもを作ろうとしていました。ジョンの父親は、浅黒い肌をした彼を自分の子どもだと認めることができませんでした。彼と父親は親密な関係になることはなく、ジョンはいつも父親を恐れていました。

ある日、4歳になったジョンは目の周りに青あざを作って帰ってきました。彼は貰い子であることをからかった子どもに殴られたのです。そこから両親の喧嘩がはじまり、父親は引き取るべきじゃなかったと主張しました。そのことが争いの火種となって、ジョンが13歳のときに両親が離婚しました。

ジョンと母親はニューヨークに移り住みました。彼は自分と同じような黒い肌をした少年たちと仲間になりました。そして、ドゥーワップ・グループを結成し、地元のキャンディー・ショップの角で歌っていました。ジョンは勉強することに興味が湧かなかったので建設作業員になり、全員が白人の作業員の中にとけ込んでいきました。ジョンは、彼と結婚して家族を持ちたいと思うスザンナという女性のことがとても好きでしたが、まだ20代だった彼は結婚するには若すぎると思いました。ロサンゼルスに旅に出ると、そのままニューヨークに帰ることはありませんでした。

ジョンの二度目の人生にはいくつかの特記すべき出来事が起こっていましたが、どれも彼を感情的に動かすことはありませんでした。実際に、あまり多くのことに注意を向けようとはしていませんでした。わたしは彼が公民権や養子縁組について、あるいは、両親の争いや学校に行くことについてあまり考えていないことに気づきました。

カリフォルニアではジョンはシンプルな生活を送っていました。彼は働き、食べて、寝るという生活に大まかには満足していました。けれども、スザンナと結婚しなかったことについては毎日後悔しながら残りの人生を送りました。人生最期の日を迎えて、ジョンはわたしに言いました。「わたしはすごく年を取っています。90代です。わたしはカリフォルニアの老人ホームにいます。ほとんどの時間をそこに座って過ごし、窓をじっと見つめています。時間を無駄にしてしまった……」。

わたしたちの現在の観点から見れば、ジョンは前世と「未来世」を見ていることになります。この人生では彼は１９５０年に生まれ、そして90代にいる自分を見ていたのです。つまり、老人ホームの風景は２０４０年頃になるわけです。さらに困惑させるのは、現在に生きるジョンは１９８０年代中頃に生まれているということです。この時間の制約を越えた冒険は４つ続き、すべてが大体１３０年の間（１９１０年から２０４０年）に起こっているのです。

ジョンの別の人生プラン

二度目の人生を終えて、ジョンはあまりにシンプルな生き方をしていては、何も学べないということに気づきました。この生では時間を無駄にしてしまったように感じたので、次の人生では愛するとはどういうことなのかを学ぼうと決意しました。

三度目の人生では、ジョンはテネシー州に1946年3月に誕生しました（その年代を頭の中で確認しながら、わたしはどうして彼が重複した人生を送ることが可能だろうかとここでも不思議に思っていました）。ジョンは大家族の中にいましたが、双子の妹のジャンともっとも近い関係でした。ジャンはおてんばな女の子でしたが、彼は小心者で感情的なガリ勉タイプの子どもでした。大きくなると、ジャンは学校でもっとも綺麗な女子の一人になりました。ジョンは自分自身をどんくさいと描写しましたが、妹のおかげで彼のことをからかう人は誰もいませんでした。学校の半分の男子が彼女を好いていて、あとの半分は彼女を恐れていました。

ジョンとジャンがはじめて離れ離れになったのは、大学生になったときでした。ジョンはマサチューセッツ工科大学（ＭＩＴ）に進学し、ジャンはカリフォルニア大学ロサンゼルス校（ＵＣＬＡ）に行きました。大学2年生になったときに、彼はジャンが同じ大学の男からレイプされたことを知りました。ジョンは何の迷いもなく、大学を中退して彼女の世話をすることにしました。ジョンは彼女のそばにいられることを幸せに思っていました。

カリフォルニアについて間もなく経った1967年のある日、ジャンのためにベーカリショップで何かを買って持ち帰ろうと急いで通りを横切ったときに、彼は車にはねられてしまいました。レイプのトラウマに取り組んでいるときにこんなにも早くジョンを失うことに耐えきれず、ジャンは薬を一握りするとそれを飲み込み、自殺してしまいました。

ジョンの魂が霊の世界に行くと、すぐに生まれ変わらずにジャンを待ちました。ジャンは、その生では自殺の原因となった感情的な課題を統合できるような、新たな人生プランを作りました。こうしてその生をうまく完結したあとに、再び一緒に生まれ変わる準備ができました。その次の人生の物語は、いつもわたしの胸を熱くさせるものです。

四つ目の人生では、ジョンはニューヨークの若いミュージシャンでした。彼は独身で、両親は他界し、兄弟もいませんでした。毎晩ジャズバンドで練習した後は、家の近くにある食堂に寄り、軽くつまみながら想いを寄せるウェイトレスをこっそりと眺めていました。彼はシャイで臆病な性格をしていたので、ウェイトレスがいつも微笑みかけても話しかけたことはありませんでした。

ある日、ついにジョンは勇気をふり絞って自己紹介をすると、彼女はローレンだと教えてくれました。もしよければコーヒーを飲まないかと誘ってみると、彼女は承諾してくれました。彼女は自分のシフトが終わる深夜にもう一度来てくれるように言いました。けれども、ジョンは待っている間に眠り込んでしまったのです。目が覚めたときには午前3時を回っており、もう彼女に会えないのではないかとパニックに陥りました。急いで食堂に駆けつけると、彼女はまだ待っていてくれました。怒ったふりをしましたが、心の中では会えたことをとても喜んでいたのです。それから二人の仲は急速に深まり、半年のうちに結婚しました。

ローレンは学校に戻り教師になりました。彼女とジョンは子どもに恵まれませんでしたが、何をするのも一緒でしたし、お互いを心から思い合っていました。新婚旅行にはパリへ行き、素晴らしい時間を過ごしました。結婚25周年の記念日には再び「光の都」を訪れましたが、お互い歳を取っていましたが、何も変わっていませんでした。ローレンはいつもおどけていて、他人の目を気にしないタイプだったので、ジョンも気にせずに人生を楽しむことができました。それから、ローレンは乳がんで亡くなり、ジョンは一人ぼっちになりました。それが彼にとって辛いことだったか聞いてみると、「人が思うほど辛くなかったよ。ぼくたちにはたくさんの思い出があったからね。本当にたくさんのことを一緒にやったんだ」と答えました。その一年後にジョンは心臓発作で亡くなりました。

その人生の場面が遠ざかっていくと、ジョンは「彼女の名前はローレンでしたよね？　ぼくはいつも何かがあると感じていたんだけど、それが何かは分からなかったんだ。彼女はジャンだよ」と言いました。名前や関係は変わるかもしれませんが、お互いに対する愛情は幾度もわたしたちを引き合わせるのです。

ジョンは霊の世界に戻ると、いつも彼の帰りを待っている別の霊的な存在と会いました。このとき、その霊的な友人は、今度は彼が教える側になるとガイドしました。ジョンは躊躇しましたが、教える側という5つ目の人生を引き受けることにしました。ジョンは、ベトナム戦争があった頃のテキサス州の陸軍基地で生まれました。彼の母親はいつも息子が父親を知らずに育つのではないかと恐れていましたが、案の定、ジョンの父親は戦争で殺されてしまいました。ここでもまた、ジョンはベトナム戦争を時期として特定しましたが、それはこの五つ目の人生も他の生と重複していることを意味します。

父親が亡くなってしまったので、ジョンと母親はニューヨークに移りました。そして、彼は母親のそばにいたにも関わらず、母親はその関係の質よりも彼女自身の恐れにとらわれてしまっていたと言いました。ジョンはアメリカの典型的なよくできる子どもでした。成績も良く、スポーツマンで、ルックスも良く、人気がありました。大人になると財界で大変な成功を収めましたが、芸術を愛していました。絵を描くことや、詩や物語を書くことを愛していたのです。

ジョンの母親は彼がデートするどの女性も気に入りませんでした。「まるで誰かとつきあうことを神に禁じられているようだった。罪悪感があったんだ。母はどんなときでも心配していたから、これ以上心配をかけちゃいけないって思ってたんだ」と彼は説明しました。ジョンはその人生の最後の数年をナンシーという名前の素敵な女性と過ごしたと言いました。母親もそのことを受け入れるしかありませんでした。ジョンは40代の前半に、眠っている間に亡くなりました。彼の残した財産で、母親は学校基金を立ち上げました。ジョン亡き後は、彼のことを心配する必要がなくなったので、母親の状態も良くなったようです。

人生を終えて霊の状態に移行すると、ジョンは本当には自分が誰にも何も教えていなかったと気づきました。そして、もっと役割を全うできるように六つ目の人生を、キヨミという名前の女の子として日本に生まれることにしたのです。キヨミの両親は車の事故で亡くなってしまったので、妹の面倒を見なければなりませんでした。彼女はかなりの成功を収め（有名な音楽プロデューサーとなり、レストランチェーンも手がける）、多くを持ちすぎると良くないという信念から継続的に献金をしていました。ジョンはこの六つ目の人生を素早く追体験しました。場面が早送りのように進んでいたので、このときの退行催眠では時期を特定しませんでした。後になって、彼が見ていた人生の時代を特定するように言うと、１９８０年から２０１０年の間だろうと言いました。

もう一度霊の状態になると、彼の霊的なガイドが出迎えてくれ、「献金をしたのは良いことだけれど、あなたは何を教えたのですか？　お金を差し出すことは、誰かに何か教えていることにはなりません」と言いました。ジョンは、教えるということができていないので、何かが欠けているのに気づきました。

ジョンは六つの人生を再体験しました。そろそろハイアーセルフを招き、話を聞く時間が来たと思いました。わたしは１３０年という時間軸の中で、どうしたら六つの人生を生きることが可能なのか聞いてみたいと意気込んでいたのです！

パラレル・ライフ

クライアントが他の人生を見ることができたら、わたしは彼らが意識を拡大し、もっとも高いレベルの愛や光、癒しとつながることができるようにガイドします。それから、クライアントが現在の人生で直面しているあらゆる試練や課題についてハイアーセルフと対話します。

ハイアーセルフは、わたしたち自身の延長にある非物質次元の存在であり、全体像を知っていて、もっとも充実した素晴らしい人生へとわたしたちを導くために常にそこにいてくれます。自分の意識のエネルギーをハイアーセルフの波動に合わせることで、わたしたち自身が**ハイアーセルフ**になるのです。

ジョンを彼自身のハイアーセルフのエネルギーとつなげたときに、彼の経験した6つの人生がどのようにして同時に起こっていたのか聞きたいと思っていました。その逐語記録を編集したのが、次のようなものです。

ミラ：今日わたしたちが探究した人生は、時間軸の中で重複していました。わたしたち人間が認識する時間の概念とマッチしません。それについてあなたはどのようにお考えですか？

ジョン：そのことを受け入れるかどうかの問題です。ジョンは半々の状態でした。つまり、半分は常識にとらわれていたけれど、半分はそうではありませんでした。時間は直線的だという考え方と、時間は何でもないという考え方の間で分離を起こしているのです。

ミラ：では、時間とは何ですか？

ジョン：時間は無限です。

ミラ：では、わたしたち人間が時間という概念を持つことに意味はあるのでしょうか？

ジョン：地球では有効です。あなたたちには必要でしょう。

ミラ：パラレル・ライフについて説明していただけますか？　わたしの理解を深めたいのです。魂は同時に別の人生へと分裂できるのでしょうか？　その場合、主となる魂はそのままでいるのですか？

ジョン：そうです。分裂された魂がそれぞれの体験の中に入っていきます。

ミラ：では、それらはすべて本物の体験なのですか？

ジョン：すべてが本物です。主となる魂は、それらすべてを経験しているからです。

これまで、こんなことは聞いたことがありませんでした。けれども、あたかも長らく忘れ去っていた記憶のように、知っていることのようにも感じました。まるで、何世紀もの間に失われた偉大な真理を思い出したかのような感覚でした。ジョンのハイアーセルフは、時間の概念は地球にいる人々にとっては有効だけれど、それを超えた領域では、時間は無限であると言いました。わたしたちにとっては、人生は継次的に起こってゆくように見えますが、オーバーソウルが体験しているすべての人生は同時に起こっているというわけです。

わたしたちは多次元的存在です。五感が教えてくれる以上のものが、わたしたちにはたくさんあるということです。わたしたちの存在のあらゆる領域に対してオープンで、そうした生き方をするという冒険を通して、わたしたちは創造の偉大さに、より触れることができます。

ジョンのハイアーセルフは、すべての輪廻転生はオーバーソウルの欠片《かけら》であると説明しました。第1章で述べたように、オーバーソウルはあなたがこれまで経験し、そしてこれから経験するであろう、すべての魂から構成された意識のエネルギーです。オーバーソウルは、それ自身を分裂させます。なぜなら、人生をあらゆる側面から体験することを通して、自らを知ろうとするからです。オーバーソウルがある特定のテーマについて学ぼうとするとき（例えば「愛」だとします）、自らのエネルギーをバラバラに分割して――言い換えれば、別々の人生にして――その一つ一つが愛を経験し、探究するというわけです。その学びが偏っていたら、レッスンは完了しません。たとえば、見捨てられることや孤独を知らなければ、決して愛を知ることはできません。オーバーソウルは、愛情深い、養育的な人間関係を味わうのと同じくらい、機能不全の関係を通して愛のテーマを学ぶことができます。そのテーマのあらゆる側面を学び尽くすことでしか、オーバーソウルは完全な知識と経験を手にすることができません。

これがオーバーソウルの本質です。それは**すべてなるもの**の本質でもあります。すなわち、その創造の中で、意識を作り、そして拡大していくのです。オーバーソウルがつくり出した欠片は、それぞれに魂があります。

個々の魂がオーバーソウルの欠片であると言っても、それぞれがそれ自体で完結し完璧であることに変わりはありません。それについては、このあと、リサというクライアントに行った退行催眠で明確になりました（彼女についても本書の中でより詳しく後述します）。リサもまた時間の重複した人生を経験しています。彼女のハイアーセルフは、その一つ一つの魂が欠片だとしても、どれをとっても不足しているものはないと説明しています。それぞれの魂が意識を持ち、自由意志を発動する力を持っているのです。そして、それぞれが異なった次元で存在することを選択しているのです。自らを分裂させてもなお、オーバーソウルは完全体であり、完成されています。一滴一滴がその大海の特質を有しているように、魂もまたオーバーソウルのそれを受け継いでいるのです。オーバーソウルを構成している欠片たちは「魂の片割れ」と呼ばれています。というのも、それぞれはお互いにとっての片割れであり、同じオーバーソウルの波動信号を分かち合っているからです。オーバーソウルが存在の進化したあり方に移行する度に、それぞれまでのレベルよりも高い振動数に共鳴します。すると、魂の片割れの個としての特性は薄れていきます。同時に、意識の融合がどんどん拡大し、最終的には一なるものへと合流していくのです。

したがって、もっとも高い波動域では、あなたとわたし——地球で人として生きている存在、そして、かつて生きたことのある存在も含めたすべて——はみな同じオーバーソウルの一部です。その大いなる一つのエネルギーを、わたしたちは神と呼んでいます。その見地からすれば、わたしたち人間は、鉱物や植物、動物、水とも一つのオーバーソウルを分かち合っていることになります。わたしたちはみな、同じ広大無辺の愛から生まれています。すなわち、わたしたちはみな兄弟姉妹なのです。

あらゆる輪廻転生は同時に存在している

オーバーソウルは、魂の片割れたちを創造します。その魂たちを通して学び成長したいからです。そして、それぞれの異なる魂は、同時に存在しています。簡単なたとえ話に置き換えてみましょう。魂を指だと考えます。すべての指が同時に存在しながら動いている一方で、手そのものをオーバーソウルと考えることができます。あるいは、電車と車両の関係を思い浮かべても良いでしょう。車両はすべて同じ線路上で同時に動いていますが、まるで別々の人生のように、各車両の中には違った乗客や動き、会話が飛び交います。そして、すべてを合わせて、電車を構成しています。それは、寄り集まった意識がオーバーソウルを構成しているのと同じことです。

ある特定のテーマについて探究し、そこから可能な限り成長するために、オーバーソウルは時として、非常に長いスパンを経験の場として選択することがあります。そうした場合は、数百年の歳月をかけて、じっくりと魂たちの人生が繰り広げられます。このような人生を退行催眠によって辿ってみると、時間が重複することなく、順番に経験することができるので、純粋に「前世」だと感じられるでしょう。継次的に進む人生は、わたしたちの直線的な時間感覚にマッチするからです。けれども、ジョンのケースのように、地球の時間で言えば、短いスパンで複数の人生を経験し、学びたいテーマについて探究することがオーバーソウルにとって都合が良いこともあるのでしょう。退行催眠によって、このようなタイプの人生を辿ると、ジョンが彼自身のパラレル・ライフを体験したように、わたしたちは時間的に重なり合う人生を経験することになります。このことは、ジョンとのセッションから学ばせてもらった深遠な教えだと思っています。すなわち、魂がつくり出すすべての人生は、今この瞬間に併存しているということです。オーバーソウルの観点からは、すべての輪廻転生は今この瞬間にあります！　人生とは現在、過去、未来にあるのではなく、同時に起こっているのです。

わたしたちは、これまで輪廻転生のサイクルは次のように起こっていると思ってきました。魂が生まれ、肉体を持ちます。最終的に肉体が死んで、魂が人生と人生の間にある領域（中間世）へと還っていきます。そこできちんと生きることができたかどうかを評価し、それからもう一度同じレッスンを、あるいは、別のレッスンを学ぶために生まれ変わるかどうかを決めます。魂が磨き上げられ、神意識に合流するまでこのサイクルが続きます。言い換えれば、わたしたちは輪廻転生を一つの魂の直線的な成長の道筋と見ています。わたしたちはこれまで「別の生」を同じ人物の「前世」と認識してきました。まして未来世などは見ることができません。なぜなら、わたしたちの理解では未来はまだ起こっていないからです。

けれども、わたしたちの意識は今、時間や空間について多次元的な見方ができるようになってきているので、先祖が長らく提供してきたシンプルな認識を超えていくことができます。地球次元のリアリティーの外側では、時間は全く異なるパターンで動いています。時間は直線的ではありません――それはシンプルに常に「今」にあります。ですから、すべての人生は今この瞬間に、**常に起こっている**と同時に**すでに完結している**のです。

ジョンとのセッションは、わたしに真にスピリチュアルな学びを与えてくれました。パラレル・ライフという概念は、前世療法の世界では新しい考え方です。実際に、人類全体のスピリチュアルな気づきの最先端にあります。ジョンとのセッションを行っている間、わたしは自分が意識の未知の領域に分け入る本物の冒険家のように感じていました。当時、他の催眠療法の実践者のうちで、セッション中に同様の情報に行き着いた人の話は聞いたことがありませんでした。その時点まで、わたしは存在の同時性について書かれた書物を読んだこともありませんでした。もしこの知識について別の機会に出会ったとしても、きちんとそれについて考えたり、理解したりする前に、頭を通り抜けてしまったかもしれません。言うまでもなく、ジョンはわたしが家族や親しい友人以外にセッションを試みた最初のクライアントです！　このような重要なセッションを、わたしが扱えると判断してくれた大いなる魂に多大な感謝を送りたいと思います。

彼とのセッションのあと、わたしはパラレル・ライフについて世界に紹介したいと思う一方で、躊躇もしていました。「輪廻転生に関する理解を一新しようと考えるなどとは、恐れ多いのではないか？」と。なぜなら、わたしは上場企業を代理する一介の企業弁護士に過ぎないのですから！　わたしはスピリチュアルな導師《グル》ではありません。

けれども、わたしは機会さえあれば、自分のこの発見について語りました。存在の同時性［訳注：別々の人生が同時並行的に存在し得ること］について語るときは、いつも声に熱がこもっていたことでしょう。そして、わたしが行く先々で、この希有な体験を打ち明けることで、インスピレーションに満ちた会話が生み出されました。ジョンのセッションについて、また、人生が本当はどのように展開されているのかについて話すことに、わたしは大きな喜びを感じていました。そのような瞬間は、真のわたし（真我）のエネルギーに自分がしっかりと固定されているように感じました。そして、人々を鼓舞し、彼ら人生に光をもたらすという、わたし自身の人生の目的を果たしている感覚がありました。

しばらくしてから、わたし自身と世界の双方にとって、この情報を分かち合うための機が熟したと思えるようになりました。今のわたしは、準備が整えば、必要なものが与えられるということを知っています。そのためには、機が熟していないといけません。そして、自分の発見を人々と分かち合うことを、自分自身にゆるすことによって、今日のわたしへと成長してきました——すなわち、世界に対して、時として立ち上がり、新しい知見を提唱できる人物です。大いなる魂は常にわたしを信頼し、自分の学びを人々と分かち合う自信が湧いてくるまで、ただ優しく待っていてくれました。

宇宙が、既存の考え方に転換が訪れることを待ち望んでいるのは、明らかでした。どこへ行っても、人々は光の方向に向かって進んでいます。わたしたちは捉えどころのない形而上学的な知識を応用し、同化することに目覚ましい進化を遂げています。そして、何にも増して重要なのは、わたしたちがこれまでの慣れ親しんだやり方を脱して、人生をもっと喜びに満ちた全く新しい方法で再発見しようとしていることです。時間は同時に起こっているという考え方は、わたしたちのスピリチュアルな成長を促し、現実がどのように創造されているのかという認識を拡大してくれます。

同時並行的な人生を認識する

あなたはきっと、どうして自分が同時並行的に生きている別の生を認識できないのかを不思議に思っているでしょう。その理由は、わたしたちの脳がどのように情報を処理するかについての仕組みを知れば、理解できます。神経学的に、わたしたちは現在の人生にしか同調することができません。そのおかげで、一貫した自己の感覚を維持できるのです。わたしたちの片割れからの情報が途切れなく同時に流れ込んで来たとしたら、エゴはどんなに混乱するでしょう！　わたしたちの脳は、生活を取り巻く膨大な量の情報を除去しています。脳は毎秒４０００億ビットの情報を処理していますが、そのうちの２０００しかわたしたちは認識していません。

たった数回だけでも、それだけの情報が流れて来たらどうなるか想像してみてください！　わたしたちは情報に圧倒され、何もできなくなるでしょう。「わたしは中国ハルビン市の工場労働者だっけ？」「それとも、ベドウィンのラクダに乗った遊牧民？」「あるいは、古代のハワイのカフナ？」「わたしは一体誰？」と混乱するに違いありません。ごく稀に、自分が存在している別の領域を認識している人たちもいます。子どもは時折、別の人生に自然とつながることがありますが、そうした場合でもごく限られた情報しか入ってきません。瞬間的に一気に情報が流れ込んでくるかもしれませんが、次の瞬間にはいつも通りの現実に焦点が戻っていきます。また、夢の中で別の人生につながる人もいるでしょう。夢見の状態は、エゴが安心して探索できる容器《コンテイナー》の役割を果たしてくれます。

また、わたしたちが意識していなくても、わたしたちは常に片割れたちやオーバーソウルと交流しています。潜在意識下ではいつもつながっており、夢を通してコミュニケーションしているのです。さらに頭では認識していなくても、いつも片割れたちの人生から影響を受けています。片割れたちの好みや経験、考え、結論の影響を受けているのです。わたしたちは彼らが探究した人生のテーマについて学び、逆に彼らもわたしたちから学んでいます。わたしたちは互いに助け合っています。それは、なぜか特定の音楽や国、食べ物に惹かれるという形で現れるかもしれません。わたしの場合は、無類の味噌汁好きということがあります。朝から晩まで味噌汁を飲んでも飽きがこないくらい大好きです。わたしのオーバーソウルが、日本人としての人生をつくり出していたことを発見したときは、何ら驚きませんでした。わたしはその人生に強い結びつきがあり、現在の生と同じテーマを探究していることが分かりました。

エクササイズ　片割れたちからの影響

同時並行的に起こっている片割れたちの人生が分かれば、そこから受ける影響について簡単に識別することができます。特定の感情や考え、インスピレーションが流れる瞬間、違ったものの見方が、あなたの別の人生と関連して浮き彫りになるのです。

このエクササイズでは書くという作業の中で、こうした影響を探究していくので、手元に筆記用具とノートを用意しておいてください。まず、最低20分間、静かな環境でリラックスして座ることができる場所を見つけてください。深呼吸を数回行い、あなたの身体とつながってください。自分が今何を感じているのかに意識を向けてください。もしさまざまな思考や感情が渦まいているならば、ただそれらを見つめ、解放してください。そして準備が整ったと感じたら、ノートを手に取り、書きながら次の質問に答えてください。

Q. 合理的には説明のつかないような、あなたの好き嫌いとは何でしょうか？　兄弟姉妹や友だちに言われたことがないことで、両親があなたについて面白いと指摘した点はありませんでしたか？

Q. 今の人生では説明がつかないような、何らかのスキルや能力はありませんか？

Q. 特定の言語や文化に愛着はありませんか？　特定の食べ物は？　特定の音楽は？

Q. 特定の場所に引き寄せられるような感覚はありませんか？　そこに行くと、何がどこにあるのか案内できるくらい、知っている感覚を持ったことはありませんか？

Q．歴史上の特定の時代に惹き付けられることはありませんか？
Q．あなたが何かに熱狂する引き金となるものは何でしょう？
Q．子どもの頃の愛読書は何でしたか？
Q．幼少時代に、両親に他の家族や人生について話した記憶はありますか？
Q．正当な理由もなく、何かに対する強烈な恐れや恐怖症はありますか？
Q．くり返し見る夢はありますか？

質問に答えたあとは、想像を自由に働かせてください。これらの影響はどこからやって来ているのでしょうか？　オーバーソウルの片割れたちは、今どんな人生を生きているでしょうか？　時代はいつでしょうか？　どこの国でしょうか？　自分に規制を課さないでください。これは単にオープンな可能性の探究に過ぎません。今の人生とどれほど違った人生であるかを想像することを楽しんでください。

これらの影響がもしかしたらオーバーソウルの片割れたちからやって来ているのではないかと感じたときに、どんな思いや感情が浮かぶでしょうか。数分間、書き出してみましょう。わくわくしますか？　安心しますか？　怖いですか？　不確かですか？　感じたことをそのまま書き出しましょう。

一つの人生があるだけ

退行催眠のセッションでは、イメージや感情、印象が浮かびはじめると、自分は今まさに経験しているパラレル・ライフのなかで誰なのか、ということが直感的に分かります。自分自身の「別のバージョン」になるのです。わたしたちは、あたかもその人物になったかのように、見て、聞いて、嗅いで、感じて、知ることができます。クライアントはわたしの質問に答えるとき、一人称の「わたし」で語ります。わたしたちは、瞬間的に片割れたちを認識し、そこに同一化することができます。なぜなら、同じオーバーソウルを起源に持つ魂たちは、同じ固有の周波数で振動しているからです。

別の人生に退行するときは、その存在のエネルギーや経験に同調します。わたしたちは本質的にその人物に**なりきる**のです。わたしたちの魂の延長線上にあって、似た波動と類似した人生のテーマを探究している存在につながるのです。あたかもわたしたち自身があらゆる喜びと苦しみを味わっているように、非常にパーソナルなものとして経験します。それもそのはずです。なぜなら、その人生もオーバーソウルが経験し、所有しているので、ひいてはわたしたちの経験でもあるからです。つまるところ、わたしたちは一つなので、意識をある状況に投影し、ある特定の人物に同調するならば、わたしたちは文字通りその人になるのです。

前世療法の体験を語るときに、「前世では、わたしは……」という言い方をすることがよくあります。便利な短縮した表現ですし、ある見方からすれば間違いではありません。わたしたちはオーバーソウルのエネルギーから生まれています。したがって、オーバーソウルがつくり出した別の人生もわたしたちの一部になります。現在の人生は、あなたという固有の魂を通してオーバーソウルがつくり出した唯一無二の人生です。真実を言えば、前世などありません。未来世もありません。あなたは、たった今存在している意識のユニークな表現なのです。誰もあなたに変わることはできませんし、あなたも誰かになることはできません。この二つの見方は、最初は矛盾に聞こえるかもしれませんが、しばらく意識に浸透していけば、それぞれが隣り合わせで存在していることが分かります。

セッションの中で、どうしてある特定の人生を経験できるのか不思議に思う人もいるでしょう。クライアントとわたしにとって、プロセスは自動的に起きるように感じられます。わたしはクライアントに、あなた自身の大いなる自己の智慧と、すべてを司っている宇宙の力を信じるようにアドバイスしています。彼らの魂はすでに片割れの魂たちと交流していて、そのときに何を体験するのがクライアントにとってもっとも有益で重要なのかを知っています。ですから、クライアントは、常に癒しとガイダンスを得られるのです。

オーバーソウルの同時並行的な別の生は、時間軸の中で凍りついて固まっているわけではありません。今の瞬間の前に起こっていた人生が、わたしたちの直線的な時間の概念では過ぎ去ったものとして捉えられるとしても、それは「終わったこと」ではありません。それらはたった今も存在しているのであり、今も成長し続けています。ですから、魂の片割れたちが、わたしたちの意識の外側で知識や経験を分かち合っていたとしても、それはごく自然で普通のことと言えましょう。けれども、わたしたちの意識も、その分かち合いの結果としてもたらされた考えや感情を認識することができます。それは、友だちや兄弟と電話で話すこととよく似ています。わたしたちは、話しているときに情報を提供したり、助け合ったり、アドバイスしたりしています。そして、電話を切ったあとに、相手のエネルギーの影響を受けているのに気づくでしょう。その人と話したことで、感じ方や考え方にわずかな変化を感じ取るからです。

こうした気づきは、あなたが人生という冒険の中で、常に誰かに助けられ、導かれているということを思い出す良いきっかけとなります。自分自身がいろいろな次元の現実に存在し、機能していること、そして、真に多次元的存在であることを思い出すのは、非常にパワフルです。

すべての意識はたった今、存在しています。オーバーソウルによって生み出された人生は、すべて同じ永遠の瞬間に存在しているのです。あなたの惑星において、意識が自己表現をする上で、時間はフィルターとして働いていると考えればよいでしょう。そのように考えると、ある人生は、歴史的な時間軸の別の時代に起こっていることになります。オーバーソウルは目的によって、キリストの時代、あるいは十字軍の時代、産業革命の時代に生きる人生をつくり出すことができます。ですから退行催眠の最中、人々は自分自身の輪廻転生というよりは、別の歴史的な時代に生きる別の生を経験する、というわけです。どこに生まれるかを決めるのは、オーバーソウルです。それは探究したい人生のテーマや、成長のために何が一番良いのかということと深くかかわっています。

魂の片割れたちは地球のどこに？

「もし、オーバーソウルが同じ歴史的な時間軸の中でいくつかの人生をつくり出せるなら、現在もまた、地球で活動している魂の片割れたちがどこかにいるのではないか？」という問いが浮かぶことでしょう。その問いに対する答えは、「可能性はある！」です。そうであるなら、片割れたちは、二人かそれ以上の人数で、同じ魂の波動を持っていて、同じオーバーソウルを起源としています。もしかしたら、もうすでに片割れたちと出会っている場合もあります——例えば、あなたの愛する人たちや友人、あるいは敵対する人として。

ある女性クライアントは、広大な土地を所有する厩舎の男性経営者だったときの人生を見ました。その男性は、自分の地位をとても誇らしく思っており、すべてが順調に進んでいることに満足していました。ある日、地域の領主夫妻が乗馬をしにきたので、その男性経営者は馬を用意しました。しかし、彼が領主の妻のために選んだ馬は足に炎症を起こしていて、具合が悪かったのですが、彼はそのことに気がついていませんでした。何かがおかしいと感じていたにもかかわらず、自分の評価を気にして、彼は馬を送り出してしまったのです。そして、領主の妻が馬に乗っている最中、馬はつまずいて倒れてしまい、彼女は命を落としました。厩舎の経営者は責任を問われて処刑されました。この人生の物語を振り返る中、クライアアントは、自分が経営者と死んだ女性の両方であったことに気づきました。彼女のオーバーソウルは、二つの人生をつくり出し、相互に関わり合うことで、同時に二つの視点から、よく状況を見るということ、注意を向けること、自分と相手に対して責任を持つこと、というレッスンを学ぼうとしたのです。

また、ある催眠療法の実践者から聞いたケースでは、このようなものがあります。その方の男性クライアントは、自分が堕落した暴力的な嫌な人物であったときの人生を経験しました。その人生では、彼は欠点だらけなのにもかかわらず、常に彼を愛し、いたわってくれる女性と結婚していました。そしてセッションの中で、妻も夫も同じオーバーソウルの片割れ同士であったことが分かりました。オーバーソウルは結婚の真逆の側面を持つ二つの人生をつくり出すことで、同時に夫と妻の双方の視点から家族力学を経験することを選んだのです。セス（著者ジェーン・ロバーツによってチャネリングされた存在）は、ジェーンと夫のロバート・バッツを片割れ同士だと認識しました。“Unknown” Reality”（未邦訳）の中で、セスはジェーンとロバートは「それぞれがお互いの『真逆』の側面を演じながらも、共通の目的とゴールに向かって融合している」ことを明らかにしています。

“Conversations with Seth”（未邦訳）では、著者のスーザン・ワトキンズが、ジェーン・ロバーツがガイドするＥＳＰクラスの中で、彼女とクラスのメンバーがどのような意識の冒険を体験したのかについて、詳細に語っています。クラスでは、同時並行的な人生を生きる片割れたちについても取り上げ、セスは参加者の中から誰が片割れであるかを伝えた人もいました。スーザンは、ジェーン・ロバーツとゼルダ・グレイドン、リチャード・バック（『かもめのジョナサン』の著者）が彼女の片割れたちであることを知りました。４人がどのようにお互いに関連し合い、それぞれの体験がオーバーソウルの成長に役に立つのかを理解するために、スーザンは4人の共通点と違いを検証しました。

　魂の片割れたちの年齢、性別、人種、宗教、経済的地位は共通している場合もあれば、異なる場合もあります。片割れたちの共通点と相違点は、魂がどのようにオーバーソウルのテーマを学ぼうとしているかによって変わります。片割れがわたしたちと似たような道を歩んでいる場合は、その人のことを友人や恋人と呼びます。あるいは、偶然道端ですれ違うことがあっても気づかない場合もあれば、生涯まったく交流しない場合もあります。また、片割れの性格や選択を嫌ったり、裁いたりすることもあるでしょう。わたしたちと極端に異なる人種、文化、政治的背景を持つ片割れたちもいるでしょう。だからといって、一つとしてわたしたちのつながりの深さを減らすようなものはありません。究極を言えば、わたしたちはみな相互につながっています。地球上に見知らぬ人などいないのです。

エクササイズ　片割れを識別する方法

そろそろあなたも、自分の人生の誰が片割れなのかを知りたいと思っているのではないでしょうか。このエクササイズを行うときは、恋愛感情によってあなたの直感的知性を曇らせないように注意していただきたいのです——たとえば、恋人関係において、わたしを完璧に満たす相手が片割れであってほしいなどというように。あなたのパートナーが片割れであれば、おとぎ話のように素晴らしいですが、そのような考えはあなたの恋人や周囲の人たちとの本当の魂のつながりを見る妨げとなってしまいます。

“Unknown” Reality の中で、セスはどのように片割れを認識すればよいかアドバイスしています。

わたしはジェーン・ロバーツのクラスで、片割れたちについて話しました。多くの生徒たちはその概念を理解しようと必死でした。数名の生徒は、わたしに彼らの片割れを認識するようにお願いしました。ある生徒は……ほとんど何も言いませんでした。彼は、自分自身の創造的なイマジネーションが広がるに任せる一方で、頭の中では大まかな概念をとどめていました。それから、その概念で遊んでみました。ある意味では、彼の経験は子どものようでした——オープンで、好奇心があり、喜びでいっぱいでした。結果として、自分で何人かの片割れを見つけることができました。ほとんどの人は、シリアスになりすぎるせいで、自分自身の創造性を疑ってしまうのです。

自分の片割れとつながる準備ができたら、遊び心と好奇心を持って行ってください。20分間は誰にも邪魔されずに、一人になれる環境をつくります。楽な姿勢で腰掛け、近くにノートを用意します。深く息を吸い込み、止めてから、ゆっくりと吐き出します。このプロセスを2回くり返し、身体がだんだんとリラックスしていくプロセスに注意を向けます。次に、魂の片割れとつながりたいという意図を持ちます。それがどんなものであるかに関する、あらゆる期待を手放します。答えさえいらない、という気持ちでちょうど良いくらいです。その代わりに、湧いてくるイメージや思考に注意を向けましょう。何か特定の場所や人物に引き寄せられる感覚はあるでしょうか？

セスがすすめているように、子どものような無邪気な気持ちでエクササイズを行ってください。正しいかどうかは重要でないということを覚えておきましょう。想像を自由に広げてください。あなたが片割れについて想像するとき、誰が思い浮かぶでしょうか？　自分を信じましょう。深いレベルでは、あなたはすでに知っているのです。あなたはすでにすべての情報を知っています。「わたしの魂の片割れは誰？」という問いを頭の中で自由に漂わせ、どんな思考やイメージが湧き起こるかに意識を向けます。そして、準備ができたと感じたら、ゆっくりと意識を今の瞬間に戻していきましょう。

浮かんだ思考や感情、イメージ、考えをすべて書き出してみてください。片割れとしてあなたの頭に浮かんだ人がいれば、しばらくの間、その人と自分の相違点や共通点について考え、書き出してみましょう。お互いの子どもの頃はどうだったでしょうか？　性別や経済的地位は似ていますか？　似たような宗教的背景ですか？　共通の興味や課題はありますか？　それぞれのやり方で似たようなレッスンに取り組んでいますか？

知らない人のイメージが湧いたら、わたしたちは本来一つであるということを認めましょう。あなたのハートから愛のエネルギーのボールをその人たちに送ることをイメージして、ワークを完了します。あなたの魂の成長の一役を担ってくれていることに感謝を捧げましょう。

このような経験は、あなたがいかに素晴らしく、多面的な存在であるかを垣間見せてくれます。

ここまで、あなたの意識が広がるような概念について紹介してきました。わたしたちの魂の数々の人生経験が、「前世」ではなく「同時並行的な人生」だという認識はまったく新しいものです。これからさらにあなたの意識の探究を押し進め、あなたの片割れであるかもしれない存在たちのパラレルな現実について、新たな考え方を紹介したいと思います。次の章では、この考え方について、これまでのわたしの個人的な退行催眠の経験の中で、もっとも強烈で感動したものの一つを取り上げたいと思います。すべての冒険がそうであるように、これから紹介するのは挑戦と危険と情熱的な愛、そして偉大な学びの物語です。

第3章

すべての選択が新たな現実を創出している

わたしは共産主義国、ブルガリアで育ちました。共産主義イデオロギーの核となっているのは無神論なので、生活の中にあるブルガリア正教会の存在を隅に追いやり、撲滅させることにあらゆる努力が注ぎ込まれていました。その結果、わたしの幼少時代は宗教や神秘主義とは無縁でした。神や天使、魂の永続性について耳にしたことは一度もありませんでした。

１９８０年代の終わり、東ヨーロッパには民主革命がまるで波のように押し寄せていました。１９８９年11月10日の夜のことを、わたしは今でも鮮明に覚えています。ベルリンの壁が崩壊した数時間後、わたしは両親とともにソファーに座ってテレビを見ていました。ブルガリア共産党の中央委員会の様子を生中継しているときに、35年もの間在職だったわが国の大統領が辞任に追い込まれたのです。カメラはショックを受けた大統領の表情を鮮明にとらえていました。わたしの右側に座っていた父は飛び上がって、「信じられない！」と叫んでいました。左側に座っていた母も驚きの声を上げていました。両親は顔を見合わせると、テレビに向き直りました。わたしは何が起こったのか分からずにいました。わたしはたった9歳でしたが、何か重要なこと、それも、とてつもなく重要なことが起こっていることだけは分かりました。

国内のクーデターに伴い、大きな変革が社会や経済に訪れました。そのうちの一つが、宗教的、形而上学的概念の流入です。こうした知識は長年否定されてきたので、人々は飢えていました。あらゆる種類のスピリチュアルな情報が手に入るようになりました。イースターに教会へ行くことも受け入れられるようになりましたし、エネルギー・ヒーリングやポルダーガイストについても話せるようになりました。

そして、わたしがはじめて、人生の目的や情熱を捧げられるものに遭遇したのは、13歳になったときでした——それが前世療法です。わたしの叔父のヴァセリン・パスレヴがブライアン・ワイス氏著の『前世療法2』を読んでいるときのことで、わたしの関心は一気にそこへと向かいました。叔父が一刻も早くその本を読み終え、わたしに貸してくれるのを待ち望んでいました。なぜそれほど夢中になるのか当時は分かりませんでしたが、その本がわたしの歩む道を示す最初の道しるべであったからだと、今なら理解できます。輪廻転生という概念は全く新しいものであったにもかかわらず、その可能性に疑問を抱きませんでした。わたしにとってはごく自然で普通のことのように思えたのです。ヴォルテールが言うように、「一度生まれるも二度生まれるも別に不思議ではない。この世はすべて復活である」からです。

わたしは、ブライアンの本の物語と智慧が大好きです。彼の本が示す可能性が大好きなのです。あまりにも好きだったので、最後の数ページを読んでいるときに、ブライアンがサンプルとして載せていたスクリプトを読んで録音して、自分の誘導の声で前世療法を試みてみようと思いました。でもこんな風に思ったことも覚えています。「わたしはたった13歳だし、何か問題を抱えているわけではない。恐怖症に悩まされているわけでも、持病があるわけでもない。なぜこんなことをしなければいけないの？」と。けれども、その吸引力があまりにも強く、抵抗できませんでした。

録音作業を終えてテープを巻き戻すと、何が起こるのか分からないままにプレイボタンを押しました。

テープのガイドに導かれて、わたしはどんどんリラックスしていきました。とても安らかで心地よい気分に満たされていました。けれども、別の人生の時間へと滑り込んだときに、すべてが一変してしまいました。

わたしは、瞬間的にある女性の身体の中に入ったのですが、彼女はまさに自分の命をかけて走っている最中でした。わたしは彼女になっていたので、心臓が恐怖で脈打っていました。息は短く、荒く、絶望的でした。わたしは恐怖に怯えていたのです。薄暗い廊下を走り抜けていました。というのも、わたしを捕らえて殺そうとする男たちに追われていたからです。わたしはグレーの分厚いウールのジャケットとスカートに身を包み、足下は黒いストッキングに低いヒールの黒い靴を履いていました。黒い髪は、きれいにお団子状に束ねられていました。そして、わたしの足音がレンガの壁に反響して鳴り響いていました。両側にドアが並び、わたしはその一つ一つを大慌てで開けようと試みていました。でも、すべてが閉ざされていました。廊下の突き当たりに出ると、ようやく開いているドアを見つけることができました。部屋の中に入ると、そこがもぬけの殻だということが分かりました。鉄格子のはまった小さな窓が一つあるだけでした。それも、天井に近い壁の上の方にありました。出口はありません。自分が罠にかかったということに気がつきました。これでもう捕まってしまうと思いました。

また、自分がどうしてこのような状況に追い込まれているのかも分かりました。時代は第二次世界大戦で、わたしは医者でした。ナチスの将軍を治療するという本来の職務を全うする代わりに、わたしは彼を毒殺しました。それが理由で、男たちに追われていたのです。彼らは復讐しようとしていました。

次のシーンでは、わたしは上の方から自分を見ていました。電気椅子に縛られ、処刑される自分を見ていたのです。痛みは感じませんでした――ただ上から眺めていたのです。

それから本当に素晴らしいことが起こりました。自分の魂が身体から離れ、ゆっくりと上に昇っていくのを見ました。あたかも白い光の後をついていくようでした。道の最後に扉が開いていて、中からまばゆいばかりの白い光が輝いていました。扉のそばには、愛と光に包まれた存在が立っており、わたしの魂を出迎えてくれました。わたしは安らぎと愛に包まれていました。自分が永遠であることを感じていました。「あなたはどんなレッスンを学ばなければならなかったのでしょうか？」という自分の声が録音テープから聞こえてきました。その学びのシンプルさと深遠な真実にふれて、涙があふれてきました――それは、善き人でありなさい、愛しなさい、というものでした。

その夜、わたしは母が仕事から戻るのを、首を長くして待っていました。わたしは母に自分が体験したことを話しました。まだ幼かったので、１９４０年代は一昔前のように感じたので、母に第二次世界大戦当時に電気椅子は存在したかどうか聞いてみました。母は存在していたと答えました。わたしはそれ以上、内容の正当性を調べる必要を感じませんでした。体験があまりにもリアルで感情的にもゆさぶられるものだったので、疑う余地はありませんでした。自分の体験を信じるために、証明しようとは思いませんでした。

わたしはこの前世療法を体験したのが13歳だったということも興味深いと思いました。神秘主義者たちは、13を変化や変容を表す数字だと信じています。数字の13は、その人の根本的な信念について学ぶことを要求し、世の中のあらゆることへの解釈の仕方に変化を与えます。ひいては、それが当人の世界観を変え、存在そのものさえも変容させるのです。

はじめての前世療法の体験が、わたしの人生に計り知れないインパクトを与えたことは、疑いようもありません。善き人であることと、愛することがわたしの人生の最重要のテーマとなりました。そのことが、わたしの歩みや選択、会話の一つ一つに浸透しています。そして、両親がこれ以上にないほど適切な名前をつけてくれたことに気づかされ、感謝しました。わたしの正式な名前であるDobromira（ドブロミラ）は、二つの言葉で構成されたスラブ系の名前です。Dobroは「善い」を意味し、mirは「平和、世界」を意味しています。前世療法の体験に倣って、わたしは自分が世界に善をもたらす存在なることができるように、決意したのです。

物語は続く……

わたしがナチスの時代に生きた人生は、それから長い時を経て、ブライアン・ワイス氏のワークショップに参加したときにさらに発展したのです。集団退行催眠のセッションの中で、樺の木の長い並木道が頭の中に浮かびました。わたしは自分が若い女性で、この静かな未舗装の道を歩いているのを見ていました。手には小さなスーツケースを持ち、頭にはネッカチーフを巻いていました。わたしは医学を学ぶために、自分の住む町を離れ、サンクトペテルブルグに向かっていました。この道中で最後に足を止めたのは墓地でした。死んだ親類たちが眠る墓に敬意を払いたかったからでした。わたしの心は重く沈んでいました。再び故郷の地に戻るまでには、長い年月がかかるだろうと知っていました――それが可能であれば、の話しですが。

わたしは大学で学んでいるときに、ソビエト連邦の諜報機関からリクルートされました。ヨーロッパでもめ事が起こっていて、戦争になるのではないかと噂されていたのです。わたしは自国のためにスパイとしてヨーロッパに送り込まれました。わたしは魅力的な女性で、どのように人を魅了すればいいのかよく知っていたので、情報を集めるのはとても簡単でした。自分が小さな装置の前に座り、母国に暗号化したメッセージを送っている光景を鮮明に見ることができました。

そして、たくさんのアメリカ人がよく利用するナイトクラブがありました。わたしは頻繁にそこに出入りし、知り合いになったある男性を探していました。わたしは仕事以外で、自分がその男性に興味を持っていることに驚いていました。わたしは恋をしていました。彼もわたしに恋していました。

次のシーンは、大きな管理棟の前にある大きな階段で展開していきました。ヨーロッパの別の場所に移動するようにと命令を受け、愛する男性にお別れをしなければならない日がやってきたのです。彼はわたしに行かないでほしいと懇願し、結婚しようと言いました。心からそうしたいと思いましたが、そこにとどまることはできませんでした。わたしはもう宣誓し、祖国に自らの人生や愛、真心を捧げる約束をしたのです。彼がアメリカに帰って家の農業を引き継いだら、素敵な女性と結婚し、子をもうけ、幸せになるに違いないとわたしは保証しました。でも、胸は張り裂けそうに痛みました。わたしは別れを告げると涙を浮かべて階段を駆け下り、下で待つ車に乗り込みました。

その後、わたしは重要なナチスの将校と結婚しました。そのことで格段に仕事が進みましたし、同時に保護もされました。第二次世界大戦がはじまり、わたしは医者として主にナチスの軍人の治療に当たっていましたが、自分が病気を治療していたナチスの将軍を殺害するようにとの命令を受けたのです。グラスの水が置かれたテーブルの前に立っている自分の姿がありました。手には粉の入った容器が握られています。将軍はわたしの横の椅子に座っていました。わたしは天井を見上げ、その一瞬の間に自分がしようとしていることに対しての猛烈な疑念に襲われていました。そして、こうする他ないと思い、グラスの中に粉を入れました。わたしは将軍にいつもの薬を渡す代わりに、毒を渡したのです。

ここからが、子どもの頃のはじめてのセッションで見た光景と一致していきます。わたしは自分が再び廊下を走り抜け、最終的に捕まってしまう場面を見たのです。もうすでに年を重ね、物語の痛ましい光景を見てもずっとうまく対処できるだろうとハイアーセルフが判断してくれたのか、わたしは自分の受けたグロテスクな拷問をつぶさに見ました。わたしは自分のネットワークを裏切ったでしょうか？　いいえ。最後の最後まで自分一人でやったのだと言い通しました。くり返し殴られては拷問され、尋問を受け、殴られては拷問され、尋問を受けていました。尋問者が唯一与えてくれた温情は、わたしをレイプしなかったことです。わたしがナチスの将校の妻であったために、その一線は越えてはならないと思っていたのでしょう。そして、最後には、遠い昔に見たように、わたしは電気椅子にくくり付けられ、刑が執行されました。

そのシーンからわたしの魂が上昇していったときに、もう一度この人生のレッスンは愛であったと確認しました――それは、どんな状況においても愛で応じ、同時にわたし自身が愛されることもゆるすということです。わたしのこの生涯のすべては、愛を選ぶ機会を与えられるためにすべてが用意されていたのだということが分かりました。あの階段の上に立っていたときに、そう、あのアメリカ人の兵隊が結婚を申し込んだときに、「イエス」と答えるために。けれども、わたしは祖国に命を捧げるという約束を守ることを選びました。わたしが去った後、兵士は生きる希望を失ってしまいました。わたしがいなくなったことで、彼の魂は壊れてしまったのです。ナチスの軍隊との戦闘で額を打ち抜かれ、どぶに横たわって死んでいる彼を見ました。

このセッションから数時間の間、わたしは自分の中心から揺さぶられていました。自分の魂の片割れである医師が、他の人間を殺めてしまったことへの後悔の念でいっぱいになりました。将軍を毒殺することは間違っていると分かっていたのに、義務感や任務という制限された考えに捕われてしまったのです。彼女は窮地に追い込まれ、その結果、心の声に反した行動を取ってしまったのです。けれども、魂は永遠であることを知っているので、どの人生も掛け替えのないレッスンを学ぶことで、魂を成長させているのだと思い出しました。自分は良心から行動できる存在で、人を傷つけることはしたくないということが明確になったのは、確かに非常に貴重なレッスンであったと言えます。

それでもなお、わたしの片割れが愛を知らずに終わってしまったことはとても残念に思います。彼女がヨーロッパに来てから起こった出来事のすべては、愛を選択できたあの階段の一瞬のためにあったことが、わたしにははっきりと分かりました。彼女が人生を棒に振ってしまったように感じました。私心をなくして祖国に忠誠を誓ったことで、彼女は愛からも自分自身からも目を背けたのです。

この経験について考察すると、現在のわたしが知っている愛について、心から感謝の念が湧いてきます。わたしの魂は、今生では愛を経験することを選択し、愛のレッスンを学んだに違いありません。というのも、あらゆる状況に愛と光、インスピレーションをもたらす以上に、わたしに大いなる充実感と意義を与えてくれるものは一つもないからです。その一つの方法として、わたしがもっとも情熱を注いでいるのが、人々が別の生を体験できるように手伝い、その人を取り囲む状況や人間関係について理解できるように援助することです。そしてわたしの現在の個人的な人生では、二つの根の深い、非合理的な恐怖に脅かされている男性と愛情のある関係を築いているという幸運に預かっています。彼の一つ目の恐れとは、わたしを失うことであり、二つ目は額を狙い撃ちされるという恐れです。

つい最近、わたしはパートナーに「君の前世に、ぼくがいたことはあるかい？」と聞かれました。わたしは「ええ」と答え、ロシア人スパイだったときのことを話しました。彼の死についてわたしが見たヴィジョンのことは、話したことはありませんでした——セッションの最中に、どのように彼がどぶの中にうずくまっているのか見たことについて、です。彼は敵を討とうとして飛び出したのですが、額を撃たれてしまったのです。わたしの話しを聞いたあとに、彼がわたしと出会う数年前にくり返し見ていた夢について教えてくれました。

「あまりにも鮮明な夢だったから、今でもはっきりと覚えているよ。ぼくは戦闘場面にいて、撃たれてしまったんだ。そしてどぶの中に横たわっていた。ぼくは殺された他の仲間に囲まれていたんだ。彼らのうちの何人かは僕の上に積み上げられていた。敵兵はまだ生きている兵士はいないか探すために歩き回っていて、いれば撃ち殺していた。ぼくは殺されないために死んだふりをしていたのさ。でも、ついに見つかってしまい、撃ち殺された」

わたしたちはお互いを見つめ合い、二人の間の深い絆を感じました。別の生でロシア人だった女性は自分自身に、かつてのアメリカ兵を愛する機会をもう一度与えたのです。

もう一人の自己のパラレル・リアリティー

場面を戻してブライアン・ワイスのワークショップで、再度、集団退行催眠を受けたときのことです。わたしは簡単に体験の中に入り込むことができました。あの医学を学び、スパイにリクルートされたロシア人女性である自分を見ていました。わたしは、小さな空港の待合室で座っていました。わたしはスチュワーデスでした。「これは一体何？」とわたしの頭は抵抗しました。「あの人生が何を意味していたのかについては十分に吟味したはずじゃなかったの！」と。

わたしは青い制服を着ていました。同僚の客室乗務員たちがそばに立っていて、ロシア語で会話していました。わたしは彼女たちのありふれた会話を聞き、その内容の意味を理解していました。わたしたちは機内に搭乗し、業務をこなしました。乗客はすべて政府高官でした。わたしは飲み物のサービスを行っていて、ヨセフ・スターリンにウォッカの入ったグラスを手渡しましたが、彼に対し嫌悪感を抱いていました。彼は横暴で品がなく、太い指をしていました。それからコックピットへ行って、パイロットに飲み物を渡しにいきました。副操縦士はブロンドの髪と青い目をした男性でした。彼の名前はセリージャと言い、わたしの婚約者でした。彼をとても愛していて、彼と結婚し、子どもを持ち、人生を分かち合うことを心から嬉しく思っていました。

わたしの頭は、何が起こっているのかを理解できずにいました。「わたしはあの女スパイではなかったの？　何が起こったの？」と問いかけていました。そして、彼女が任務のためにヨーロッパに送られるという申し出を断ったのだということが直ちに分かりました。その代わりに、のちにスターリンによって、航空機搭乗員のスタッフに任命されたのです。彼女は生涯を通じて不全感が残りました。もしヨーロッパに行くという任務を引き受けていたら、愛する母国にもっと貢献できたのではないかという思いをぬぐい去れずにいました。

わたしは完全に混乱しながらセッションから覚めました。何が起こったのか全く分からずにいました。実際に長い間、この物語のバリエーションはなかったことにしていました。ロシア人女性の話しを誰かにするときは、いつもスパイの人生だけについて話しました。スチュワーデスのバージョンは、頭の隅の方にほこりをかぶって置き去りにされ、いつかその包みが開けられ、中の贈り物が受け渡されるのを待つしかありませんでした。

わたしが体験したのは、同時に存在する同じ人物の二つの人生の可能性でした。ロシア人女性がヨーロッパに送られるという任務を受けたときに、彼女の現実は少なくとも二つの道に分裂されました。一つは彼女が任務を引き受けるという人生で、二つ目はそれを拒否する人生でした。わたしは、この分裂が、どれほど異なる二つの人生をつくり出したのかを見た、というわけです。そしてわたしはセッションの中で、分裂された現実を通して、彼女のまったく異なる人生のバージョンを体験しました。さらにわたしは、この二つの人生の他に、同時に存在するパラレル・リアリティーがあるのではないかと想像しています――その機会を与えられていないだけで、彼女の人生を成長させているまた別の道の可能性について。

わたしたちの誰もが、複数の「可能な自己」をたった今持っています。将来、開花するかもしれない潜在能力をわたしたちが持っていることは、想像に難しくありません。あなたの過去においても、開発しなかった道はあります。あなたの過去の「可能な自己」は、たった今、出番を待ち構えているかもしれません。過去はもう終わったわけではなく、まだ完結していないということを思い出してください。過去は、ただ違う時間の流れにいるだけで、今この瞬間も作られているのです。
決定木《ディシジョン・ツリー》〔訳注：とりうる選択肢や起こりうるシナリオすべてを樹形図で洗い出しする手法〕を描くことで、そのことを視覚化することが可能です。選択肢が提示されたときはいつでも、わたしたちの意識は分裂し、あらゆる状況のすべての可能性のバリエーションを経験します。それぞれのパラレル・セルフは新たな経験を生み出し、多様な可能性へと枝を広げるのです。それは、ある特定の大学に進学すべきかどうか、恋人と結婚すべきかどうか、といった人生の重要な決定場面にも適用できますし、あるいは、朝コーヒーを飲もうか、別のルートで出勤してみようか、といったもっと日常的な些細な場面にも適用できます。

　可能性のある自己が、同時に存在しているという考えにはじめて遭遇したとき、わたしは深いレベルで直感的にそのことを知っているという感覚がありました。創造主（神、あるいは、オーバーソウル）が、たった一つの道筋に限定された人生のみを体験したいはずがないことは、明らかでした。仮にそうであるとするならば、この大いなる力は、自らの能力を著しく制限して使っていることになります――つまりそれは、ますます栄えようとする、絶え間ない創造の衝動を充足させていないことを意味しています。きっとあなたも、別の可能性を追究することでパラレル・リアリティーが生み出されるということを、いとも簡単に、直感的に理解できるのではないでしょうか。

科学的な説明

もう一つの生が並行して存在している可能性について、あなたの合理的でロジカルな脳に対して科学的な説明を行いたいと思います。１９５４年にヒュー・エヴェレット三世という才気あふれる男性が、パラレル・ワールドの概念を説明する量子物理学の理論を組み立てました。この理論を最初に発表したときは、ラディカル（過激すぎる、異端）だと見なされ、確立された物理学からは猛烈に拒絶されました。今日では、彼の理論は、異なる分野の科学やテクノロジーでは広く用いられており、周知のこととなっています。

概して言えば、彼の「多くの世界」理論は、起こり得ることはすべて起こると論じているのです。あらゆる出来事は、異なる現実へと分裂し、その出来事の中にいる観察者や人もまた、彼ら／彼女らの世界がそうであるように分裂していくのです。ある出来事が観察された瞬間に、観察という行為そのものが新たな出来事を生み出し、パラレル・リアリティーとして形成されるありとあらゆる出来事のバージョンへと分裂されていきます――そして、それぞれのバージョンに新たな観察者が存在します。

最近になって、量子や粒子の世界を司る法則は、人間サイズの対象にも適用できることが証明されました。量子物理学者のアーロン・オコンネル氏が、同時に振動と無振動を行わせることができる、肉眼で観察可能な物体をつくり出しました。それが意味するのは、物体が同時に二つの場所にいるということです。

同時に存在する状態は、これまでは量子粒子においてのみ証明できていたことでした。
魂は、あなたが何かの選択を行う度に創造しています。あなたは絶えず、あらゆる可能性を追究する新たな現実、新たな「あなた」と対面しているのです。魂は時間の制限を受けていません。ですから、どんな瞬間であっても、新たな可能性が生まれ得るのです——それは、現在、過去、未来であっても変わりありません。

あなたが認識していない現実のバージョン——つまり、たった今「観察」していない現実——は、異なる振動のレベルに存在しているのです。それぞれの現実が独自の「あなた」を持っています。別のバージョンのあなたは、あなたが目の前の現実を体験しているのと同じぐらいリアルに、その世界の現実を体験しています。別のバージョンの「あなたたち」は、意識の分裂の瞬間を遡って、あなたが知っているのと同じような個人的な歴史を持っているのです。分裂の瞬間に、あなたと別のあなたたちは、何を選んだかによって、まったく異なる可能性のパッケージを受け取ったのです。一方で、どんな瞬間にも、新たな過去が生まれる可能性があります。そして、それがあまりにも自然でスムーズなので、そのことに気がつかないでしょう。気づかないままに、その過去がこれまでもずっとあなたの歴史の一部であったかのように、あなたは異なる現実へと移行していくのです。

カリラの物語

わたしたちがあらゆる瞬間に、どのように新たな可能性を実現できるかについて、一つの例を紹介したいと思います。わたしたちは常に、最高最善の人生を創造するために、違った選択ができるのです。カリラの物語は、どのようにたった一つの瞬間的な選択がわたしたちの現実を分けるのかを明確に表しています。

カリラの両親は、とても若いときに彼女を授かりました。なので、彼女を適切に教育できないと思い、寄宿学校に送りました。カリラは良い生徒で、友だちもたくさんいましたが、従わなければならないあらゆる校則が嫌いでした。最終的に、彼女は弁護士になり、成功を収めました。彼女は一生懸命に働きました――再び、法律に従っていました。のちに彼女は結婚し、子どもを設け、比較的幸せでした。けれども、何か違ったことができたのではないかという、ちょっとした後悔の念もありました。それは何だったと思うかと聞くと、彼女は次のように答えました。

カリラ：何かもっと表現できるようなことがしたかったわ。時間とか規則に縛られないこと。例えば、ダンスとか。ダンスをしたかったわ。舞台の上で。でも、そのことに気づいたのは、随分あとになってからだったの。その頃にはもう結婚していたし、子どもたちもいたから、子どもたちを食べさせて学校に行かせるために、さらに多くの規則に従わなければならなくなった……。とても幸せな人生だったと思うし、とても良い主人と子どもたちに恵まれたと思うの。ただ、いつもわたしの奥底で何かがあった。ちょっとした閃きのようなもので、もうちょっとその部分を表現できたらよかったなって思っていた。でも、それでも十分に幸せだったのよ。

わたしはクライアントにセッションを行っている最中に、時として何か導かれているという強い感覚があるのですが、カリラのときも、彼女の人生の異なるバージョンを探究することが助けになるという直感が働きました。わたしはカリラを、もっと幸せになるための何かを奥深くに感知していた瞬間に戻しました。あのとき、その創造的な呼びかけに完全に応えていたら、彼女の人生はどのように展開していたのかを体験してほしかったのです。

カリラ：わたしはダンスのレッスンを受け始めているわ。そして、歌の先生も見つけたの。

ミラ：あなたはそのときも弁護士なの？　それとも法律について勉強することはやめたの？

カリラ：やめたわ。勉強するための機会があったにもかかわらず、やめるという決断を下すまでに時間の空白があったけれど。わたしは違う道を進むことにしたの。わたしはたくさん練習したわ。

そして、取りたいと思ったレッスンをたくさん受けた。多くのショーをこなして、練習を重ねたことを全部舞台の上で表現したの。そうやってただ自分を表現していた。とてもいい気持ちね。だって、何も計画せずに、自分を表現すればいいだけなんだもの。とても心地の良い感覚よ。何も解決策を考えださなくていいんだもの。わたしはただ身体が動くままに動いていたし、言葉があふれ出るままに歌っていた。自分がただ舞台に立ち、身を任せればいいと知ることは、本当に気持ちが良いことよ。わたしは練習が好きだった。だって、それが自分の内面の姿を表現する方法だし、人生の喜びを表現する方法だから。人前でパフォーマンスするときも、まったく同じ。観客もわたしのパフォーマンスを楽しんでくれるのだから素敵なことよね。わたしがわたし自身でいることを観客も望んでいるの。わたしがその瞬間の感情を表現することに情熱を注いでいるのを観客も喜んでくれる。

ミラ：素晴らしいわ。出会いはあった？　家族は持ったの？

カリラ：ええ、出会いはあったわ。旅行ばかりしていたけれどね。わたしたちは知らない場所を探検したわ。彼もとても表現をするタイプよ。自分をどう表現すればいいのかよく分かっているの。そして、とても優しい人。最終的にわたしたちは家族を持つのだけれど、最初に色々なところに行って、新しいことを経験したかったの。わたしがずっとしてみたかったことだわ。

ミラ：じゃあ、あなたにとって良い関係だったかしら？

カリラ：ええ。こんな関係を持てるなんて考えたこともなかったわ。こんなことができるなんて……まるではじめて本当につきあうってどういうことかを知ったみたいよ。こんな関係があるなんて。

わたしはカリラに、その人生の二つのバージョンを見てみるように促しました。そして、どちらも同じパートナーか、それとも別の人かどうかを尋ねてみました。カリラは、違う夫であったと答えました。一人はもっと制限のあるタイプで、今の人生の彼女と似ているようです。もう一人はもっとオープンで、流れに身を任せるタイプだと言います。でも、それは彼女が違う生き方を選んだからだ、と言いました。彼女がそういう生き方を選んだからこそ、それにマッチするような相手が現れたというわけです。わたしたちの対話は、さらに続きました。

ミラ：同じ人生の二つのバージョンを経験することで、何か分かったことはある？

カリラ：今回、一番クリアになったのは、身を任せるということかしら。わたしは、身を任せたものの一部でしかない。目的は人生を歩み、身を任せ、そして聴くということ。すべての可能性がそこにあるの。どれも手に入れられる。あらゆる瞬間を味わい、ただあるということ。別のバージョンでは規則に目が行っていたから、規則ばかりを追いかけていた。だから、わたしは教えられた通りに生きている人を引き寄せて、それがそのまま子どもたちにも引き継がれていった。身を任せるというレッスンは、世界を変えてしまったわ。最初は聴くことを通して変化が訪れ、それから助言に身を委ねることでまったく違う場所に行ったのよ。

ミラ：あなたが自分自身の声に耳を傾けることで、どんなことが起こったの？

カリラ：それはつまり、手放すことで空間ができて、それから聴くということなの。別のバージョンでは、わたしは自分のすべきことをやっていた。けれども、やるということがかえって道を塞いでしまうの。行動することをやめて、もっと身を委ねていれば、次に何が起こるのか聴くことができたのよ。

聴き、身を任せた瞬間に、カリラは別の人になりました。彼女は新たな可能性を知覚し、自分に何が可能なのかについての信念を広げることができました。たったそれだけで、カリラは新たな人生の可能性へと乗り出すことができたのです。

別人になるということ

量子物理学は、あらゆる瞬間が新しい瞬間であることを伝えてくれます。出来事の間に連続性はなく、それぞれの出来事が別個に起こっているということを教えてくれます。けれども、頭は流れを作るのに長けています――すなわち、出来事の間に因果関係と連続性をつくり出すということです。わたしたちは複数の現実を経験することができないので、人生は一つの道に沿っておのずと展開していくものだと考えるのです。

さまざまな可能性へと変化する能力――常に人生が変化していくことに身を委ねること――はあまりにも自然なので、自分が新しい人間へと変化したことに普通は気がつきません。新たな可能性の現実へとシフトしたときは、単に自分が選択しただけだと思うのです。わたしたちは、自分がいつもその選択をした人物であると思っています。そして、過去を振り返り、今この瞬間にいる自分をつくり出した見かけ上の出来事を指摘することができます。けれども実際は、わたしたちの信念や考え、自分に何ができるかということに対する期待が、今日の自分を作っているのです。つまり、それらが波動レベルでマッチする現実の可能性を、わたしたちに引き寄せてくれるのです。

わたしは友人と夕食をとりながらパラレル・ワールドについて語っていたある晩のことを、今でも鮮明に覚えています。弁護士としてのキャリアを追求することをやめて、敬愛するスピリチュアルな世界に身を投じる決心をしてから一年が経っていました。食卓に座りながら、自分自身を観察していました。催眠療法の実践者としての自分のアイデンティティーがとても強くなっていることに気づきました。それだけでなく、弁護士としての以前の自分が存在していなかったかのように感じたのです。催眠療法のセラピストとしてのわたしは、一度も企業弁護士になったことがないように感じていたのです。子どもの頃を振り返ってみても、この新たなキャリアに導かれていたあらゆる出来事をリストにできました。あたかも、いつの日か催眠療法の実践者になることを、宿命づけられていたかのようです。

わたしたちは優雅に一つの可能性から別のものへと移り変わり、それらは継ぎ目なく融合されていきます。わたしたちが選択する可能性は、現在を論理的に裏付けるような過去もつくり出すのです。そのため、これまでもずっと自分が催眠療法のセラピストであったかのように感じるのであり、弁護士をやっていたことが嘘のように思えるのです。

別の可能性へシフトしたときは、通常本人には実感があまりありません。けれども、周囲の人はいつも変化を感じ取ります。知人と会ったときに、何かが変わったと感じることは誰でもあるでしょう。何が変わったのか具体的に指摘することはできないけれど、すぐに新しいエネルギーをキャッチできます。最近、数ヶ月ぶりの友人と会いました。彼女はなんの気なしに、「ねぇ、何か変わった？　髪型かしら？」と聞いてきたのです。最後に会ったときよりも、確かに多少は髪がのびたでしょうが、彼女が実際に感じ取っていたのは、わたしがつい先頃経験した大きな感情的な癒しと解放による変化だったのです。その内的な作業によってわたしはより成長し、新たな可能性を持った現実へと開かれたのであり、彼女はそれを感じ取ったのです。

　また、人生の転機に、新しい仕事に就く、恋人と別れるといった大きな変化に直面することもありますが、これらは実際、現実の変化と言えます。しかし、このような変化はめったに起こりません。別の可能性へのシフトは、もっと頻繁に起こり、わたしたちがそうとは気づかないほど微妙なものです。

＊

　魂は成長するために新しい可能性を求めています。ですから、その創造的なエネルギーを表現するための新たな手段を探し求めています。そしてあなたの無数の「可能な自己」が、その欲求を叶えてくれるのです。

　現在あなたが体験していることはすべて、かつては可能性のある現実だったものから引き出されています。成長や発展の方向にシフトするために、無尽蔵の可能性の配列の中から選ぶことができます。では、どのようにして、わたしたちは相反する可能性の中から特定のものを選ぶのでしょうか。答えは簡単です。わたしたちの信念が現実を創造するからです。

　自分が何者であるかについての信念が、あなたにとって何が可能で、何が不可能かを決定づけています。あなたの信念がフィルターとなって、セルフイメージに合った可能性だけを意識の中に取り込むのです。前述の通り、わたしたちの脳は毎秒４０００億ビットの情報を処理しているにもかかわらず、意識に記録されるのは２０００ビットだけです。

可能性のある現実は無限です。すべての状況で、ありとあらゆることが起こり得るのです。一つの現実か、あるいは別の現実の中ですべての可能性は経験されています。けれども、意識が無限の可能性のフィールドからあなたが誰であるかという信念に一致している道筋だけを選び出しているのです。つまり、あなたがどういう人間なのかについての考えが変われば、おのずと人生経験も変わってきます。新たな可能性へと空間が開かれるからです。

あなたの肉体的な状態も信念に従っています。ブルース・リプトン博士は、著書『「思考」のすごい力』（ＰＨＰ研究所）で、細胞生物学と量子物理学の関連性について論じています。彼によると、ＤＮＡがどのように発現されるかは、その人の持っている思考エネルギーの特性、すなわちポジティブであるかネガティブであるかによって決定づけられます。わたしたちが細胞に送るメッセージを変えた瞬間に、ＤＮＡも適宜それに従うというわけです。

退行催眠のもっとも価値のある要素の一つは、人の信念を変容させる力があるという点です。自分のパーソナリティーや能力、身体、人間関係に関する信念を変容できれば、わたしたちの人生の経験も変わっていくのです。こんな例があります。わたしは、ある女性のセッションをしました。彼女とのセッションは、成人した彼女の子どもが設定してくれたものでした。その女性はわたしのオフィスに来ると、とても礼儀正しく言いました。わたしがやることが彼女の助けになるとは思っていないけれど、子どもの気持ちをなだめるためにやってきたのだと。数年セラピーを受けているにもかかわらず、何も変わらなかったのですから、たった一回のわたしとのセッションで何が変わるというのでしょうか？　結婚生活を終えてすでに18年の歳月が経っていましたが、彼女は未だにネガティブな感情に覆われ、人生や新たな関係にふみ出そうとする力を失い、健康を害していました。言うまでもなく、わたしたちはとても深遠で感動的なセッションを経験しました。通常の意識に戻し、セッションが終わったときに、彼女に何を感じているか聞いていました。彼女は目を開けると、瞬間的に何もかもが変わったという雰囲気でわたしを見つめました。「まるで生まれ変わったみたいよ」と彼女は答えました。「まったく新しい人になったみたい」

彼女は間違っていませんでした。もはや彼女はセッションを行う前の人物ではなくなってしまったのです。彼女は別の人生を体験することによって、自分自身や愛情生活、健康にまつわる信念が変わったのです。彼女の世界が変わりました。わたしは、彼女にこの変化は永続すると信じるよう励まし、完全に今の自分（変化した後の自分）として今後もふるまうように言いました。

どのように新たな可能性を意識的に選択できるか

わたしたちの人生の出来事は、かつては一つの可能性であったものです。わたしたちが可能性の無限のフィールドから物質次元へと選び出したものです。可能性を、未来に開花するポテンシャルとして捉えることは簡単ですが、過去にも実現の機会を待っているポテンシャルがあると考えるのはもう少し難しいかもしれません。でも、それは本当のことなのです！　というのも、現在、過去、未来はすべて同時に起こっているのであり、過去にも日の目を見る日を待っている隠れたポテンシャルがあるからです。新たな状況、能力、健康状態を現在につくり出すことが可能です――すなわち、たった今新たな過去がつくり出されるのです。可能性の認識の仕方や継続性をつくり出すというわたしたちの性質上、過去に新たな可能性がつくられることはほとんど認識できません。けれども、この現実を創造するメカニズムは、存在することの一つの特性でもあります。あなたがこれから最高の人生を創造していくための助けになるので、この事実を伝えたいと思いました。

わたしたちが人生を創造する唯一の瞬間は、現在です。あなたが現在と過去の両方にアクセスできるのは「今この瞬間」であり、ここにおいて望む変化をつくり出すことができるのです。あなたの持っている信念を「今」変えれば、細胞組織やエネルギー・フィールドにも変化が起こり、過去にも同様のことが起こります。現在の感情的な問題やネガティブな信念が解放されれば、過去にも影響を与えます。つまり、過去のある時点で存在していた精神的、肉体的な構造が変わるということです。その結果として、現在の問題が解消されると同時に、新たな過去がつくられるのです。現在の瞬間に新しい過去を選ぶというわけです。その新しい過去には問題は存在しませんし、あったとしてもよりマイルドな形で経験できるでしょう。

このような考え方が新奇であり、理解するのが困難であれば、原因と結果の観点からも説明してみたいと思います。現在のあなたが何か変わったとするならば、原因は唯一、過去に何らかの変化があったからということになります。ある特定の現在の原因となり得るのは、特定の過去だけだからです。現在が変わることは、自動的に新たな過去へと変わったことを意味します。というのも、その過去だけが新しい現在をもたらせるからです。

健康や幸福について、新しい、パワフルな信念を持つことをここで例としてあげてみましょう。このような信念は、健康と活力について新しい考え方を生み出し、その考え方が過去の細胞に吸収されていきます。すべては同時に起こっているので、現在を変えることは必然的に過去と未来の両方にも影響を与えるのです。それはあたかも、古い細胞の記憶が取り出されて、新しいものと入れ替えられるかのようです。健康に関する新しい可能性が過去に生まれ、わたしたちの歴史に刻まれます。わたしたちの現在の細胞は、健康や活力についての姿勢を真似し始めます。病気の代わりに、健康という新たな現実を選択することで、わたしたちはその信念と環境に反応するのです。けれども、このような変化に対して、わたしたちはほとんど無自覚なので、現在の健康状態が回復すれば、その治癒を「奇跡」だと呼びます。でも実際には、今の瞬間に人生を創造しているわたしたちの力を証明しているにすぎません。

未開発の能力に対しても同じアプローチを採用することができます。あなたの中に眠っているあらゆる才能やスキルについて考えてみてください――そのすべてが、実行されるのを待っている可能性を表しています。それらが作動すれば、表現や創造の新たな道筋として、あなたの人生を豊かにしてくれます。実際に経験したいと思うならば、これらの才能があなたの人生とアイデンティティーの一部であることを選択すればいいだけです。これらのスキルを日常生活でどのように使いたいでしょうか。あなたを幸せにする方法に焦点を合わせ、イマジネーションを働かせましょう。あなたの注目と意図が過去を活性化し、それらの経験はあなたの人生の一部になります。その結果として、あなたは過去の記憶に違った反応を示すようになります。つまり、あなたは新たな過去をアイデンティティーに組み込んだ人物という未来を創造するのです。

過去の新しい記憶をどのように認識するかは人によって違います。ある人たちは新たな姿勢に対して、これまでもずっとそうであったかのように違和感なく経験するでしょう。また別の人たちは、違和感を伴った体験をつくり出します。実際に過去の二つのバージョンを覚えている人もいますし、あるいは、新しいと認識していることに対する新たな過去の記憶をつくり出す人もいます。それぞれが違った方法で、自らの創造力を認識するのにはそれなりの理由があります。

過去を再プログラミングする

わたしが本書を書くというプロセスにおいて、自分の書いた内容が日常の場面において、あらゆる形で常に反映されたり、実現化されたりしていくことは、これまでの経験上明らかでした。ですから、眠っている才能を呼び覚ますことについて書いているときに、わたし自身がそのプロセスを体験しても、もう驚きませんでした。これからお話しするのは、水にまつわる物語です。

わたしが成長する過程で水にかかわっていたのは、たまに休暇を海辺で過ごしたということと、7歳のときに3ヶ月のスイミング教室に通っていたということくらいでした。そこで泳ぐための技術を学びましたが、泳ぎはあまり得意ではありませんでした。たまに泳ぐ機会があって、水に入るのは楽しかったですが、泳ぎ自体を楽しいと思ったことはありませんでした。海であればなおさらです。波の持つ破壊的な力と迫力にわたしは怯えていました。水泳プールと違って、海の中では周囲に何があるのか見えないため、とても怖かったのです。この二つの恐れが組み合わさって、わたしにとって海は自然体でいられる場所ではないという思いをつくり出しました。

そして、すべてが表面化したのはわたしがマウイに住んだときです。わたしの「健全な」恐怖心と、海に対してさほど情熱を持てないという理由から、水に入ろうと思うまでに二週間かかりました。水の中に入りながら、わたしは強制的なダンスを踊りました——おそるおそる進みながら、寒さに震えるというものです。水の中を歩きながら、意識をあらゆる方向にレーダーのごとく、張り巡らせていました。海の生き物が近づいてきて、わたしを脅かし、噛み付いてくるのではないかと怯えていました。自分がとてもうまくやっていて、安全だと自分自身を励まそうとした瞬間に、何かがわたしのパーソナルスペースに入ってきました。何も見えなかったので、もう一度自分が安全だと言い聞かせました。すると次の瞬間に、わたしの後ろでシュノーケリングをしていた女性が海面から顔を出し、興奮した声でこう叫んだのです。「あなたの真下に大きなウミガメがいるわよ！」。わたしはパニック状態に陥りながら、海辺までダッシュで戻ろうとしました。けれども、泳ぎが得意なわけではないので、早く泳げるはずもなく、ますます気が動転していました。わたしのどこかで「ミラ、ただのカメよ。危害を加えるはずがないじゃない」という声がするのですが、とにかくわたしは砂浜に戻ることで頭がいっぱいでした。

砂浜につくと、わたしは安心してほっと一息つきました。それから、わたしが何をしたか想像つくでしょうか？　水際に戻って、ウミガメを探しにいったのです。これまで一度もウミガメを見たことがなかったので、地上に立って安全だと思った瞬間に、好奇心が湧き上がってきたのです！　自分自身がおかしくてたまりませんでした。文字通り、声に出して笑ってしまいました。そしてそのときに、海への自分自身の考えや姿勢を改めなければならないと感じたのです。

わたしは泳ぐ技術が、未だ開発されていない可能性のフィールドに横たわっていると思いました。そして、泳ぎ手としてのわたしのポテンシャルが開花し、確立することをゆるす、という選択をしました。強い欲求にイマジネーションが結びつけられると新たな現実が創造されるので、小さい頃のスイミング教室をあのまま辞めずにまだ続けていたら、わたしはどうなっていただろうとイメージすることにしました。わたしは違った過去を持つ自分について考えてみました――つまり、泳ぐことに慣れ親しんでいて、上手くなっている自分です。その異なる過去の積み重ねとしての自分を演じてみました。機会さえあれば、いつでも泳いでいる小さな女の子であった自分を想像してみました。泳ぐことが人生の一部になっていたら、わたしの過去はどのように違っていただろうと想像しました。わたしは水泳チームに所属し、試合に出る自分を想像しました。常に、水の中にいるのが好きな自分を想像したのです。

海に行く度に、わたしは生きとし生けるものすべてが調和的に共存できるように願い、愛を送りました。心の中で海に語りかけ、わたしを愛し、いつも守ってくれていることに感謝しました。こうすることで、自分が安全で守られていると感じられるようになりました。すると突然、水の中に入りたくて仕方がなくなったのです。おそるおそるゆっくりと足をつける代わりに、海の中に飛び込みました。そして美しい海の光景を堪能するために、シュノーケリングの道具を用意しました。自分のことを泳ぎが上手い人だと思うようにしました。手足を動かすときは、自分が上手いフォームで泳いでいるとイメージしました。テレビで放映される水泳競技を観るようにもなりました。泳ぐことを愛する人という自己イメージのために、ありとあらゆるイマジネーションと意識の集中を使いました。

これらのことはすべて、自分自身を新たな光のもとで見ることを可能にしました。水の中で過ごす時間を待ち遠しく思うようになり、わたしの喜びの領域と可能性を広げてくれました。波の力に怯えることもなくなりました。むしろ、それは、わたしのエネルギーや創造的な本質を融合してくれる、クリエイティブな力だと思えるようになりました。海の中にいる時間は元気がみなぎり、喜びに溢れ、自分の生命力を体感できるようになりました。周りに何があるのか見えないことも、不安ではなくなりました。自分が水の中でも、安全で心地よく感じられるようになりました。わたしは、自分の泳ぎにまつわる過去を違った光のもとで見るようになり、それが現在にも異なる影響を及ぼしたのです。泳ぐことに関する新たな信念が過去を再プログラミングし、それがより豊かな現在の経験をもたらしてくれたのです。

信念とは、わたしたちが真実だと受け入れた仮説に過ぎないのだということを思い出しましょう。あなたがそれらの信念を一度でも表に浮上させ、簡単に変えられる考えに過ぎないと思うならば、あなたはすでに現実を塗り替える道を歩んでいると言えるでしょう。

あなたの人生の道は固定されていません。経験とは、あなたが自分自身の可能性として信じていることの反映でしかありません。あなたの行動は無限ですし、変えたいと思えば無限の現実があります。あなたが望むものが何であれ、あなたが欲しいものを手に入れられる「可能な現実」があります――富や親しい友人関係、健康、快適な家、愛情あるパートナーシップなどです。これらすべての祝福を経験することのできる、可能な「あなた」がいます。ただ、そんな可能性に、あなたの意識を融合させることができるかどうかというシンプルな事実があるだけです。

エクササイズ　なりたい現実にシフトする方法とは

このエクササイズは、希望通りの可能性を秘めた人生を経験することのできる、パラレル・リアリティーにシフトするためのものです。このエクササイズは二部構成になっています。最初の部分は、しばらく静かな時間を過ごし、書くことを通して探究していく作業が求められています。二つ目は、実際に行うエクササイズです。

1　30分間、静かに座る場所を見つけ、そばにノートを置いてください。数分間、内面に意識を集中させることから始めましょう。あなたが変えたいと望む人生のある状況について考えてみましょう。信念とは、あなたの現実を創造するためのマスタープラン（基本計画）だということを認識し、あなたの現在の問題の核となっている考え方を見つめてみましょう。信念とは単に一つの考えに過ぎず、あなたが真実だと見なしている一つの見方であることを覚えていてください。現在の状況が維持されるために、どんな考えを真実として持たなければならないのかを自問してみましょう。現在の状況についてのあなたの信念を書き出してみてください。そのうちのいくつかが、核となる信念として浮かび上がってくることに気づくでしょう――それは、ある問題に対してくり返し現れる、感情を伴った考えです。この一つや二つの信念で、他のすべての信念を説明できるかのように感じられます。あなたがリストに上げられるその他の信念は全部、核たる信念が枝分かれしたものに過ぎません。

ある孤独な男性を例にあげて考えてみましょう。彼は仕事では成功を収めていますが、私生活ではとても孤独を感じています。幼少時代がトラウマになっていて、親密な関係をつくるのが困難なのです。最初は、彼のリストは外面的なものに向けられます。例えば、〝友だちを作るのは難しい〟〝みんな自分のことで精一杯だ〟などです。次に、自分の生い立ちに触れていきます。〝子どもの頃愛されたことがなかった〟〝幼い僕は純粋で、心を開いていたのに彼らに傷つけられた〟〝信じることが怖い、人に心をゆるすことは危険だということを人生はいつでも証明している〟などです。感情が湧いてくるでしょうが、それでも彼がこの作業に徹するならば、必然的にすべての考えの核心にたどり着くでしょう。それは、〝僕は愛されない、愛される人間ならば、母も愛してくれたはずだ〟〝僕は人に心を開くのが怖い、なぜならば僕の本当の姿を知れば、彼らも去っていくに違いないから〟というものです。核心の部分では、彼の孤独感の問題は、彼の友人や社会性とはまったく関係ありません。彼の無価値感や愛されるに値しないという思いが問題なのです。

核心となる仮説を特定できたら、より良い経験をするためにはどんな信念を持った方が良いかについて自分自身に聞いてみます。あなたの書き出した制限のある信念を、あなたの望んでいる人生の助けとなるような信念へと変えていきます。それらの新しい、ポジティブな信念を書き出してみましょう。

わたしたちのこれまでの例だと、次のような信念になります。わたしには価値がある。わたしには素晴らしい点がたくさんある。わたしが世界に来たのは、たまたま生まれたからではない。わたしが存在していることそれ自体が、価値があるという証しである、そうでなければ、神はわたしをつくり出したりはしない。母がわたしを愛せず、養育できなかったのは、わたしのせいではない。母自身に課題や問題があったのであり、わたしとは無関係である。パートナーがわたしの元を去ったのは、わたしが愛すべき人物でなかったからではなく、二人にとってそれが最良だったからである。二人の道は別々に分かれたのである。わたしは人々に対し、距離を置いていたので、それを心地よく感じる友人を引き寄せた。わたしは善良で、忠実で、信頼できる人間である。わたしのそういう側面を人々に見せても安全である。人々に心を開いて、コミュニケートしても安全である。わたしは、人々と一体感を得るだけの価値がある。わたしは愛されていると感じるだけの価値がある。

2　次のパートは、あなたがこれから数日間行う実践的なエクササイズです。となりにノートを用意してください。目を閉じて、深呼吸をしましょう。現在、過去、未来を再プログラミングするというセッションに取り組む前に、この瞬間、あなたは自分のために新たな現実をつくり、シフトさせる力を持っているのだということを思い出してください。それから、あなたが望む出来事についてイメージしてみましょう。ありありと鮮明な映像を思い浮かべてみましょう。すべての感覚を総動員して、あなたがまさに欲しいものを手にした瞬間を想像してください――何を感じ、聞き、嗅ぎ、味わい、見るでしょうか？　あなたが採用する新たな信念を頭の中でくり返しましょう。そしてもっとも重要なのは、この新たな人生から得られる喜びや愛、充実感、満足感を強力に味わい尽くすことです。

先ほどの例では、男性はもっと世界とコミュニケーションする方法について考えるでしょう。みんなとつながっている感覚とは、どんなものであるのか想像するかもしれません。たくさんの友人がいることを想像し、どのように関わり、一緒に時間を過ごすのかについて想像するでしょう。自分が受け入れられ、愛されている感覚を想像するでしょう。そして、完璧なパートナーに対して自分を開き、その関係がどんなものであるか想像するでしょう。

新たな出来事が人生に起こっている様子を、1日1、2回、5分から10分間イメージすることに費やしましょう。それを毎日行うのを自分とってスペシャルで楽しい時間だと認識しましょう。するとまもなく、あなたを取りまく世界に、変化の兆しが現れることに気づくでしょう。状況は変わります。なぜなら、あなたが変わったからです。

新たな現実を定着させること

わたしたちにできるのは、新たな可能性についてイメージすることだけです。というのも、それらは現実としてどこかにすでに存在しているからです。わたしたちの意図と、どれだけそれを強く望んでいるかという想いは、その現実へとシフトするための燃料となります。今のわたしは、たった一つのわたしのバージョンにすぎません——他に数多くのわたしのバージョンがあります。信念を変えることによって焦点を変え、自分が望むバージョンの自分になることができるのです。

あなたに覚えておいてほしい、大切な考え方があるので、ぜひメモしておいてください。それは、**あなたが望むこととあなたが現在持っているものは、二つの異なる現実である**、というものです。自分が今持っているものと戦ったり、あるいは、それを変えようしたりしないでください。無視しているふりをする必要もありません——ただ、それと平和的であってください。あなたの信念を反映する現実に、いとも簡単に同調できる自分自身の力を確認するために、それが存在してくれていると思えばよいのです。

好ましい出来事と好ましくない出来事の間に、争いはありません。望まない状況は、あなたが現実化した一つの可能な現実に過ぎません。可能な現実はすべて、特定の信念や考えを反映しています。それを、静止したスナップ写真のように考えるとよいでしょう。一つの現実というものは、その他の信念を反映させることはできません。それぞれの現実は、一つの枠組みのなかに一つの考え方しか収めることができないのです。変化が起こるとすれば、あなた自身が変化したからです。あなたの特定の主題に関する見方や考えが変わった、ということです。そうすることで、新たな現実へとシフトすることができます。

好ましい現実と好ましくない現実に中には、二つの異なるバージョンのあなたがいます。「望むような現実にいる自分は、現在の自分とどのように違っているだろうか？」と自問してみましょう。そして、そのバージョンの自分がどのように日常生活を送っているか想像してみてください。それは、どのような気分ですか？あなたは、どのように周囲の人々に接していますか？毎日の雑事をどのようにこなしていますか？　それから、そのバージョンの自分としてふるまってみてください。この最終ステップが、現実創造のプロセスを定着させてくれます。あなたは理想の自分として新たな信念を実行することによって、自分が人生のマスターであり、可能性の無限のフィールドからもっとも欲しい人生を引き出すパワーやヴィジョン、信頼感、信念、叡智を持っているのだということを、あなた自身と宇宙に対して宣言していることになります。

あなたの望む現実はどのくらい早く実現するでしょうか？　現実が変容するスピードは、あなたがどのくらい早く自分の信念を変えることができるのかにかかっています。第7章のアニータ・ムアジャーニの物語の中にも見ることができるように、信念が瞬間的に変われば、現実の構造が新たな状況にマッチするように変わるのにさほど時間はいりません。時間の遅延は、世界の物質的な構造と肉体の神経学的構造によるものです。小さな車は、静止状態から高速度まで加速するのに、あるいは高速から静止までにそんなに時間はかかりません。同様に魂の領域は、肉体よりも密度が小さいので、素早く顕現します。けれども地球では、わたしたちはあたかも大きくて重厚なトラックを運転しているようです。ここではずっと密度が大きいので、信念が変わり、形へと現実化されるまで時間の遅延があるのです。

最初に、わたしたちはこれまでの思考がつくり出した勢いを止めなければなりません。それから、神経細胞が環境からデータを拾い上げることに慣れるための時間を与えなければなりません。新たな可能性は、その成果や利点を現在に体験できる前に、過去において呼び起こされる必要があります。このことを認識し、プロセスを信じさえすればいいのです。世界は、あなたのシフトした信念を反映してくれるでしょう。

あなたのパーソナリティーは、固定化された構造ではありません。あなたは常に変わっているのです。あなたが新たな選択をする度に、新しい自分を経験します。あなたは常にパラレル・ユニバース（並行宇宙）の間を行き来しています。これらの宇宙や、これらの特定の状況のスナップ写真は、すべて今この瞬間に存在しています。あらゆる状況において、あなたがどんな選択をするかによって、ある特定のパラレル・ライフの波動を発信し、あなたはそれを現実として体験するのです。

わたしたちは、ある出来事を記憶したり、それらを今の自分にとって都合がいいように解釈することを通して、過去を創造しています。今のあなたは、過去についてより大きな視点から捉えられるようになったので、過去と遊ぶことができるようになります。この新たなプリズムで、人生の出来事を見ることができるようになればなるほど、あなたはもっと驚嘆とシンクロニシティー、魔法に溢れた自由自在な人生を送れるようになります。これは事実です。なぜならば、わたしが実際に体験しているからです。

わたしは、自分の人生がどれほど素晴らしいシンクロニシティーの連続で溢れているかについて、人に話すのが大好きです。自分の人生を愛するようになった重要な要素として、ハイアーセルフとのつながりが大きいでしょう。自分のハイアーセルフを認識し、その部分とのコミュニケーションを強めることで、自分自身のみならず、人生が発展していくということに対して、深い信頼感を持つことができるようになりました。次の章では、クライアントがハイアーセルフとつながるために、わたしが退行催眠でどのようにガイドするのか紹介したいと思います。同じことを実践してみることで、あなた自身もハイアーセルフから活力やガイダンス、癒し、安心感を得ることができるでしょう。

第4章

ハイアーセルフと対話する

わたしたちの一人一人にハイアーセルフがいます——それは、わたしたち自身の賢く、無条件の愛を持った部分であり、わたしはハイアーセルフと呼んでいます。ハイアーセルフは、わたしたちの最大限のポテンシャルのテンプレートを持っています。この人生において、魂が探究したい特定のテーマや目的を最大限に体現した姿を象徴しています。わたしたちの魂が人間としての人生を通じて、達成したいと願う最高の成長を遂げた姿です。それはわたしたちの一部であり、真実の自己の波動なのです。そして、それはいつもそこにいて、わたしたちとつながるのを待ってくれています。

わたしたちが万物と一体であることや神なる存在とのつながりを実感できないときに、エゴは孤独を感じます。そして、あたかも世界が肩にのしかかっているように感じ、自分だけですべてを解決しなければならないと思ってしまうのです。このような偏狭な精神状態に陥ると、わたしたちは死に物狂いで答えを探し出そうとします。わたしたちを導く資源であるハイアーセルフから遮断されると、本当に道に迷ってしまいます。日々の選択の際にも誰からも助けを得られず、より大きな全体像から見たり、人生の意味を見出したりすることができなくなります。

わたしの元にやってくるクライアントは、ほぼ全員同じ質問をします。「わたしの人生の目的は何ですか？」と。ハイアーセルフは、まさにその可能性を実現するために、わたしたちをガイドすることを使命としています。そのためにハイアーセルフは、休む間もなく環境を整える一方で、わたしたちとのコミュニケーションを図ったり、ガイドしたりするのです。わたしたちの心は、ハイアーセルフを信じ、メッセージを聞いたり確認したりすることもできれば、そのサインを無視することもできます。ハイアーセルフは、わたしたちが今生の使命を果たせるように、できることは何でもしてくれます。なぜ、抵抗する必要があるでしょうか？　ハイアーセルフが、わたしたちを本来あるべき魂の道に戻すために、手荒に介入したり、あるいは災難がふりかかったように感じるまで、なぜ無視し続ける必要があるでしょうか？

退行催眠のセッションを通じて、エゴとハイアーセルフは一丸となって協力するために存在している、ということを学びました。退行催眠のワークがなぜこれほどまでに変容をもたらし、クライアントが多大な影響を受けるのかと言えば、自分自身が何者であるのかについて得られた知見をすべて持ち帰ることができるからです。クライアントは、自らが完全にして完成されている、ということを実感します。つながりを感じられます。そして、自分が導かれ、サポートされていると実感し、どのように前進していけばいいのかについて、明確な指針が与えられます。感情的、身体的な癒しも起こります。そして、自分の信念や思考の制限を超えることができます。けれども、もっとも素晴らしいのは、愛を感じられることです――自らの源からの無条件の愛です。

退行催眠を受けている人が、どのようにハイアーセルフを体験しているのか知りたいと思う人も少なくありません。ジョンは次のように述べています。「セッションを振り返ったときに、きみが僕のハイアーセルフと話していたときに、どのように僕が感じていたかを説明するのは難しいね。“Seth, Dreams and

Projections of Consciousness"（未邦訳）の序文の中で、著者のジェーン・ロバーツはセスがやってきたときにどのように感じるか説明していた。彼女はこれ以上にないくらい上手く説明していたよ。ジェーンによると『ニュートラルなエネルギーというより、非常に強く感情に作用するもの。心強くて、どこか人間的でもある――温かくて、驚くほど直接的。おそらく、わたしを包み込んでいるのだけど、だからと言ってわたしは眠りに落ちてしまったり、自分自身を見失ったりしない。わたしはわたしなのだけど、とても小さい。わたしは遠いどこかに退いているけれど、それは空間的なものではなくて、もっと意識の焦点にかかわっている。わたしのそば、そして内側からエネルギーが広がっていく最中でも、わたしは維持され、支えられ、保護されている』。自分が小さくなって、どこかへ遠のくという部分は、まさに僕がセッション中に感じていたことだよ」。

これは、ハイアーセルフとつながったジョンの体験ですが、各自の経験は異なります。ある人は、ジョンやジェーン・ロバーツと同じような体験を語ります。また別の人は、自分が脇にどいているように感じます――あたかも完全に意識があるにもかかわらず、誰か別の存在が自分を通して話しているような感覚です。彼らは、自分が話していることの意味を理解していません。ただ、内側の衝動のままに声を出しているだけです。そして、セッション中の録音テープを聞いてはじめて、自分の声を聞き、語られた内容を理解するのです。

また、特別なことは一切起こっていないように感じる人たちもいます。空が割れるわけでも、轟くような神の声がするわけでもありません。彼らは普段とまったく変わらないと感じるのです。わたしが質問をすると、自らの深い叡智の部分から自分が答えているように感じます。けれども、まるで山頂に立ってすべてを見通せているような意識の拡大を体験しています――全体像を見渡せ、すべての連関を理解しています。このようなクライアントは、セッションの録音テープを聞いたあとに、わたしにEメールを送り次のような質問をします。「これはどこから来ているのですか？　そのときは自分があなたの質問に答えているのだと思っていたけど、わたしはこんなに賢くありません！　わたしはこんな風にしゃべらないし、このような考え方をしていません。わたしの声も、言葉遣いも、発音もエネルギーもすべて違います」と。このような形でハイアーセルフを体験するのは、わたしにとってはごく自然であると思います。というのも、ハイアーセルフはわたしたちの一部だからです――それは、現実世界に焦点を置いていないわたしたちの一部なのです。わたしたちはいつもハイアーセルフに導かれているのであり、どのような形で現れたとしても信頼して大丈夫だということを、どのクライアントにも伝えています。そのような方法で、情報が伝えられたということです。ハイアーセルフはいつでもその人にとって最適な方法でコンタクトを取っているのであり、そのときに当人が成長し、変化するために必要な、完璧なガイダンスを与えるのです。

ハイアーセルフの助言——瞑想すること

セッションの中で、ジョンは同じレッスンを学ぶために何度も生まれ変わっていることを発見しました。6つの異なる人生を探索したあとに、ジョンが自分の学ぶべきレッスンの真意を理解できていないのではないかとがっかりしていました。わたしは、ジョンを彼のハイアーセルフのエネルギーにつなげるべきタイミングが訪れたのだと思いました。

わたしはジョンにエネルギーを拡大するように導きました。一旦、ハイアーセルフがそこにいることが確認できたので、他にも真逆な人生があったかもしれないにも関わらず、なぜジョンはこれらの6つの人生を体験しなければならなかったのか聞いてみました。ハイアーセルフはそれに対し、「何がまだ欠けているのかがジョンに分かるように、これらの人生が選ばれた」と答えました。欠けていたのは、理解するというレッスンでした。そして、次のように付け加えました。「今生の彼はとてもよくやっています。彼は常に理解するということに焦点を当てています。相手の立場というものをとてもよく理解しています」。わたしは、ジョンが自分自身について、何を知っておいたら良いか質問しました。答えはシンプルでした。「ただ、リラックスしていればよいのです。ジョンはいつも心配し、あれやこれやと考え込んでいます。少し瞑想すればいいだけのことです」。ジョンのハイアーセルフは、寝る前に、毎日瞑想することをすすめました。

瞑想をするという助言はハイアーセルフからよく聞かれることです。それは、いつもクライアント特有のニーズに沿った形で提案されます。例えば、ジョンの場合は、一日のどの時間よりも寝る前が良いということが示されていました。けれども、どんな種類のものであったとしても、瞑想はめまぐるしく変わる、混乱したエネルギーから意識を明瞭にしてくれるための重要なツールであり、瞑想によってわたしたちは、ガイダンスや直感に耳を傾けることができるようになります。最近、あるクライアントが、わたしに瞑想のやり方について真剣に学ぶ必要があるとうったえました。わたしは、「瞑想は学んだり、技術を獲得したりするものではない」と答えました。瞑想とは、あなたがすでに知っているものだからです――あなたがすでに、そうある状態です。

あなたの内面には、平和や静謐、信頼、理解という美しい領域があり、あなたは自然にそこに同調することができます。目を閉じて、深くゆっくりと息を吸い込み、そしてゆっくりと息を吐きます。それを行った瞬間に、あなたは瞬時に安らぎの感覚に包まれます。あなたが安らぎそのものです。「学ぶ必要がある」から「わたしはすでに知っている」と考えをシフトさせることは重要です。すると、瞑想は何か異質なものとして敬遠する対象ではなくなり、家に帰るような身近な感覚になります。あたかも純粋な愛と光の井戸から泉を飲むように、瞑想によって補給されたように感じることができるでしょう。

たくさんの瞑想のテクニックが提供されています。個人的には、わたしのＣＤ『前世療法の癒し、その先へ』の中の瞑想法をおすすめしますが、どんなものであっても効果的です。あなたにとってぴったりの瞑想法を選ぶための自分の直感を信じてください。瞑想のマジックは、テクニックそのものにはありません。あなた自身にあるのです。自分を開き、信じ、探究しようとするあなたの意欲にあります。そして、あなたは常に自分自身について、より多くのことを発見するでしょう。

ソウル・グループからの助け

ソウル・グループとは、オーバーソウルのコミュニティー（共同体）であり、さまざまな生まれ変わりを通してお互いに親密な関係を築いていきます。ソウル・グループのメンバーは、いつもお互いのために存在し、相互の成長の手助けとなるように必要な役割を演じます。

ジョンはいつも、彼の祖父との間に深いつながりを感じていたので、わたしは彼のハイアーセルフにその理由を聞いてみました。その答えの中に、ジョンは家族との深い関係を認識しました――彼の人生最大のレッスンを学ぶために、どのように彼ら全員が助けてくれたのかを知ったのです。

ジョンのハイアーセルフ：ジョンのおじいさんは、ソウル・グループの一員です。わたしたちは彼を下に（地球に）戻しました。なぜなら、ジョンは理解するという部分でものすごく苦労していたからです。

ミラ：では、おじいさんはジョンを助けるために来ているんですか？

ジョンのハイアーセルフ：はい、教師として。

ミラ：おじいさんはどのようにジョンを助けているんですか？

ジョンのハイアーセルフ：教え方を学んでいるのです。教え方を教えているのです。

ミラ：彼はどのようにそれをしているんですか？

ジョンのハイアーセルフ：彼は何もしていません。ただ、彼自身でいるだけです。

この会話は、ジョンに大切なメッセージをもたらしました——わたしにとっても同様でした。ただシンプルに自分自身でいることによって、わたしたちは「すること」では決してなし得ない方法で世界に影響を与えられる、ということです。わたしたちが自分自身に忠実となり、愛と優しさと理解をもってわたしたち自身の光を輝かせれば、それだけですでに周囲の人々に影響を与えているのだということを知る必要があります。ソウル・グループの仲間を助けるために、わたしたちにできる最善のこととは、つまり、わたしたち自身でいることなのです。ジョンのハイアーセルフは、ジョンの行く道を阻んでいるのは彼自身の心配だと続けました。誰もがそうであるように、ジョンも心配しすぎているのです。すべての時間を心配することに使っていると、わたしたちは本来の目的を忘れてしまいます。

ジョンのハイアーセルフが言ったように、それこそがジョンが人々に伝えるためにここ（地球）へやって来た理由です。つまり、どのようにして本物の自分になるのか、というレッスンです。ジョンによれば、教える前に技術をマスターする必要はありません。ただし、「理解するために教えなければなりません」と彼のハイアーセルフは言いました。わたしは、この言葉に含まれた叡智を愛しています。それが真実だということを、わたし自身も経験しています。あることについて、人々と分かち合えば合うほど、そして書けば書くほど、わたし自身の理解が深まっていくからです。

「理解するために教える」というアプローチを意識的に採用するならば、自分自身の学びや成長を促進させるばかりか、ソウル・グループの学びや成長にも役立つことができます。何か変化に直面したときは、そのことがもたらすレッスンについて瞑想してみるとよいでしょう。すべての状況はわたしたちのために用意されたものです。わたしたちは、試練がもたらしてくれる恩恵について理解しようと努力することができます。そして、それが分かったときに、他の人たちにも分かち合うかどうかは、わたしたち次第です。わたしたちが分かち合えば合うほど、そこから得た洞察はより大きなものとなります。こうした発見を誰かに説明しようとすることによって、より深く理解し、そのことの意味を真に自分のものにできます。より伝え方というものはあるのでしょうか？　いいえ。その方法は、物語や歌、詩、絵、あるいは、誰か知らない人に送るシンプルなメッセージであってもいいのです。大切なのは、わたしたちの内面から湧き出る叡智に声を与えることです。わたしたちはみな、常にお互いにインスピレーションを与えるためにここにいます。そうすることで、わたしたち自身も高められるのです。

ジョンのおじいさんもまさにジョンにそうしていました。わたしはジョンのハイアーセルフに、彼のソウル・グループには、他に誰がいるかを聞いてみました。ハイアーセルフは、彼の親しい友人数名の名前と、直近の家族全員の名前をあげました。わたしが「まるで仲良し家族が旅行しているみたいね」と冗談を言うと、ハイアーセルフは「めったに離れないんだよ」と同意しました。わたし自身の退行催眠の経験とクライアントとのセッションを通して、他の人生でも一緒だった人々と度々、共に生まれ変わっているということを知りました。わたしたちは、ある生でお互いに関わることで、ある特定のパターンを作ります。そして、次にわずかにパターンの中のコマを変えることで、異なる立場から互いを見ることができるようになります。最初にこうしたパターンを作り上げた相手以上に、お互いを助け合える存在などいるでしょうか？

わたしたち自身のソウル・グループへの結束は、物理的にどこに居住するかをも決定します。わたしはジョンのハイアーセルフに、彼が場所を移動することも考えた方が良いかを尋ねると、「いいえ」と答えが返ってきました。「ジョンの学びの焦点はここにあり、関わる人たちもすべてここにいます」とハイアーセルフは答えました。「もしジョンが別の場所へ行ってしまったら、彼が教えるべき人たちに、彼の理解する、という学びを伝えることができません」。ジョンのソウル・グループのほとんどがニューヨーク近辺に住んでいるので、彼はそこにとどまる必要があるのです。

わたしはジョンのハイアーセルフに、なぜ彼の友人や家族は、ジョンのようにスピリチュアルな事柄に興味がないのか聞いてみました。その答えに驚くと同時に、なるほどと思いました。今生のジョンのレッスンは、理解することを学び、教えることなので、友人や家族が彼と同じくらいに形而上学的な概念に傾倒していたのでは意味がないのです。彼らがそうであったら、ジョンは教えることも、彼らとの生まれ変わりを通して学ぶこともできないのですから。

「ジョンの友人や家族は、彼を助けてはいけないのです」とハイアーセルフは説明しました。「ジョンが彼らを助けなければならないのです」。ジョンはただ、家族や友人の承諾や肯定を得たいという欲求を手放し、自信を持って自分自身の信念を持っている必要があるのです。

これは、わたしたち全員にとっても、よい学びではないでしょうか。もしあなたが、パートナーや子ども、あるいは友人にあなたのスピリチュアルな事柄への関心を理解してもらえないとしても、失望しないでください。彼らは他の人生で、これらの領域をマスターしたのかもしれません。もうしそうであるならば、あなたのように、常に答えを見出そうとして、あらゆるニューエイジ系の本に目を通す必要性を感じないのも理解できます。あなたが信じるものに自信を持ってください。周囲の人たちがあなたに親切であっても、あなたの関心事に興味を示さないことをゆるしてあげてください。スピリチュアルな原則について話そうとしても、もどかしい気持ちにさせられるような人たちは大勢います。でも、わたしたちは誰のことも変えることはできません。自分自身のエネルギーにとどまりながら、周囲の人たちに無条件の愛を注いでください。一体誰がわかるでしょうか？　もしかしたらその人たちはあなたのソウル・グループの一員であり、あなたに愛することと理解することのレッスンを学ぶ手伝いをしにやって来ているのかもしれません。

＊

ジョンについてもう一つ。瞑想の際に、ジョンがとりたててフォーカスした方がいいことはないかと彼のハイアーセルフに聞いてみると、「自分自身」という答えが返ってきました。やや意味深な感じがしたので、もう少しヒントを与えてくれるように頼んでみると、その答えは驚くべきものでした。

ジョンのハイアーセルフ：では、一つだけヒントをあげましょう。

ミラ：それは、何ですか？

ジョンのハイアーセルフ：ジャンはすぐそこにいます。もう間もなくでしょう。ジョンが思っているよりもすぐです。あまりそのことで心配する必要はありません。

ミラ：彼らは再び結ばれるのですか？

ジョンのハイアーセルフ：はい。ジョンは彼女と結婚するでしょう。

「もう間もなく」という言葉は、控えめな表現となりました。セッションから1週間足らずで、ジョンはジャンと出会ったのです。今生では、彼女は違う名前を持っていますが、便宜上ここでは彼女のことをジャンと呼びます。ジョンはわたしに短いEメールを送ってくれました。「お知らせします――ジャンと出会いました。１００％確信が持てます。ぼくらは同じ職場で働いていたようです……」なんとジャンは、ジョンから60フィート（18メートル）離れた場所に座っていたようです。セッションのときには、ジョンは職場で働き始めたばかりで、そこで働いている大部分の人たちの顔を知らなかったのです。10ヶ月後に、ジョンはジャンにプロポーズしました。彼の数名の友人は、早すぎるのではないかと心配しましたが、彼とわたしはもっと多くのことを知っていました。セッションの中で、ジョンはどのように彼らの魂が一緒に造られたのかを見たのです。

ジョンは次のように描写しました。「どこからともなく、白い光の球体が落ちてきて、それが分裂していくのが見えます。ぼくたちはくっついていました。ぼくらは二つの別々の欠片ではありません。中に入っているものは形もありません。ぼくたちをつなげるバンドのようなものはないです。ぼくたちは違った方法でつながっているようです」

ジョンとジャンの絆は特別なものです。ジョンとジャンは、彼らの魂が造られた瞬間から一緒にいます。彼らは永遠に愛し合っているのです。彼らは人生を共に過ごしてきました。そして、今生でも一緒になることを選んだのです。それは彼らの関係が完璧であることを意味するのでしょうか？　もちろん、そうではありません。ほかのカップルと同じように、彼らにも課題はあります。けれども、ジョンは彼らの間の絆を理解していますし、彼のジャンへの愛と献身は感動的です。ジョンはジャンと出会った一年後に結婚し、今では第一子をもうけています――とても愛らしい男の子で、おそらくその子自身もジョンに理解することを教えるためにやって来ています。ジョンとジャンはまだパリに行っていませんが、もし彼らがそこへ行ったら、素晴らしい時間を過ごせるに違いありません。

イヴァンの物語

セッションの最中に、クライアントのハイアーセルフとコミュニケーションを図ろうと思っていても、実はより偉大な意識とつながっていることが分かります。わたしたちの存在は、一なるもの（万物の唯一の起源）から生じています。わたしたちはみな、一つの情報のフィールドの一部です。ですから、クライアントが受け取るガイダンスと癒しは、その人に合致した、もっとも高いレベルの愛と幸福の領域からやって来ます。もしかしたら、地球にいる間に、その人をガイドする役割を持った別の魂からもたらされる場合もあれば、その人のソウル・グループの別の魂からやってくる場合もあります。あるいは、霊的な次元での兄弟姉妹のエネルギー意識や、天使的な領域、その人がつながりのあるその他の次元の存在からもたらされる場合もあります。その起源が何であれ、それは常に無条件の愛と受容を持って差し出され、その人の光へと向かう道を促進します。

わたしたちは、密度の大きい地球環境にいるために、比較的なゆっくりとしたエネルギー周波数に順応しています。けれども、クライアントにもたらされる情報や癒しの周波数は、しばしばその人のエネルギー波動域を超えています。したがって、その人のハイアーセルフの周波数を通して、ガイダンスを受け取り、癒しや答えを翻訳しているのです。それは、量子物理学者が大学院生に教えるのとは異なる方法で五歳児に伝えるのと同じことです。そのため、大いなるものは、その人の波動域内において理解可能な言葉とエネルギーで、ガイダンスを与えているのです。

その例として、イヴァンというクライアントとのセッションの最中に起こったことを紹介したいと思います。退行催眠を行う前に、イヴァンがハイアーセルフに聞いてみたいことについて、わたしたちは話し合いました。イヴァンは、彼の守護天使が誰であり、どのようにその存在とコミュニケートすれば良いか知りたいと思っていました。わたしはせっせと質問を書き記していました。そして、実際に彼のハイアーセルフと対話をしている瞬間に、わたしは自分の書いたメモに目をやると、その守護天使の部分が目に入りました。すると、瞬間的にただ名前を聞くのではなく、彼自身が守護天使を見るように指示しなければならないという直感が働いたのです。わたしは、疑念を挟まずに直感に従い、ハイアーセルフにその旨を伝え、守護天使に姿を見せるようお願いしました。すると驚くことに、イヴァンを通して天使が語り始め、自らがダミアンという守護天使であると直接、彼に名乗ったのです。

語っているのがイヴァンではなく、守護天使だという違いに気づいたときは、まさに息をのむようでした。彼の声も変化し、語られる言葉も威厳と力強さに満ちていました。イヴァンから発せられるエネルギーが、その瞬間はまったく異なっていました。というのも、別の存在が語っていたからです。そして、守護天使が過ぎ去った瞬間に、イヴァンの声はソフトで落ち着いたものに戻っていました。わたしは天使についてもっと知りたかったので、対話を続けました。

ミラ：守護天使ダミアンがどのような姿で現れたのか、描写してくれますか？

イヴァンのハイアーセルフ：光の中から、白いローブをまとい、頭部と羽に後光が射していて、杖のようなものを持っている存在が歩み出てきました。

ミラ：これからどのようにコミュニケートすればよいか、守護天使ダミアンに聞いてもらえますか？

イヴァンのハイアーセルフ：「もうすでに、わたしとコミュニケートしています」と言っています。

ミラ：どのように？

イヴァンのハイアーセルフ：ただ、自分の内なる声をたどるようにして。

ミラ：守護天使ダミアンは、どのような役割なのですか？

イヴァンのハイアーセルフ：ネガティブなエネルギーから彼を護る役割を持っています。

ミラ：あなたと共に働いている天使が、他にもいらっしゃるのかということと、もしそうであれば名前を教えていただけるように伝えてもらえますか？

イヴァンのハイアーセルフ：マイケルという天使と……はい、それだけです。

ミラ：天使マイケルは、どのような目的でいらっしゃるのですか？　彼の役割は？

イヴァンのハイアーセルフ：マイケルは、羽を広げて、わたしをただ愛で包んでくれています。わたしの心と身体を愛で満たしてくれているのです。

ミラ：では、守護天使ダミアンとマイケルが、イヴァンに対して何か伝えたいことはないか聞いてみていただけますか？

イヴァンのハイアーセルフ：わたしたちは、いつもあなたと共にいます。うまくいくかどうか心配する必要はありません。どんな状況でも、うまくいっているからです。物事はつねにあるべき方向に進んでいます……。以上です。彼らが背を向けて遠ざかっていきます。

わたしはこの物語が大好きです。ハイアーセルフが、大いなる愛と光、癒しをわたしたちに届ける導管に過ぎないことをよく表しているからです。わたしがイヴァンに質問をしているときには、一見、彼のハイアーセルフと対話しているように見えます。けれども、わたしが彼の守護天使と話した瞬間に、彼らは自らのエネルギー領域から歩み出て、名乗ってくれました。彼らがイヴァンを通して語っているときに、イヴァンの話す声やトーンが変わるのと同じように、彼らのエネルギーのプレセンス（発するもの、臨場感）も明らかに異なっていました。わたしがハイアーセルフと話している間、ずっとイヴァンの守護天使はそこにいて、全体の一部としてプロセスを助けてくれたのです。

あらゆる次元の大いなる魂は、常にそこにいて、わたしたちを守り導いてくれています。退行催眠の最中だけではなく、人生のあらゆる瞬間においても同じです。わたしたちは、あまりにも目の前の外的な出来事や自分自身の思考に集中しすぎてしまい、どれほど守られているのかを忘れてしまうのです。できる限り、自分が愛と光に包まれているのだということを思い出すようにしてください。そのことを知り、信頼し、その立ち位置で生きるようにしてください。

リサの物語

リサは、ハイアーセルフの振動を、遊び心に満ちたやさしい仕方で体験しました――それは、わたしたち双方の記憶に残っています。

最初のセッションの冒頭で、わたしはリサをリラクゼーションの状態に導きました。そして、リサの意識の焦点が内面に向かっていたときに、心の目で見えているものを描写するように言いました。彼女は、裸足で温かいウールのセーターを着ている、小さな女の子である自分の姿を見ていました。その子はあまり靴を履くのが好きではないようでした。小さな女の子は屋根裏部屋でかくれんぼをしていましたが、誰も彼女を探しに来ませんでした。ですから、彼女は数階下りてみると、家の持ち主である夫婦とその六人の子どもたちが夕食を食べている様子が見えました。その家族は彼女がそこにいることに気づいていませんでした。彼女がいる場所は、地主の家でした。彼女の家族はその一家のお手伝いでした。彼女の母親――いつも衣服からパンの香りがする大きくて優しい母――は、その家のコックでした。小さな彼女は自分がとても愛されていると感じていました。

リサは、どれだけ母親が愛情深い人であったかを説明しているうちに、目が回るような感覚をおぼえました。そして、「誰かがわたしを抱きかかえて、くるくる回しているような感じです。最初は楽しかったけど、今は吐いてしまいそうです」と言ったのです。わたしはセッションの最中に、いつもクライアントが安全であり、心地よく過ごせることを目的としているので、リサに身体をリラックスさせるように誘導し、目の回る感覚がなくなるようにしました。数分後に、リサは、父親が彼女を抱きかかえて回していたのであり、やっと下に置いてくれた、と説明しました。

リサの父親は、大きくて頼もしい人物で、農地を耕していました。彼女のいとこや叔父、叔母も同じ場所に住んでいました。奴隷制度の廃止に伴って、リサの先祖は、他に行くあてもなかったので、今いるアラバマ州の田舎にとどまりました。リサの両親はとても働き者で、彼女が何か手伝いたいと思っても、何をすればいいのか分かりませんでした。リサはキッチンに入ることも禁止されていましたし、農地で父親を手伝うこともゆるされていませんでした。夜になったときに、小さな女の子は父親の足をさすってあげるのが好きでした。父親は「くすぐったがり屋」だったと、リサは愛情のこもった声で語りました。父親の足をさすってあげると自分が役に立っているように感じられましたし、自分がどれくらい父親を愛しているのかを示すことができたのです。

大学に進学する頃になって、リサは両親の元から離れなければならず、とても悲しかったようです。彼女は弁護士になり、公民権にまつわる案件を扱っていました。そして、しぶしぶながらもアラバマ州、バーミンガムの法律事務所に勤め、報酬も十分に支払えず、誰も弁護しないような黒人の家族の弁護人をしていました。「嫌だったけど、やらなければなりませんでした。わたしは黒人であり、女性でもあり、仕事も良くできたので、わたしがやることが重要だったのです。わたしがうまくやっているのを快く思っていない人たちも大勢いました。嫌だったけど、それが重要なことだと分かっていたので、やり続けていました。」とリサは言いました。

リサは、チャーリーという名前の男性と結婚しました。彼は大きな公民権の案件を受け持っていました。彼らにとって、仕事がとても重要だったので、子どもを持たないという選択をしました。ある日、通りを歩いていたときに、一人の男が近づいてくると、銃を取り出してチャーリーの胸を撃ちました。チャーリーと彼女は手をつないでいたので、彼が倒れた拍子に、彼女も彼の上に倒れ込んでしまいました。救急車が到着するまで、彼女はそこにとどまりました。リサは涙を流し、彼にキスし、名前を呼びました。チャーリーの死後、リサは夫の案件を引き継ぎました。彼の仕事を受け持つことで、夫を近くに感じることができましたが、一方で彼を失った悲しみも湧きあがりました。

彼女の両親は随分前に他界し、いとこたちとも連絡が途絶えていました。リサのそばに誰もいなくなったので、子どもを持たなかったことを後悔しました。彼女は90代まで長生きしました。リサが亡くなる日の朝、自分のために朝食の目玉焼きを作っていました。彼女の魂は、簡単に身体から抜け出すと、遺体が発見されるまでどれくらいかかるのかを確認するために、キッチンの椅子に腰掛けて待っていました。

リサに本を読んでもらおうと、近所の小さな女の子が訪ねてきて、彼女が死んでいるのを発見するまでしばらく時間が経過していました。リサの魂は、その発見者である小さな女の子を気の毒に思ったので、その子のハートに愛を送り、すべて大丈夫だと語りかけることで落ち着かせようと試みました。女の子はメッセージを受け取ったようでした。

リサのオーバーソウルがこの人生で学んだレッスンとは、仕事はとても重要だけれども、家族よりも重要であってはいけない、ということでした。愛する人たちがいて、その人たちと人生を共有できることは、この上なく幸せなことです。

セッションのあとで、リサは、冒頭であった目の回るような感覚は、父親が彼女を下においてからしばらくして、すぐに戻って来たと言いました。しかも、残りのセッションの間中、目が回っていたというのです！　わたしは、リサがそのことを教えてくれれば、エネルギーを中心に戻すように誘導できたのに、と思いました。

他のすべてのクライアントと同じように、わたしはリサにセッションの録音を送りました。すると、リサから、録音に問題が生じているという旨のEメールが届いたのです。セッションを始めて27分が経過したところで、リサが「そこに何かが……」と語り始めます。そこからずっと、「何かが……」という言葉がくり返される、ということでした。それ以外は何も録音されていないのです！　セッションは4時間近いものだったので、約3時間半もの間、「何かが……何かが……何かが」とくり返されていたわけです。

最初にこの録音を聞いたときに、リサは笑い出してしまったそうです。彼女はあの目の回る感覚を思い出し、それが原因で録音がおかしくなったのではないかと感じたようです。わたし自身は衝撃を受けていました。というのも、すべてのセッションを、プロ仕様のマイクをつかって、直接ラップトップ（コンピュータ）に録音しているからです。そして、セッションの間中、ソフトウェア・メトリクス（品質測定）が正常に作動しているか、スクリーンを見て確認しているのです。あとで、マイクとソフトウェアが正常に動いているかどうか試験的に録音してみたところ、通常通りに再生することができました。何が起こったのか、わたし自身まったく分かりませんでした！

最初のセッションから13日が経過したところで、リサはニューヨークに来る用事があり、わたしたちは二度目のセッションを持つことにしました。このときは、二つの装置を使って録音することにしました――ラップトップの他にもう一つの録音装置を用意しました。彼女が到着するのに先立って、わたしは意識の中で回旋するエネルギーを取り込みました。そして、電気機器を妨害しないことと、代わりに、リサにとって有意義なセッションになるように手助けをしてほしいとお願いしました。わたしは彼女のためにきちんと録音し、彼女が将来的に聞き返すことができるようにと心に誓いました。

セッションの日、リサはすっかりリラックスすると、ある風景が頭の中に流れ込んできました。このときのリサは、バレリーナの姿をしていました。リサは彼女がどのような衣装を着ていて、舞台がどのように見えていて、監督がどのように彼女のパフォーマンスを批評しているのかについて描写しました。そして、セッションが始まってすぐに、あの目の回る感覚が戻ってきたのです。

「また、胸の辺りで目の回る感覚があります」と彼女は言いました。「息をするのも苦しいです」。わたしはリラックスするように教示を与えましたが、目の回る感覚は続きました。

「ネガティブなエネルギーではありません」と彼女は言いました。「遊び心があります。わたしにじゃれている感じです」。わたしは、一時的にそのエネルギーを落ち着けることは可能でしたが、すぐにリサに目が回る感覚が戻ってきてしまうので、何度もそのプロセスをくり返さなければなりませんでした。わたしはリサのハイアーセルフに、この目眩の意味を教えてくれるように頼みました。答えは、次のようなものでした。

リサのハイアーセルフ：どのように説明すれば分かりやすいかを考えています。リサの魂のエネルギーと言いましょうか。あなた方はよく、肉体を離れたあとに魂はどうなるのかとか、肉体の生死を決めるのは何なのかといった話をしています。それは、霊魂、というものです……。それは実際のエネルギーです。あのスピン（旋回）は、そのエネルギーを再びゆり動かしたことで生じたのです。あなたが刺激を与えたことで、動き出したのです。それは、そこに実際に霊魂があるということの肉体的な感覚です。それは、万物のより大きな霊魂の一部でもあります。その一部が、今この肉体にとどまっているのです。スピンすることは、その霊魂が覚醒しているということです。常に目を覚ました状態ではありますが、それが加速されたのです。

ミラ：では、目の回る感覚を通して、自分の魂を感じたり、より強くハイアーセルフとのつながりを思い起こしたりする手がかりにもなるのでしょか？　リサは、そうしようと思えば、いつでもそこに焦点を合わせることができるのでしょうか？

リサのハイアーセルフ：はい。ただし、同時に7つのことをやっていれば難しいでしょう。意識をそこに集中させていなければなりません。人間の集中力には限りがあります。命に限りがあるのと同じことです。ですから、完全とは言わないまでも、できる限り全神経を集中させていなければなりません。少なくとも、最初のうちはそうです。だんだんと楽にできるようになります。でも、全身全霊を傾けなければなりません。以前、録音しているときに、電磁波を妨害したのもこのエネルギーです。

わたしはリサのハイアーセルフに、彼女の肉体がこのエネルギーを永続的にとどまらせることは可能かどうか聞いてみました。その答えとは、人間の肉体が無制限に魂の途方もないエネルギーをとどめることはできない、というものでした。だからこそ、魂は燃え尽きることはないけれども、肉体は燃えてなくなってしまうのです。

約束の通り、わたしたちの二度目のセッションの録音が妨害されることはありませんでした。

自分のハイアーセルフとつながる

あなたはいつでも自分のハイアーセルフとつながることができます。なぜならば、ハイアーセルフはあなたの一部なのですから。ハイヤーセルフは、いついかなるときも、あなたに慰めとガイダンスを与えてくれます。助けを求めることで、つながっている感覚を強めることができますし、あなた自身が愛され、支えられていることを実感できるでしょう。ハイアーセルフと瞬間的につながるためにできるもっとも簡単かつパワフルな方法とは、あなた自身がハイアーセルフになったふりをして、第三者の立場で対話をする方法です。例えば、

質問：ミラは、旅のことや旅先で新しいクライアントと対面することを心配しています。そのことについて、何かアドバイスはありますか？

＊このとき、言葉が流れ出すままに任せます。（その内容を）検閲しないことです。

答え：ミラは、その男性のクライアントに会ったら、人間的な目で見られるのではないかと心配して

いるのです。はい、確かにそういうことは否が応でも起こってきます。けれども、この人物は人間の見方を超えた、より大きな認識の仕方というものを経験するでしょう。この出会いは、魂の引き合わせによるものです。ほとんどの作業は半無意識状態（夢見の状態）で行われるのであり、その状態において、魂が融合するのです。一瞬のうちに、相互の魂を認識するでしょう。ですからミラは、何も心配する必要はありません。ただ、彼の目の奥にあるものを見つめ、ハートのエネルギーが共鳴するままに任せればいいだけです。すべては、すでに整えられています。すぐに居心地よく感じるでしょう。

これは実際にあった例です。当時、わたしはあるプロジェクトに取り組んでいて、ロサンゼルスに飛んで、クライアントと会わなければなりませんでした。彼とは初対面だったにも関わらず、わたしたちは会って、すぐにお互いを信頼する必要がありました。わたしは彼と対面することを不安に思っていました。けれども、このエクササイズを介して受け取ったガイダンスのおかげで、不安が軽減されました。約束のミーティングまでに、わたしは数回、ハイアーセルフにサポートを依頼しました。わたしがイメージしていたハイアーセルフの言葉は、いつも愛情深く、勇気づけてくれるものでした。そして、ハイアーセルフが保証してくれたように、ミーティングはとてもうまくいきました。わたしたちは会ってすぐにリラックスでき、信頼関係を築くことができました。それ以降も、わたしたちのプロジェクトは非常にうまくいっています。

あなたはこのエクササイズを書いて行うこともできますし、日頃、思いついたときにいつでもこのように頭の中で会話することもできます。わたしは両方、行います。直感的に、今は静かに座り、書くことを通してハイアーセルフとつながろうと思うときもあります。けれども、多くの場合は、日常的にこの第三者の対話法を頭の中で繰り広げています。このゲームの素晴らしいところは、行えば行うほど簡単になり、より明確に方向性が示されることです。わたしたちはいつも導かれています。ただ、意識をふだん向けていないだけです。わたしたちは、大いなる源がわたしたちに注いでくれている愛を退け、自分が孤独であると思い込むことに長けてしまいました。このようにして、孤独を感じ、何も助けが得られないと自己暗示をかけているのです。

エクササイズ　ハイアーセルフと対話する

わたしは、このエクササイズをゲーム感覚で取り組むことをおすすめします。遊び心を持てば持つほど、うまくいくでしょう。ハイアーセルフと対話するのに、正しい方法も誤った方法もありません。ただ、遊び心を持ち、実験し、理性のたがをはずしましょう。

エクササイズを行うための二つの方法があります。頭の中で行う方法と、ノートに書く方法です。一日を通して、すぐにハイアーセルフからのガイダンスをもらいたいときには、頭の中で行います。けれども、より詳細なガイダンスを受け取りたい場合は、10分間、静かな時間を設けます。ノートを横に用意しておきます。深く息を吸い込み、ゆっくり吐き出すことから始めます。あなた自身のハイアーセルフとつながり、あなたの知りたい質問の答えを得るという意図を持ちましょう。下記のリストのステップに沿って、あなたの聞きたい質問を行い、その答えを書き出します。

1　あなたがサポートしてもらいたいと願っている事柄について、質問したり、頭に思い浮かべたりしましょう。質問をするときには、自分について第三者の立場で話します。

2　イマジネーションを使い、あなたのことを無条件で愛し、最善の利益を願い、あなたの魂の道を全体像から把握できる存在の視点になってみましょう。それが、あなたのハイアーセルフ、あるいは、光の存在、天使、聖人、あなたに愛や光、癒しのエネルギーを注ぐあらゆる存在であるとイメージすればいいのです。そして、あなたがその存在になったつもりになりましょう。

3　あなたに至上の愛をもたらすその存在の観点から、あなた自身にアドバイスや問題の解明、サポートを与えましょう。

このゲームを行うことを通して、あなたのガイドや守護天使、ハイアーセルフが、あなたの意識の流れの中に、彼らの叡智やサポートを優雅に注ぎ込むことができるのです。時々、あなたのイメージする言葉が、聞き慣れたもののように感じることもあるでしょう――つまり、自分自身が話しているように思えるでしょう。また、あるときは、明らかに自分自身の意識を超えたところからやって来たように感じるでしょう。あなたにとって最善の方向に進めるようにくり返し微調整してくれるのは、まさにあなたのハイアーセルフであり、光の存在なのです。わたし自身、このシンプルなテクニックがいかに効果的でパワフルであるかを、何度も実感させられています。

さあ、ハイアーセルフと一体になる感覚を強化しましょう。次の章では、どのようにあらゆる出来事がわたしたち自身を反映しているのか見ていきたいと思います。なぜならば、すべてはわたしたち自身に他ならないからです。

第5章

すべてはあなた自身の反映である

前章でも触れたように、魂のレベルでは、わたしたちはソウル・グループのメンバーと一緒に輪廻転生をくり返す傾向があります。他の生でも経験を共にした存在たちと、旅路を続け、成長したいと願うのです。その結果、ソウル・グループの意識レベルも一緒に向上することが多いようです。つまり、全体として、その最も弱い部分を除外して、強くなることはできません。

そのことをジョンの最初の人生の中に見ることができます——孤独のあまりに、晩年期に自殺してしまった銀行員として生きたジョンの人生です。死後、彼が友人や家族が待っている別の世界へと上昇する場面に、わたしたちは立ち会いました。その友人や家族とは、ジョンのソウル・グループです。そのときに、ジョンは、グループ全体としては意識の異なる次元へと移行する準備が整っていたにもかかわらず、彼自身がその準備ができていなかったことに気がつきました。ジョンは、銀行員のときの孤独感から生じた課題をクリアしなければなりませんでした。ジョンの準備が整っていなかったために、ソウル・グループとしても先に進むことはできませんでした。

別の存在の成長にも貢献するという役割は、ソウル・グループ以外にも、地球規模レベルに及んでいます。魂たちはしばしば、地球に貢献し、地球全体の意識のレベルを引き上げるために戻って来ています。

もちろん、地球での課題をすべて完了した魂は、成長のために別の次元で旅を続けることもできますが、多くの魂が地球にとどまり、貢献することを選択しています。

なぜ、わたしたちが一緒に前進するのかと言えば、わたしたちはみな一つであり、**すべてなるもの**の一部であるからです。次のレベルへと進む度に、意識の個別性は薄らいでいきます。一なるものに近づいていくにつれて、統合意識が強まり、分断がなくなっていくのです。

宇宙は、ホログラフィーのように構成されています。ホログラムという言葉は、ギリシャ語の「ホロス」を語源とし、「全体（そっくりそのまま）」を意味しています。著者のグレッグ・ブレイデン氏は、ホログラムについて、こう述べています。「ホログラムは、それ自体で完全、完璧な型である一方で、それ自体で完全、完璧な、さらに大きな型の一部でもあります。そして、それもまた、さらに大きな型の一部なのです。この型は、非物質的なエネルギーであることもあれば、非常に物質的なものであることもあります」。

わたしたち一人一人は、多次元的なホログラムの側面です。それが意味するのは、わたしたちが「外側にある」と知覚するものすべてを、内側に持っているということです。けれども、「外側にある」すべての人や物も、わたしたちを含んでいるのです！　そして、あらゆるものがあらゆるものの内に含まれているのですから、「外側のもの」などないということになります。ただ、わたしがいるだけです。わたしは万物の中に存在し、万物はわたしの中にいるのです。すべての花、すべての木々、雲、無邪気に笑う赤ちゃんたち、人々、あらゆる状況……、これらのすべては、わたしが自分を知るための異なる方法にすぎません。スーフィーの詩人、ルーミーはとても美しい言葉にそのことを凝縮しています。「わたしたち一人一人は大海の一滴であるだけでなく、わたしたち自身がすべての水滴の内に見出される、広大で力強い海なのです」と。

わたしのクライアントは、しばしば退行催眠の中で、一なるものへと還る経験をします。自分が**すべてなるもの**と一つであると思い出すことで、無条件の愛の深遠な感覚がもたらされます。深い催眠状態から目覚めたクライアントの多くが、自分がこれまでと違う、何かが変わった、あたかも新しくより良い人に生まれ変わったようだ、と語ります。このような声を聞くと、わたしの心は爆発しそうなほどの充実感と喜び、感謝の念でいっぱいになります。その人の起源である神なる愛（その人の本来の姿である愛）と、再びつながるためのスペースをクライアントの内につくり出すことで、わたし自身も自らの源に触れ、人生の使命を生きていることを実感できます。

自然の中で過ごし、わたしたちを取り巻くその完璧さに畏敬の念を抱くときにも、自ら本質《エッセンス》とつながり、**すべてなるもの**と一体であるということを思い出させてくれます。美しい鳥のさえずりはわたしたちに元気を与え、わたしたちの波動を軽やかにしてくれます。万物が豊かに生い茂り、自然界がいとも簡単に自然な衝動に従っていく様を見て、わたしたちもまた、常に本来の姿が明かされているのだと気づくことができます。あらゆる疑念を超えたところに、わたしたちの生来の価値や善性があることを、わたしたちは知っています。なぜなら、わたしたちの細胞の一つ一つにそれらが浸透しているからです。わたしたちを取り囲む世界を通して、自らが宇宙と一体であることを、わたしたちは深く実感しているのです。

裁きではなく、愛を選ぶこと

環境と調和しながら生きるという感覚は、日々の生活の中で人間関係に身を置くと、維持するのが難しくなります。自然の中の散歩でまとった魔法の粉がふるい落とされると、わたしたちはたちどころに、いつもの慣れ親しんだ、分離や欲求不満、心配、相違、孤独の感覚に陥っている自分を発見します。わたしたちの思考は、出会うものすべてを素早く分析し、グループ分けし、レッテルを貼ります。わたしたちは遭遇する人々や出来事はおろか、自分の中の「〜ねばならない」「〜すべき」「〜した方がいい」などの思い込みのリストに対しても、自分自身を比較します。この比較のゲームによって、幸福な状態の軌道からはずれてしまう一方で、それは、非常に建設的な役割も兼ね備えているのです。物事を比較することで、自分自身の好みを知ることができるからです。新たな好みを発見することで、新たな欲求が生まれますし、新たな欲求によってわたしたちは喜びという活力源に満たされます。そして、わたしたちが人生や現実を創造していくことを後押ししてくれるのです。世の中には常に、相反するものが存在しています。大切なのは、ネガティブな感情や裁く心に振り回されるのではなく、大いなる源とのつながりを維持することです。

わたしたちが出来事や誰かを裁くとき、内実は自分自身を裁いているに他なりません。わたしたちのホログラフィックな性質上、どんな裁きも結局は自分自身を裁いていることになるのです。自分自身の内面に同様のエネルギーの周波数を有していなければ、あなたが気分を害するような他者の中の何かを知覚することはできないからです。わたしたちが外側に投影する裁きは、内側に跳ね返ってきます。自分の好みと合致していない人や出来事に遭遇したときに、不快感を抱くのは自然なことです。けれども、自分が不快だから「間違い」だとラベル付けするのは、違います。

外側の嫌なこととしてではなく、自分自身の内面の課題へと意識の焦点を振り向けることをわたしは奨励します。その人物や出来事は、ハイアーセルフがあなたに与えた贈り物なのです――自分の生きる現実がどうあるべきかについて、正反対の信念に折り合いをつけ、自分自身の魂の本質に沿った考えや感情を持つことができるように、精進するためです。自らの裁きの心に対して、こうしたアプローチをすることで、無条件の愛という本質にしっかり根ざして生きられるようになります。そして、ネガティブ思考の渦から脱却して、平和な境地にいられるようになります。自分や他者について、より懐の広い、深い見地から理解できるようになるのです。それは、ネガティブ思考のループにはまり込むのか、あるいはより高い、心が躍るような見地から自分自身を認識し、そこから打破するのか、いずれも選択できる力を自分が持っているということを思い出させてくれます。

ネガティブな事柄は、与えられたものではありません。状況や環境にどう反応するのかは、わたしたちに決定権があるからです。習慣ではなく、選択があるだけだということを忘れないでください。あなたの中に、何か受け入れがたいものがあると気がついた瞬間に、それは無意識ではなくなります。あなたが意識したということです。したがって、より良いものを選択することができるのです。ただ、それだけのことです。

それを心から理解すれば、愛を選択することは自然なこととなります。というのも、わたしたちは愛そのものだからです。万物は、無条件の愛から構成された生命の波動によって生かされています。ですから、自分が何者であるのかを表現するための、あるいは、**すべてなるもの**に仕えるための最高の方法とは、あらゆる苦痛な状況に愛を注いでいくことです。どのようにそれを実践するのかと言えば、常に愛にとどまり、愛の視点から関係者を見つめるという選択を行うのです。愛にとどまれるように、次のように、自分自身にアファーメーション（肯定的な断言）を行います。「わたしは、温かく、歓迎し、容認する愛のエネルギーです」。アファーメーションを行うことで、ネガティブな出来事を取り巻く密度の大きいエネルギーを除去し、全体の意識レベルを引き上げることに貢献します。また、同じ道を歩もうとする人々を後押しすることにもなります。なぜなら、すでにエネルギーレベルで青写真を造ったことになるからです。

このような心の状態にとどまることによって、非常に深いレベルの慈悲心や一体感が生まれます。どんな状況でも、誰もが精一杯やっているということを直感的に知ることができるでしょう。愛の本質に居続けることによって、わたしたちはすべての人たちの灯りとなって、彼らが明るい視点から物事を経験し、創造することができるように、道を指し示すことができるでしょう。世界を変えるために、行動を起こさなければならないという思いに駆られたときは、あなた自身の中にある、より高い見地から物事を捉えられる聡明な部分から動いてください。あなたが愛と統合性の立ち位置から動いたときに、あなたのポジティブなエネルギーが同じような志を持った人々を惹き付けるでしょう。行動を共にすることで、世界をよりよい場所にすることができるのです。

2001年9月11日

2001年9月11日の朝、わたしは家にいました。よく晴れた温かい日で、その後にやってくることなど何一つ予感させませんでした。当時、わたしはワールド・トレード・センターから数ブロック離れたところに住んでいて、窓からはツィン・タワーが見えました。事件の衝撃のあまりに身体は震え、飛行機がビルに激突したときは、精神的にも大きなショックを受けました。後に、耳をつんざくような地響きとともに、ツイン・タワーが崩れ落ちていく様を、恐れおののきながら窓から見ていました。辺りは不吉な灰色の砂塵に包まれ、突如、何も見えなくなってしまいました。

あたかも時が止まってしまったかのようでした。わたしの現実は、永遠の空虚へと様変わりしました。灰色の土煙が視界のすべてを覆い尽くし、呼吸困難、パニック状態、恐怖心と生存本能、サイレンの音、避難する群衆現実離れしたイメージなど、これらすべての感覚が場面とともに、今日に至るまで、わたしの意識の中でくり返し再生されています。

それに続く日々は、非常に困難なものでした。わたしは3週間もの間、アパートに戻ることをゆるされず、持ち物はバックの中にある数着の衣服だけでした。けれども、このときほど、自分が守り導かれているることを感じたことはありませんでした。わたしに降り注がれた愛とサポートは、溢れかえらんばかりでした。

あの日の出来事のおかげで、わたしたちはみな、非常に成長しました。人類として、わたしたちは創造と破壊の力を持っていることを知りました――その一方で、どんな困難も乗り越えられる力が備わっていることにも気づきました。そして、利他性、慈悲心、信仰、そして何にもまして愛という重要なレッスンを学びました。９１１に続いて起こった数々の政治的、文化的な変化は、「彼ら・彼女ら」と「わたしたち」の間に分離はないことを学ぶ機会を与えてくれました。わたしたちはみな、幸せを求めて生きる一人の人間に過ぎないのです。９月11日の夜、わたしは避難場所である体育館の床の上に横たわりながら、神に感謝していました。あの日のことを、感謝の気持ちとともに記憶しています。わたしたちが愛や慈悲心、力について理解を深められるように、自らの命を犠牲にした勇敢な魂たちに感謝しています。そして、それに続く日々の中で、自らの心を開き、数百万通りの方法で兄弟姉妹に貢献しようとした人々に感謝します。わたしたちを慈しみ、光と愛をもって生き続けられる力を与えてくれた大いなる源に感謝しています。それらすべてのおかげで、わたしはいかなる恐れや憎悪を持たずにすみました。わたしはすべてに愛と慈悲の念を送りました。わたしは、恐れとネガティブさの底なし沼にはまり込むのではなく、状況や物事を上向かせる光になることを選びました。

困難な状況の中に、機会を見出すこと

日々の人間関係において、無批判で中立的、かつ受容的な態度でいることが大切です。それが、恋人であろうと、子どもや同僚、すれ違う知らない人々であっても同じです。わたしたちはどれだけ、心の中で小さな批判や裁きをくり返しているでしょうか。誰かの服装や髪型、言ったこと、お金の稼ぎ方や使い方にいたるまで、そのリストは永遠に続きます。けれども、あなたが正しいと信じることだけに、すべてが忠実に動いていたとしたら、なんと退屈な世界でしょうか！　多様性は存在しません。誰もがあなたのクローンとなり、すべての現象はひどく単調になるでしょう。すべてがあなたと同様ならば、そもそも世界と関わる必要すらなくなります。

他者の中に多様性を認めることで、一体性を知ることができます。**一なるもの**の美は、多様さの中に見出されるのです。パスルのように、わたしたち一人一人がより大きな全体へと完璧にフィットしていきます。自分自身に忠実でいて、そのように世界と関わりを持つことで、わたしたちは**すべてなるもの**に貢献できるのです。わたしが誰かに対して批判的な自分に気づいたら、「なんと、興味深い」と言うようにしています。その人は単純に、他の選択肢があることを示してくれているのです。わたしは、その人が**すべてなるもの**を別の角度から見せてくれたことに対して、心の中で感謝します。それから、清々しい気持ち

で前を向き、わくわくするような考えや自分の選んだ人生を創造することに意識を集中させます。

私生活では、どん底の気分を味わうような出来事が起こります。両親が離婚したり、自分の家が売りに出されたり、兄弟が自分の気に入らない人と結婚したり、あるいは、親友が必要のない整形手術を受けようとする、などです。もっとひどい場合は、最愛の人が進行性の病に罹ってしまうといったことが起こり得ます。こうした出来事に見舞われると、わたしたちは極端な感情に翻弄されます——心配で眠れない夜が続き、幸せや一体感といった感覚から閉め出されたように感じます。このような試練に直面したときは、それ相応の理由があると捉えることをおすすめします。自分があらゆる状況の共同制作者であることを認識し、その状況のオーナーであるとするのです——たとえ、なぜそのようなことが起こったのか理解できず、どのように成長を促してくれるのかわからないとしても、そうするのです。

わたしたちは困難な状況を引き寄せます。なぜなら、そこに学ぶ価値があるからです。これらの状況は、わたしたちの他者に仕える機会を与えてくれます。また、わたしたちが内側に抱えている未解決の問題を映し出すために、不安がかき立てられます。宇宙はホログラムであり、それゆえに、わたしたちは一つです。ですから、わたしたちが直面するものはわたしたち自身に他なりません。わたしたちが人生で出会う経験は、すべてわたしたち自身を映し出すために置かれているのです。まだ未解決の問題を統合するために、やって来ているのです。ですから、これらの出来事を、自分自身をよりよく知るために、または、自分の信念を把握し、咀嚼し、そして、なりたい自分に近づくための新しい考え方に置き換えられるように、使うことができるのです。

わたしたちが、その根底から問題に取り組まなければ——すなわち、わたしたちの人生を形成する基盤となるレベルの信念にまで落とし込まなければ――どんなに新しいことをはじめようとしても、何度も同じパターンを演じることになります。代表的な例が恋愛関係です。ある人は、自分が同じタイプの人を何度も引き寄せてしまい、最終的にはいつも同じ問題に行き着いてしまうと感じるでしょう。わたしたちの多くは、新しいパートナーを見つけることが唯一の手段だと思い、「次は上手くいくに違いない！」と言います。でも、また新たな痛ましい失恋を味わう代わりに、自分が求める大いなる愛は、自分自身の内にある、と認識することもできます。答えは、新たに、輝いて見える人を探すことではありません。わたしたちが取り組むべきことは、自分自身の信念であり、何が自分を根幹から動かしているのかを把握することです。わたしたちは自らが作った制限を処理し、自分自身を癒さなければなりません。それから、それでもなお、現在の関係を続けたいかどうかを決めればよいのです。これまでの古い課題は克服されたと感じることもあれば、自分自身が変わることによって、新しいことに進む用意ができたと感じることもあるでしょう。

　ホログラムの中の一部が変わることで、ホログラム全体に作用が及びます。ホログラム内の個別化されたすべての部分に影響が及ぶのです。ですから、あなたが自分のスタンスや考え、信念を変えた瞬間に、状況そのものにその変化が反映されます。すると、まるで奇跡的に物事が変わったかのように映ります。でも本当は、唯一変化したのは、あなた自身なのです。したがって、自分が嫌な状況に置かれているように感じたときは、他のみんなを変えようとしないことです――すなわち、自分が正しいと思うことで相手を説き伏せようとしたり、壊れているように見えるものを直そうと思わないことです。その代わりに、その状況が自分自身の何かを映し出しているのだから、自分自身の内面を見つめようと認識するのです。このようにして、自分自身の物語のほこりかぶった部分に光を差し込ませ、クモの巣を取り払うことができるのです。わたしたちは自分の信念を検証し、意図的に自分が理想とするものに変容させることができます。それに早く取り組めば取り組むほど、状況は素早く好転します。

エクササイズ　自分の制限ある信念を明らかにし、それらを変容する方法とは

自分自身の信念（信条）を知ることは、とても重要なことです。なぜなら、信念こそがわたしたちの人生という道を形作る石となるからです。それらが基盤となって、わたしたちはすべての経験を構築するのであり、しいては、小さな出来事の方向性を定めるだけではなく、「我が人生」という最高傑作に集約させていくのです。信念とは、ある考えに他ならないのですが、わたしたちはそれを絶対的な真理だと思い込んでしまいます。信念のなかには、ポジティブで良いものもあります。たとえば、**母はわたしを愛している**、とか、**わたしが必要とするものは、すべて大いなる源が豊かに与えてくれる**、などです。一方、マイナスに作用する信念もあり、それらは目に見えない壁となってわたしたちの前に立ちはだかります。

このエクササイズを通してあなたの信念の変容を試みるために、自分自身の内面に深く入ることができる、静かな時間を確保します。最低30分間は必要です。自分自身のために時間をかければかけるほど、良い成果が表れます。あなたが変わろうとする決意や、大いなる源に自分自身を知る準備が整ったと宣言する合図として、何らかの儀式を行うのも良いでしょう。たとえば、ろうそくに火をともしたり、静かな音楽をかけたりしても良いです。それでは、心地よく腰かけ、そばにノートを置いてください。自分を中心に戻すために、深く息を吸い込み、そのまま息を止めてから、ゆっくりと吐き出します。

あなたが解決したいと思っている問題について考えます。そして自分自身に「この問題にまつわるあらゆる制限ある信念を調べるために、自分の内面を見つめます。わたしは、これらの信念が思い込みに過ぎない

ことを認めます」と言います。そして、問題についての制限ある信念を洗い出すために、次のように自問します。「わたしはこの問題について、どんな考えを持っているだろうか？　わたしはこの問題について何が真実だと思っているだろうか？　何が真実だと思っているから、このような気持ちになっているのだろうか？」。それから、この問題に関するあなたの考えを紙に書き出します。すべて言い切ったと感じられるまで、全部書き出してください。

とても良くできました。大きく息を吸いましょう。そして、息を吐きながら、これらの考えを手放す感覚を味わいましょう。次に、「わたしの意識は、たった今、変容しています。自分を制限していた、考えや思い、パターンをはっきりと認識することができます」と言いながら自分自身を誘導します。今の拡大された見地から、改めて書き出したリストに目を通し、ゆっくりと読み上げます。注意深くリストを選別し、もはやあなたの役に立っていない信念を見つけ出します。それらに下線を引くか、別の紙に書き出しましょう。

次に、数回深呼吸をしながら、意図と愛と、与えられる叡智に感謝の念を持って、あなたのハイアーセルフをこのプロセスに招き入れましょう。この部分では、あなたのイマジネーションを自由に働かせます――好きなだけプロセスを楽しみましょう。雲間に閃光が走ったり、神の声が聞こえたりしなくても、がっかりしないでください。もしかしたら、そういうことも起こるかもしれませんが、起こらなくても構いません。すべての答えは、もうすでにあなたの内にあるのです。

さあ、ハイアーセルフはあなたとどのようなコミュニケーションを取るでしょうか。あなたを膝の上に抱えるでしょうか？　それとも、あなたの手の上に手を重ねるでしょうか、あるいは、肩の上に腕を回しているでしょうか？　ハイアーセルフの声のトーンはどうですか？　どんな姿をしていますか？　どんな格好をしていますか？

ハイアーセルフがあなたに、どのような信念を新しいものとして取り入れ、どのような信念を古いものとして捨て去るように助言しているでしょうか？　それらを書き出してください。ハイアーセルフは、あなたにどのような考え方を求めていますか？　新たな考え方（新たな存在のあり方）を書き出したあとに、自分のために声に出して読んでみましょう。このプロセスを完結させるために、確信と自信を持って、自分自身に宣言します。「わたしは簡単に自分の信念を変えることができます。わたしは、これらの新しい考え方や信念を持っている者です。わたしの人生は、これらの新しい信念の創造物です。どこに目を向けようとも、新たな信念が反映された現実しか見えません」。

最後に、あなた自身の内面に起こった変化を信じてください。信じることこそが、あなたが神より授かった力を、人生を創造すべく、流れ出させるゲートとなることを覚えておいてください。あなたが信じるものが、あなたの創造物となるのです。自分自身に新たな信念をくり返し言い聞かせることで、信じる気持ちを強化してください。これらの信念（考え）を思い浮かべると、気分が高揚するはずです。楽観的になり、意識が拡大するように感じるでしょう。こうした嬉しい感覚は、あなたが選りすぐった信念のエネルギーを内面に流しているのであり、それはあなたの本質であるハイアーセルフのエネルギーと同調している証しです。

そして、何にもまして大切なのは、あなたの新しい信念を生きる、ということです。あたかもこれまでもずっと、これらの信念を持ち続けていた人のように行動してください。そして、あなたが生きたいと思う人生をすでに生きている人のように、行動してください。

自分自身に、信念（考え）を変えるのは容易いことだ、と宣言することは、究極の信念を植え込んでいることと同義です――つまり、あなた自身が現実の創造者である、という信念です。あなたが、選択者だということです。ですから、信念を書き換えようとするときに、このような簡単な方法を脇に置いて、わざわざ複雑なプロセスを踏まなくても良いのです。もしあなたが、変容のプロセスは長くて厳しい道のりだと信じていれば、言うまでもなく、そのように体験するでしょう。けれども、わたしはそんなことをする必要はないと主張するために、ここで改めて述べているのです。あなたが物事を新たな見地から眺めた瞬間に、あなたの意識は拡大しているのです。なぜ、わざわざ後戻りする必要があるでしょうか？　あなたは新たなパラレル・リアリティー（並行現実）に足を踏み入れたのであり、文字通り、新しい人になったのです。信じてそのように行動しましょう。あなたが変わるために承諾を得るべき相手は、あなた自身しかいません。あなた自身がそれらの新しい信念だと知りましょう。そして、その状態から選択をはじめましょう。宇宙はホログラムである、ということを覚えておいてください。あなたが変わったと決断した瞬間に、あなたを取り巻く環境は、喜んでそれを証明してくれるでしょう。

強さのテスト

時折、わたしたちの周囲の人々に、不安や恐れを引き出すような状況を目にすることがあります。わたしたちが何かしら貢献するために、その状況を引き寄せたと考えるのは、役に立つかもしれません。他者に同情したり、自分がより持っていること（幸福であること）に対して、罪悪感を抱いたりするのも、社会的には受け入れられる反応だと言えるでしょう。けれども、そのような反応は、状況にさらにネガティブなエネルギーを加えていることにしかなりません。ですから代わりに、しっかりと無限なる存在につながり続けるのです。そこにグラウンディングしている（地に足を付けている）ことで、最善の働きができるのです。

誰かを救済したり、そのことに責任を感じたりする必要はありません。自分自身が豊かさやサポートのエネルギーに、より一層同調しようとすることに、罪悪感を抱く必要は何らありません。その代わりに、自分自身が本物の慈悲の心を持つことができるかどうか、見極めることができます。慈悲の心とは、誰もが欠乏感と制限に苛まれている状況の中で、美と偉大さ、可能性を見ることができるということを意味しています。わたしたちは、失敗や病気、不十分さというマスクの下に隠れた本物の強さを見通すことができます。わたしたちのあらゆる選択は——それが、病気や不調和という選択であったとしても——強さの部分から行われています。というのも、わたしたちは永遠であるからです。いかなるものもわたしたちを破壊したり、撲滅したりすることはできません。この事実を知ることによって、どんなに状況が窒息させるようなものであったとしても、それに関わる人々に何らかの形で貢献していると信じることができます。

魂のレベルでは、自分自身の強さについて、誰もが認識しています。試練は成長するための機会であるとわたしたちは知っています。わたしたちが、どれだけ自分がネガティブであるかを許容しているレベルは、どれほど自分が上昇し、悟り、拡大していけるかのレベルと比例しています。これから紹介するジュディの例は、この偉大な真理を物語っています。

ジュディが脳動脈瘤と診断されたときに、彼女は法執行機関の職員として有能に――かつ、ストレスを抱えて――働いていました。ジュディの脳血管は、著しく拡張していて、血管壁が非常にうすくなっていました。医師に告知されたときは、ジュディは泣くべきか、心配すべきか、あるいは、次の呼吸が最後になるかもしれないとすべてを受け入れるべきか分からなかったようです。数週間のうちに――彼女と彼女の家族にとっては、永遠とも感じられた時間でしたが――ジュディは国内で最も優秀な神経外科医の手術を受けました。そして、手術は成功し、動脈瘤は取り除かれました。ところがごく稀なねじれのせいで、手術中に脳卒中を起こしてしまったのです。手術から目覚めたときは、ジュディは完全に麻痺していました。数年後の現在では、身体の左側に麻痺が残っているだけです。そして、彼女の魂の力とたゆまぬ努力のおかげで、今では歩くこともできるようになりました。けれども未だに左足にはブレースを装着しなければならず、左腕も自由に動かすことはできません。

わたしたちのセッションの中で、ジュディは、１８００年代のモンタナの小さな町からはずれた農場に暮らす、若い女性である自分を見つけました。ジュディは、この人生のシンプルな生活の非常に細部まで描写してくれました――彼女の子どもたちや夫、庭、近くの町について、また、どれほどすべてが乾燥してほこりかぶっていたかについて説明しました。わたしはジュディのハイアーセルフに、なぜ、他の人生ではなく、この人生にアクセスしたのか質問しました。答えはシンプルでしたが、ジュディにとってはとても重要なものでした。彼女のハイアーセルフは、ジュディがどれほど強いかを示したかったからだと答えました。ジュディは、スピリチュアルなレベルで（霊的に）成長するために、現在の肉体的な試練の経験を選んだということです。彼女の脳動脈瘤や脳卒中は過去のカルマの仕業でもなければ、神が彼女に下した過去の罪への天罰でもありませんでした。それは、いわば、より一層輝きを増そうと願う星の、自信に満ちた創造でした。ジュディが感情的にも、精神的にも、肉体的にも非常に強靭であるとハイアーセルフは言いました。それは、すべてが順調に進んでいて、自分が無条件に愛されているということを、ジュディに確信させてくれるものでした。彼女のこれまでの治療歴と、魂のレベルで生きようとする献身的な姿勢ゆえに、ジュディは著しく成長しました。したがって、ハイアーセルフは彼女に他の人々を触発し、魂の成長を促すように奨励しました。言うまでもなく、ジュディのセッションは彼女に深い癒しをもたらしました。わたし自身も、このように勇敢で美しい魂の立会人になれたことを光栄に思いました。

わたしたちはみな、振動している

わたしたちが愛し、慈悲の心を持っているときは、より大きな見地からは、誰もが、そしてすべてが完璧で正しいということが分かります。そういうときは、わたしたちの波動は、**一なるもの**や無条件の愛の周波数と同じになります。幸福な状態と一体感の流れの内にいると、わたしたちは周りの人たちだけではなく、**すべてなるもの**の全体性にも何らかの作用を及ぼすことができます。

言葉は使わなくても、わたしたちは常に互いにコミュニケーションを取っています。実際に、わたしたちは情報交換の大部分を、エネルギー・フィールドを介して行っているのです。ＵＣＬＡで実施された調査によると、93％のわたしたちのコミュニケーションは、非言語的《ノン・バーバル》なレベルでの情報交換によるものであったことが明らかになりました。この調査結果は、理にかなっていると思います。たとえば、わたしたちが温かい人柄の優しい人のそばにいるときは、何か歓迎されているような気持ちになります。そして、わたしたちのエネルギーはその人のものと同調するにしたがって、あっという間に引き上げられます。反対に、批判的で、皮肉屋で、ネガティブな人のそばにいると、その人の重たい周波数に吸い込まれるように感じるでしょう。そして、すぐにも逃げ出したくなります！　ポジティブな姿勢は、他の人のエネルギーレベルを引き上げ、融合します。ただ、ポジティブなエネルギーを発しているだけで、より良い自分のバージョンになることができます。

どんな状況であっても、わたしは、建設的かつ支援的で、自分ができることを全うする方法で関わることができます。わたしたちが率先してそうした行動を取ることで、自分たちもより高いレベルで共鳴できるような方法で動きたいと他の人々にも気づいてもらうことができます。そこから彼らは、本当に望ましい環境を創造できるように、自分自身の力を意識的に使うことができるようになります。

あなたもすでにお気づきのように、変化は内面から起こらなければなりません。その人の性格や人生のいかなる変化であっても、決して外側から課すことはできません。口やかましく言い聞かせることは、何かを変えることやよい関係を維持しようとする戦略としては、まったく有効ではありません。もしかしたら表面上は望ましい変化が見られるかもしれませんが、相手の自己の感覚を損ないますので、高い代償を払うことになります。けれども、愛と慈悲心から相手とつながることができれば、本物の変容を手助けすることができます。その人の飛躍の準備が整っているかどうかは問題ではありません――あなたが愛するという本質にしっかり根ざしている限り、相手に変化を強いたり、裁いたりすることなく、ただ慈しみと優しさを持つことができるからです。急ぐ必要はありません。結局のところ、わたしたちは永遠に、たどり着くべき目的に向かうのですから。

＊

わたしたちはみなひとつなので、**智**［knowingness: 知っている状態］、すなわち、万物を結びつけている意識の共有のフィールドという流れに、常に浸されています。この情報のウェブは、神である、**存在するすべて**のあらゆる個々の表現によって、絶え間なく造り出され、経験されています。あなた自身も全体の一部ですから、この広大無辺なるものから養分を得て、支えてもらうことも可能です。

20世紀の数々の研究の偉大な発見の一つとして、物理学者アラン・アスペの実験があげられるでしょう。アスペは、わたしたちが何世紀もの間、直感的に知っていたことを、科学的に証明したのです。１９８２年に、アスペは実験で、ある状況下では、粒子が距離的に離れていたとしても、瞬間的に「コミュニケーション」できるということを示し、ベルの不等式が成り立たないことを検証しました。それは、時間と空間の概念を飛び越えるものでした。それが意味するのは、長い間受け入れられてきた局所性（対象は身近な環境によってのみ、直接的な影響を受ける）という物理学の原理が、正しくないということです。アスペの発見は、量子非局在性や「量子もつれ」といった理論の発展に貢献しました。

さらに、こうした理論は、アルバート・アインシュタインの特殊相対論（物質やエネルギーは、光速よりも速く移動できないと主張する）の妥当性を打ち砕きました。それらは、光速よりも速くエネルギーが移動できることを証明したのではなく、時間と空間が制限因子としていることが無関連であると証明したのです。対象は、時間や空間があったとしても、瞬間的に結びつくことができるのです。

「粒子はどのようにコミュニケートするのだろうか？」と誰もが疑問に思いました。この問いは、科学界に波紋をなげかけました。そして、デービット・ボエムというもう一人の物理学者が説明しました。それは、粒子は何かミステリアスな信号を通じて互いに反応しているのではなく、同じ起源の延長であるからだ、というものでした。ボエムによると、深い次元では、一見すると別々のあらゆる対象は、相互につながっている、ということです。根源的なレベルにおいて、人間もクジラも蛍も同じ量子フィールド——無尽蔵のエネルギーの宝庫——上では、すべて波動です。波動としてのわたしたちは、常にこのフィールドとそこにあるすべての生物や非生物と交流しています。量子フィールドは、まるで巨大なウェブのように、万物をほかのすべてにつなげているのです。同時に、万物はフィールドから発生し、フィールド上の粒子間の相互作用によって燃料を与えられているのです。科学者が量子フィールドについて語るとき、なぜ科学者の中には神——すべてなるものとしてそれ自体を認識する一なるもの「全能の存在（ザ・ワン）」——と描写する人たちがいるのか理解できます。

わたしたちの直感的な性質を認めること

あなたもわたしも、この同じ巨大なウェブでつながっています。ですから、わたしたちは限りなく直感的（霊感的）なのです。そうです、あなたは直感的な人なのです！　サイキック（超能力的）な力を持っていることは、何も特別なことではありません。限られた人たちが体験できる不可思議な現象ではないのです。自覚しているかいないかに関わらず、わたしたちはみな直感力を持っているのです。そうした力は、わたしたちの青写真に組み込まれたものです。わたしたちの本質、あるいは、遺産と呼べる力です。

わたしたちは、ありとあらゆる制限的な信念や恐れ、物語を使って、この自然につながる力を封じ込めることに大変成功しました。けれども、もしあなたがより大きな直感的な力に委ねたいと思っているなら、いくつかのステップを踏むことができます。はじめのステップは、あなたが目に見えないものを知る力を持っていたことで、傷つけられたり、監禁されたりした別の人生を探究してみることです。わたしは、サイキックな能力を持っていたことで求刑された前世を体験したクライアントたちのことを思い出します。立ち上がり、声に出して表現することに対する恐れを解放したときに、彼ら／彼女たちは本物の直感を取り戻し、そこに霊的な力を注ぎ込むことができました。

わたしも個人的にそのような退行催眠を経験し、ただ自分自身でいることによって傷つけられたことに対する、とてつもない恐怖感を解放することができました。わたしは、白人の女性としての前世で、アメリカ先住民の女性祈祷師から薬草を学んでいる人生を体験しました。わたしはその部族の男性と恋仲であったので、ある白人男性の結婚の申し出を断ったのです。その男性は怒りと痛みのあまりに、わたしを魔女だと糾弾することで復讐を果たしました。わたしの人生は、そのすぐあとに終わってしまいました。このときできたブロックを取り除くことによって、わたしは自分自身の直感的な力を快く受け入れられるようになりました。

もう一つ紹介したいのは、美しいイタリア人女性であるビアンカの物語です。セッションの最初の部分で、ビアンカは恐れおののくように、髪の毛が抜け落ちるとうったえました。そして、退行催眠の最中に、彼女と友人が予知能力を持っていて、その力で村人を助けていた人生を経験したのです。けれども、彼女たちは村人から喜ばれ、感謝される代わりに、火あぶりにされてしまいました。そして、火をかけられる直前に、刑の執行者に髪の毛を切り落とされたそうです。ビアンカは苦悶し、ちょうどその部分を体験しながら、執行人らは髪の毛を切ることで彼女たちの霊能力を奪い取ろうとしたのだ、と言いました。その人生の最期の瞬間は身の毛のよだつようなものでしたが、このセッションはビアンカにとって非常に感情的な体験となりました。髪の毛は、わたしたちが**すべてなるもの**とつながっていることを表す、身体のアンテナのようなものだと、後になってハイアーセルフが説明してくれました。

セッションの前に、ビアンカは、自分が人々を癒す力があることには気づいていたけれど、何かがそれをストップさせている、と話しました。ビアンカはこの人生を体験することによって、自分が再び殺されるのではないかと無意識に恐れていたことに気がついたのです。髪の毛が抜け落ちるという症状は、自己防衛の手段だったのです。というのも、髪の毛をなくすことで、神とつながる力をなくすことができると思っていたからです。わたしたちはこうした信念を手放すワークを行いました。そして、彼女が神とつながっていても安心していられるようにガイドしました。

わたしたちの直感力を高めるための最初のステップは、魂が過去の体験で積み上げた恐怖心を解放するというものです。二番目のステップは、わたしたちが現在、自分のサイキックな力について抱いている恐れやネガティブな信念を明らかにして、手放すというものです。この章の最初の部分で行ったエクササイズ（１５６ページ）をもう一度やってみることからはじめましょう。このエクササイズを行うことで、わたしは、子どもの頃の感情的な体験を解放することができました。したがって、自分の内面を自由に流れる神聖な力を信じることを阻む信念を、手放すことができたのです。前世と現在の浄化を組み合わせることで、つながりを絶って安全を保とうとする欲求を、力強く、かつ、効果的に手放すことができるでしょう。

あなたの身体の分子の一つ一つは、あらゆる存在とつながっています。あなたは、万物と同じエネルギー・フィールドを起源にしているので、あなたは永遠に万物と分ちがたくつながっているのです。したがって、あなたはすべてを知っているし、すべてを感じることができます。あなたはつながっているのだから、あなたを助け、導いてくれる智を内面に持っているということを、自分自身に宣言（アファーメーション）することができます。自分の本能を信じてください。自然に赴くままでいてください。そして、その感覚で遊び、養い、楽しみ、魅了されてください。そうすることによって、あなたは、**すべてなるもの**のエネルギー・フィールドであるあなた自身の智に、自由に表現を与えることになるのです。あなた自身の内面を流れ、あなたに役に立つ方法で表現の形を取ることを許可することになるのです。わたしたちはみな、同じ未来永劫広がり、変化していく意識のフィールドの一部を担っています。あなたは**すべてなるもの**とひとつであり、**すべてなるもの**はあなたを自分自身の大切で、貴重な、愛おしい一部として認識しています。だからこそ、すべてなるものは、あなたが本来あるべき姿になることに貢献し、助けたいと願っているのです。

あなた自身の一体性――心と身体と霊が一つであること

あなた自身の一体性を**すべてなるもの**と融合させていくことを学ぶ一方で、自分自身の一体性に焦点を当てることも奨励したいと思います。あなたは、心／意志と身体と霊（霊性）の美しいダンスで構成されています。あなたの心／意志は理性的です。心／意志は、肉体存在としてのあなたが存続するための非常に実践的な方法を指し示してくれます。あなたの肉体は、神聖な本質がこの世界で遊ぶための乗り物です。物質世界を形作り、経験するためにあるのです。そして、あなたの霊（霊性）は、それらの３つの要素が発展できるように、活力と目的、愛と導きを注いでくれるのです。一見するとこの３つは別々に存在しているようですが、あなたという一体性の一部を担っているのです。

ある人たちは、「より多く」というバナーの元に、人生を行進しているように見えます。このようなどん欲な人たちは、常により大きな権力、名声、所有物を追い求めています。彼らは、ただ心／意志の力に依存しています――つまり、完全に意志の力によって、何かを獲得しようとする力だけに依拠しているのです。そして、霊性は忘れ去られてしまっています。確かに、霊性は、企業の重役会議室の中で、図やチャートにして調査、測定、分析できる類いのものではありません。神とは、最大のミステリーであり、このタイプの人たちはミステリーに深入りすることはありません。

でも、スピリチュアルな人たちも決して聖人ではないのです。このような人たちは、自らの輝かしいエッセンス（本質）に触れると、同時に肉体的な世界にも存在しているのだということを、しばしば忘れてしまいます。わたしたちは、何か目的があって、ここ（この世界）に来ているのです。けれどもそうした人たちの多くは、左脳的な生活を切り捨て、ただ無防備に、右脳的な涅槃状態に漂おうとするのです。そして、魂の次元だけで生きて、心／意志の重要性を軽視しているのです。けれども、大いなる源は、魂がさらに学び、成長するためのまたとない機会を与えるために、人間に考える心／意志を造ったのです。わたしたちは、与えられた贈り物をすべて使う方法を学ばなければなりません。

わたしたちが左脳優位（心／意志）か右脳優位（霊性）かにかかわらず、この地球上の人生の冒険のどこかの地点で、ほとんどの人たちが肉体を酷使し、虐待し、無視してきたのではないでしょうか。わたしたちの身体が、神聖な乗り物であるということを教わったとしたら、この世界はどれほど違ったものになるでしょうか！　わたしたちは、食事やアルコール、ドラッグ、薬に対して、まったく違ったつき合い方をするでしょう。また、セクシュアリティー（性）に対しても、美と至福と捉えるでしょう。その代わりに、わたしたちは肉体を否定し、当たり前のように使っているのです。わたしたちは、肉体とは、魂の使命を表現するための乗り物であることを、忘れてはなりません。

第4章で登場したリサは、わたしに会いに来たときは、自分の身体を酷使し、完全にそこから切り離された状態でした。彼女のハイアーセルフと対話したときに、わたしは彼女の課題について聞いてみました。ハイアーセルフは、人間の身体について次のように話しました。

あなた方の認識では、魂は肉体より偉大だと考えるようですが……この人生の中では、魂は肉体が強い分しか、強くなることはできません。双方の愛とニーズがいるのです。彼女が自分の肉体を磨き、そこに愛とエネルギーを注いだ分しか魂は極められません。彼女は、自分の身体にポジティブなエネルギーを流す、何らかの活動をしなければなりません。何かもう一度、心／意志、身体、霊性を結びつけるような実践方法が必要です。ヨガは良いでしょう。瞑想も良いです。もしランニングをするならば、肺に空気が入り、出ていくときに、どんな感じがするのかに意識を向けます――どれくらいブロックが取り除かれるかといったことに意識を向けてはなりません。身体の動き（反応）に沿う形でつながり、喜びを感じてください。決して、コントロールしようとしたり、何かを要求しようとしたりしてはなりません。身体とのつながりを失ったときに、こうしたことをやっていたのです。同じことをくり返さないでください。その方法は、有効ではないのです。より多くのネガティブさを生み出すだけです。

あなたもまた、自分の身体を無視する傾向があるのでしたら、瞑想で活用できるイメージを紹介したいと思います。肉体が、魂を包含するコンテナだと思っている人は、多いのではないでしょうか。でも実際は、魂が肉体を包含しているのです。魂が、肉体と心／意志をつくり出しているのです。つまり、肉体は魂の中に存在しているのです。では、あなたの魂の目で、身体について考えてみましょう。両親と同じように、創造主はいつも自らの創造物を無条件に愛しています。魂は、自分の身体を愛しています。魂が愛情深く、自らのエネルギーの内に、肉体を抱きしめているイメージを瞑想すると、心／意志は、この新たな見方を取り入れるようになります。心／意志の中にこのイメージを持つことによって、よりポジティブな関係を肉体と結ぶことができるようになります。

あなたは、人類史上の非常に興味深い時代を選んで生まれてきました。あなたは、一なるものの進化、発展に貢献するためにやってきたのです。何世紀にも渡って、わたしたちは、自らが**すべてなるもの**と一つであるということを忘れ、神聖な心と身体と霊の三位一体を否定しました。この分離を超越するのは、あなたからです。外側に向けて手を広げ、そして、内面をも深めていきましょう。直感的な導きにも心を開いていましょう――いつでも、目に見えないものから助けを仰ぐ心構えでいましょう。魂が揺さぶられるような本を読んだあとに、魂ごと、本棚に置き忘れないようにしてください。魂の次元で生きるのです。あらゆる肉体的な活動に、魂を吹き込んでください。あなたが魂とともに到達しようとしている、より高次元の意識の波動に耐えられるように、肉体を強化していると認識しながら、エクササイズを行ってください。パートナーとの愛の行為を、**すべてなるもの**との心躍るような合一を象徴しているものとして、体験してください。あなたの進化した意識レベルに共鳴できるような新鮮な食物を選んでください。どんな飲み物よりも、水を好んで飲むようにしてください。水はあなたを浄化し、地球《ガイア》とコミュニケーションできるようにグランディングしてくれるからです。

あなたの心、身体、霊に調和をもたらし、３つの間のバランスを取ってください。３つの間に新たな約束を交わしましょう。瞑想しているときに、３つが互いにサポートし合い、協働するならば、人生はもっと楽しく、楽になるということを伝達しましょう。何かしらの身体の痛みや、エゴの暴走という形で、あなたの注目を得ようとするよりも、ずっと良い方法です。あなたの愛すべき心／意志に、とても大切な存在で、いつも耳を傾けている、と伝えてください。心は、あなたの安全を守るために、いつもベストを尽くしてくれているのです。心は、決して一人ぼっちではなく、何もかもを一人で抱え込まなくていいことを約束してあげてください。心には、誰よりも信頼でき、愛情深い味方がついているのです――それは、魂です。あなたの身体に、疲れ知らずに働いてくれ、自ら治癒しながら、健康を保ってくれていることに、感謝を伝えましょう。身体にとって優しい選択を行うように、あなたの心に伝えましょう。そして、心から身体に約束しましょう。それから、あなたの心と身体が、霊（霊性）に信頼を置くことを伝えましょう。そして、魂を輝かせ、その導きに従っていくことを約束しましょう。

この交渉をしているのは一体誰でしょうか？　あなたの魂です。あなたの魂がより大きな視野から俯瞰することができ、他の２つ（心と身体）を通して人生を創造するのです。あなたの３つの神聖な部分の間に、新たな契約を結ぶことによって、あなたは一体性の内へと、自らを高めていけるのです。

アルバートの物語

アルバートはわたしのところへ、非常に明確な目的を持って訪ねてきました。彼は、どうして自分が前立腺ガンを患ったのかを知りたかったのです。それまでの7年間は、放射線治療や数えきれないほどの検査、悪い知らせ、そして、中でも最も深刻なもの、「恐怖」、それも壮絶な恐怖との戦いの物語でした。アルバートのセッションは、深遠で変容をもたらすものでした。アルバートは、ガンを引き起こしている、エネルギーと感情的な不調和に関する情報を受け取り、非常にパワフルな感情の癒しを体験しました。それが起こっただけでも、セッションは成功だったと言えますが、あることが彼の体験をさらに際立たせました。

セッションの最中に、アルバートは、大いなる源と一つになる体験を味わったのです。彼の退行催眠は、ピラミッドの中の明るい一室にいる、男性である自分を見つけたところから始まりました。

その部屋は宗教的な、神聖な場所であるように感じました。わたしは畏怖の念を持っていました。部屋の中心には白い石でできた台座があり、上まで伸びていました。その台座は、四角い柱のように見えました。とても大きいです。それがこの建造物の中核と言えるもので、天井まで伸びています。

まるで、天井は空に向かって開いているようです。部屋はエネルギーで満たされています。とても温かいエネルギーです。まるで、夏の日の太陽の光のようです。

わたしは今、四角い柱の上にいます。そして、台座の中心に向かって歩いていきます。ピラミッドの頂点ではないかと思われる場所を、見上げています。わたしは腕を上げています。わたしはこの……、自分自身が拡大していく感覚を感じています。わたしは上に向けて腕を広げ、足を開いて立っています。そして、エネルギーで身体が振動しています。とてもいい気持ちです。どんどん拡大したいと思っているようです。

わたしの意識は今、宇宙にいます。けれども、身体は連れ出されていないようです。今、宇宙の暗闇の中にいます。星々が見えます。まったく、信じられません！　わたしは、このとてつもなく素晴らしいエネルギーを感じています。わたしはこのつながりを、この素晴らしいつながりを感じています。わたしは、すべての真ん中にいます。わたしはすべてとつながっていて、それは驚くべきことです！　自分が広大無辺になったかのように感じます。そして、言葉では言い表せないのですが、ここにいることがまったく自然に感じるのです。

このつながりは、とても強い感情的なものです。と同時に、理性的でもあります。それは、本当に素晴らしく、（ポジティブな方向で）感情的にも圧倒されるのですが、自然であることも分かるので、理性的にも大丈夫だと思えるのです。外にあるすべてに向かってどんどん広がっていきたいと思うのと同時に、すべてを自分の内に吸い込みたいとも思います。本当に素晴らしい気分です！　わたしは宇宙の不可欠な部分であると同時に、そこに存在する物のようには感じられず……むしろ、宇宙がわたしの一部であるかのように感じます。まるで、わたしが指を動かすと、わたしの周りを星が踊るような感覚です。すべてが完全につながっているのです。

アルバートは、「個人的な自己」を感じている一方で、**すべてなるもの**のより大きなエネルギーも感じていました。けれども、彼がもっと一体性の中へと拡大していきたいと思った途端に、それを恐れている自分にも気がつきました。自分を包み込むエネルギーをもっと感じたいと思うのと同じ程度に、自分のアイデンティティーを失いたくはありませんでした。でも、彼は前に進みます。

まばゆいばかりの光が見えます。目が眩みそうなくらいです。白くて明るくて……まるでミルクのような、明るい白です。わたしを取り囲んでいます。明るくて、爽快で、綺麗で、純粋です。ああ！本当に明るいです、信じられないくらいに！　何ということ！　ああ！　オーマイ、ゴッド！　おおー！　オーマイ、ゴッド！　ああ！

わたしは信じられないくらいのエネルギーの一部なのです。ミルクのような、明るい白です。とても繊細に振動しているのですが、非常に力強いのです。もう自分自身を抱え込むことなどできません。このエネルギーとミックスしているのですから。わたしよりもずっと大きいのです。とても綺麗です──本当に綺麗で、純粋です！　他に何もありません。この白さしかありません。自分をかろうじて、その中に見て取ることはできますが、以前とは違います。わたしとは、あいまいな輪郭を持った、それの身体ですが、そこにいることなどできません。その振動に、ほとんど耐えることはできません。

その振動は少々辛いですが、気分は最高です。まさに、至福です。矛盾するようですが、何も起こらないので退屈なのですが、とにかく至福なのです。それは、わくわくするような、素晴らしい「虚空／無」です。この光の中にいるのは、美しいことです。なぜなら、とても綺麗だからです。不純なものなど一つもありません。たった、一つも！　何も見えません！　それを損なうものなど、一つもありません。本当に完璧で、綺麗なのです。その綺麗さ故に、とても安心できるし、活気づけられるのです。本当に素晴らしいです。何も起こりません。最高の気分です。

今、わずかにそこから出ています。それとともにいるのですが、今の方がもう少し自分というものを認識できます。以前は、このエネルギーが神だと思っていたのですが、それを考え出したのは、わたしの頭でした。今は、それが神だと感じているのです。そして、ある意味では、わたしは神の「前」にいるのです。だから、そこから少しだけ出ることができるのです。それを神だと知覚するためには、そこから出なければなりません。先ほどは、わたしはその中にいたのです。わたしはそれと一つになっていたのです。わたしは、それと自分を何ら区別していませんでした。わたしは今、そこから少し踏み出し、それと自分とは別の、巨大なものと認識しています。実に慈悲深く、愛情に満ちていると感じることができます。今でもとても心地よさを感じられますが、その中にいた感覚とはまったく異なります。その違いは歴然としています。そこから外にいても、素晴らしい気分ですが、その中にいたときの感覚に比べれば、実にちっぽけなものだと言わざるを得ません。

アルバートは、すべてなるものの一体性を直接的に体験しました。しばらくすると、彼はそこから「離れ」、そして、そこから「外に出る」――すなわち、分離する――ことがどんなに孤独であるかを突如悟った、と言いました。わたしは彼に、一体性の内にいることがそんなにも素晴らしいならば、なぜそこから離れようとするのかについて聞いてみました。アルバートは、次のように答えました。

わたしがその中にいたときは、そのことに気がついていませんでした。そのことを認識するためには、一歩踏み出すしかないのです。心地よさは感じていましたが、それは「虚空／無」のように感じるのです。とても美しかったのですが、それはあまりにも自然な一つの状態だったのです。そして、無次元的でした。（ある意味で）どこまでも、凡庸……とでも言いましょうか。そして、一歩踏み出したときに、それが欠けることによって、いかに美しかったのかが分かったのです。本当にそれがどういうものであるかを理解し、慈しむためには、はじめにそのエネルギーと一体になることを体験し、それから「離れる」必要があるのです。その中にいて、それ自身になりきっているときには、何も見えません。一歩踏み出して、はじめてその素晴らしさ、完璧さ、美しさが分かり始めるのです。

何ということ！　外から見ると、まったく凡庸ではありません！　ここから見ると、いかに美しいのかがわかるのです。内側にいても美しいのですが、まったく違います。中にいては、知覚できないのです。内側からも感じられますし、その心地よさも感じられます。けれども、それを知覚することはできません。なぜなら、それがすべてなるものだからであり、そして、ただ明るい白い光、振動があるだけだからです。そこから一歩踏み出すと、また戻りたいと思いますが、その中にいるよりも、外側にいた方が、よりそれが何であったのかを知ることができるのです。それは、理にかなっていると思います。たとえば、わたしたちがビルの中にいたとします。一歩外に出てみなければ、自分がどのようなビルにいるのかわかりません。それが、今わたしの中で浮かんできたイメージです。光の渦中にいるときには、そのことがわかりません。それが何であるのかも分かりません。でも、一歩外に出てみて、畏敬の念に打たれるのです。そして、そこに還りたくなります。

この一体性の体験が完了したときに、わたしはアルバートに、ハイアーセルフと、彼がつながることのできる最高レベルの愛と叡智、癒しにエネルギーを融合させるように導きました。それらの部分にしっかりとつながったときに、わたしはアルバートの前立腺ガンについて尋ねてみました。わたしは、この人生がアルバートにとって、地球において唯一の、一回限りの輪廻転生であることを聞かされました。というのも、彼は人類の意識の進化／拡張をエネルギー・レベルで助ける役割で来ているからです。けれども、アルバートは現在、地球において人間の肉体という縛りに拘束されているので、彼の魂がひどく一体性の感覚を恋しがっている、というわけです。

そして若者だった彼は、お酒を飲むことで肉体的な制限を打ち破り、わずかな間でも高揚感を味わえるということを発見したのです。そして、無意識的に、飲めば飲むほど魂が解き放たれると思ってしまったのです。そして、同じ頃に、セックスも似たような高揚感をもたらすことを発見しました。セックスと飲むことに取り憑かれるまでに、長くはかかりませんでした。数年前にアルコールは絶ったものの、彼のセックス依存は結婚生活にまで持ち込まれました。自分のこうした部分を恥じていたアルバートは、無意識的に自らの悪癖を殺そうと試みていました。こうして彼は勃起不全となり、のちに前立腺ガンを患ってしまったのです。

けれども、セッションを通じてアルバートは、自分の肉体やエネルギー・フィールド、意識から、性的抑圧によって引き起こされた感情的、精神的トラウマの層を取り除くことができました。アルバートは、ハイアーセルフより、退行催眠の最中に経験した一体感につながることができるように、毎日練習を重ねるようにアドバイスを受けました。彼のハイアーセルフは、彼が本当に必要とする滋養を、ここに発見するだろうと説明しました。

エクササイズ　一体感を味わうための瞑想

すべてはエネルギーで、すべてはつながっているという概念は、あなたにとってよく知っているものかもしれません。もしかしたら、すでに信じていることかもしれません。けれども、それを実際に体験したことはありますか？　知的に何かを知っているということと、直接的な体験からくる、深い、直感的な認識は似て非なるものです。もしこのような体験に惹かれるならば、**すべてなるもの**とつながる瞑想法を実践することをおすすめします。

20分間、静かな時間をつくります。心地よい姿勢で座るか、あるいは横になりましょう。ノートを近くに置いて、自分の体験や洞察、ヴィジョンについて書き留めましょう。自由に探究するという意志を定め、安全だということを認識しましょう。身体をリラックスさせることからはじめます。ゆっくりと息を吸います。どのように内面に入っていくのか、あなたはその方法をよく知っています。イマジネーションを自由に漂わせ、あなたが望むだけ細部にまで目を向けましょう。

目を閉じて、ピラミッドの中にある、明るい房室をイメージしましょう。アルバートが退行催眠で見た場所です。四角い台座がどんどん空中に上がっていく様子をイメージします。これは、あなたが時間と空間を超越するためのポータルだと伝えてください。あなたはこの体験を通じて、すべてなるものとつながるのだという、意志を宣言します。台座のてっぺんまでつながる階段を探し、そして、楽々と上まで昇ります。てっぺんに着いたら、上に何があるのか見上げてみてください。中心まで歩き、足を広げ、力強く地面を踏みしめてください。そして、腕を上に向けて広げましょう。

イメージや感情が意識に流れ込んできたら、それを楽しんでください。特定の成果を無理に期待したりせずに、それらの魔法で自然に発展し、浸透していくままに任せましょう。自分がどんなことを見、体験するのか定かじゃないのなら、イマジネーションの導きに任せましょう。自分自身に、一体感とはどんな感覚なのか問いかけてみましょう。できるだけ多くの細部を描いてみましょう。あなたがイメージしているからと言って、決してこのプロセスを軽視してはいけません。時間は同時並行的に存在しているので、あなたがイメージできるものはすべて、すでに在るのです。イマジネーションとは、すでに在るものとつながり、あなたの現実へと運び出す遊び心に満ちた方法なのです。あなたのイメージがつくり出した心躍るような創造物とともにいてください。あなたが気づく前に、すべてなるものとのつながりを十分に深く体感しているでしょう。

意識を通常の状態へと目覚めさせる準備ができたと思ったら、ゆっくりと今の瞬間へと意識を戻していきます。あなたの身体、環境にも意識を向けましょう。もし、何かを感じたのなら、あなたの体験をノートに書き留めましょう。

すべてなるものとつながることは、そこから無条件に愛され、支えられ、その一部であることを感じることによって、あなたの魂に栄養を与えることです。あなたが一度でもそれを体験できれば、アルバートが「すべては完全につながっている」と言ったことの意味を、自分自身で認識することができるでしょう。

本章では、一体性の概念について、さまざまな角度から探究してみました――つまり、すべてはあなたの反映である、という原則です。わたしたちは、一体性という観念を、ホログラムや量子物理学からも検証し、どのように多様性が一体性を形成していくのかを見ていきました。また、ネガティブな反応を引き出すような人々や状況に遭遇したときに、どのように平和な状態を維持できるかについても、さまざまな方法を考えてきました。そのことは、自分の中の制限ある信念を明らかにし、それらを変容させるという議論に発展しました。さあ、引き続きわたしたちの意識の探究の旅を進め、わたしたちが一体性へと融合する上で、「ゆるし」がどのような役割を担っているのかを見ていきましょう。

第6章

自分自身と他者をゆるす

わたしには、素晴らしい妹エリーがいて、彼女のことをとても愛しています。エリーはシカゴに住んでいて、卓越した慈善事業を行っているチャリティー組織に所属しています。わたしは、その活動を支援したいと思ったので、彼女たちの行っているオークションの出品物の一つとして、退行催眠のセッションを贈りました。オークションが終了したあとに、人々が非常に高い関心をセッションに持っていたと、エリーから聞かされました。そして、直接落札者から、連絡が来ることを知らされました。わたしはそれが誰であれ、ベストのタイミングで落札者から連絡が来ることを確信していました。

数ヶ月が経過しました。エリーは二人目の子どもを授かり、出産予定日が近づいていました。なので、わたしはシカゴに行って家族と過ごし、姪の誕生の喜びを家族と分かち合いたいと思っていました。そして、わたしがシカゴに着いた日に、リサ（本書の前章にも登場しています）からメールが届いたのです。彼女は自分が落札者だと名乗り、セッションの予定を組みたいと言いました。なんと素晴らしいタイミングなのでしょう！　わたしはシカゴにいて、比較的自由な時間が多いので、彼女に対面して会うことが可能でした。

リサは30代前半の、ブロンドの髪と青い目を持った美しい女性でした。聡明さとスピリチュアルなマインドを併せ持ち、バランス感覚の優れたタイプの女性でした。リサは中西部に生まれ育ち、アメリカ有数の名門大学に通っていました。彼女はマーケティングの分野で働き始めましたが、ほとんど満足することはありませんでした。ですから、代わりに教師になったのです。

ちょうど女性らしい体つきになってきた10代の頃、リサは自分の身体をひどく不快に感じるようになりました。まるで濡れたジーンズを履いていて、すぐにも脱ぎたいような感覚だと語りました。彼女が16歳のときに、家族みんなでチーズフォンデュのレストランに食事に行きました。その夜はみんな食べ過ぎてしまい、彼女は気持ちが悪かったので全部吐いてしまいました。このときに、リサは嫌いで仕方がなかった自分の身体をコントロールする術を見つけました。以来、彼女は食事に対して、極めて困難な問題を抱えることになったのです。

それから15年もの間、食事の時間がリサにとって、ひどく苦痛をもたらすものとなりました。リサはその問題を解決するために、セラピーに通ったり、その他多くのことを試みたりしましたが、たった短い期間を除けば、彼女が自分を本当に健康で完全であると感じたことはありませんでした。リサは夫とともに新しい家族をつくろうとしましたが、何度も流産をしてしまいました。そのことを聞いても、わたしは驚きませんでした。どうして嫌悪している身体が、自分の欲しくてたまらないものを生み出してくれるでしょうか？　リサの身体の問題は、まるで不吉な影のように、彼女につきまといました。わたしは、セッションを通じて、彼女に答えと癒しがもたらされると確信していました。わたしはリサに、セッションを信頼し、オープンな気持ちで臨むようにアドバイスしました。

セッションの中で、リサは魂の片割れたちとつながることができました。本書のはじめの方で、彼女が公民権に携わる弁護士であったときの人生を紹介しました。この人生でリサは、愛し、人生を分かち合うための家族や友人を持つことの大切さを学びました。けれども、このセッションで彼女は、もう一つパワフルな人生を体験したのです――20世紀の変わり目に、不幸せな男性銀行家として生きた人生です。それは、ゆるしのない人生がどのようなものであるか、わたしたちに警告のメッセージを贈ってくれています。

その銀行家は、ロンドンに住んでいました。彼は欲しいものはすべて手に入れていましたが――お金、家族、名声ある仕事など――、怒りでいっぱいでした。１９３０年代に亡くなるまで、彼の人生をずっと見ていく中で、すべての怒りを抱え込んでいるせいでどのように肉体が崩壊していったのか――すべてが腐敗しきってしまったのか――について、リサは報告してくれました。彼は、他者をゆるすことができませんでした。自分自身をもゆるすことができませんでした。彼はただ、ネガティブな部分にしがみついているだけでした。ネガティブな心を持つことの明白な危険性は、肉体が崩壊していくことと病気をつくり出すことです。「中が空っぽなので、呼吸をするのも困難です。怒りがそこに長い間、居座ってきたので、すべてを一掃してしまったのです。わたしの身体の中の臓器も傷つけてしまいました。怒り自体が、肉体の破壊の根源なのです。身体の中が、すべて縮み上がってしまっているように見えます」と銀行家は語りました。

リサがこの人生を体験したのは、自分の身体への憎しみがどんな結末を生むのかに気がつくためだと思いました。また、より微妙ですが、同程度にダメージをもたらす危険とは、食事の問題と彼女自身の（ネガティブな）自己イメージによって、彼女と家族の親密な関係を阻害してしまっているということです。自分自身を愛することができないために、家族の彼女への愛情と、それを感じられる彼女自身の力に、障壁を作ってしまったのです。

わたしはリサに、銀行家としての彼女の魂の片割れの人生から、何を学べるかを聞いてみました。リサは答えました。「怒りがわたしたちを支配するときに、どんなにすごいパワーと強烈さと毒性を持っているのかということを、まず思い知らされました。無防備にも、怒りのエネルギーは知らないうちに、どんどん増殖していきます――とくに、意識の中にネガティブは空間があったらそうです。もし、愛情やつながり、人間関係が欠如していれば、怒りは雑草のようにはびこってしまいます。また、怒りについて慎重にならないといけないのと同程度に、自分の持っている愛情に無頓着になっていないかどうかに気をつけなければなりません。実際に、愛は最大限に分かち合うべきものです。不足しているなら、尚のことです」。

リサの言葉は、まるで本物の聖人のようです！　誰もが、これらの言葉を瞑想の中で活用することもできますし、その叡智を生活の中に取り入れることができます。しかしながら、わたしたちはどのようにして、怒りという雑草を引き抜くことができるでしょうか？　どのように、愛をより自由に、よりパワフルに流すことができるでしょうか？　わたしが見つけた答えとは、「ゆるし」を通して、です。

わたしたちが内に抱えている怒りや恨み、非難の思いは、実際に自分を怒らせた相手よりも、ずっと大きな影響力を持っています。わたしたちが憎しみや苦々しさ、復讐の念を持っていることは、自分自身を傷つけていることに他なりません。このような想いやエネルギーは、わたしたちを衰弱させるのです。これらは、身体に病をつくり出し、今の瞬間を完全に生ききり、力がみなぎり、自分の望む人生を創造することからわたしたちを閉め出してしまいます。ゆるしとは、わたしたちが抱えるこれらの負の感情を手放す行為です。非難することから愛することに移行することで、自分自身を解放することができます。愛の想いを送り出すことは、わたしたちのできる最大の癒しの行為と言えるでしょう。あとから本章で、ゆるすということが、スピリチュアルな成長のために最も重要だということを説明したいと思います。ゆるしは、大いなる源と一体になるための上昇の道にそぐわない、あらゆる負の感情を浄化してくれます。

リサの退行催眠は、自分自身と他者をゆるすことがどれほど重要かを見せてくれています。また、もう一つのことも教えてくれています――ゆるしに時間制限はない、ということです（いつでも、今からでもはじめられます）。

魂の片割れたちと協働する

わたしたちは時間を直線的に捉えているので、魂の片割れたちの人生を完結し、完了したものだと認識します。けれども、これまで時間をかけて議論してきたように、オーバーソウルがつくり出すあらゆる人生は現在進行形なのです。それは、同じ年や同じ10年間、あるいは数世紀離れていても、変わりありません。

すべての人生は、今あなたが文章を読んでいるこの瞬間にも、同時に存在しているのです。そして、人生は現在進行形なので、人生の物語が「完結」することもありません。すべての人生のあらゆる瞬間が、さまざまな解釈に対して、開かれているのです――新たな可能性、新たな選択、そして新たな成果があります。

クライアントが魂の片割れのある人生を訪問し、その場面について描写してくれます。けれども、その人は一つの可能な物語、その人生の一つの可能性を体験しているに過ぎません。ある人たちにとって、この考え方は理解しづらいかもしれません。もしそうであるならば、そこにあまり時間を割く必要はありません。今の時点では、あなたが片割れたちに愛や癒しの感情、叡智、新たな見方を伝える力を持っているということだけ、知っていてください。あなたと片割れたちは、同じオーバーソウルからつくり出されているので、あなた方は類似した魂の波動を共有しているのです。ですから、あなたは彼らと瞬時につながることができる生得的な能力を持っているのです。したがって、あなたが退行催眠の最中に、トラウマになるような人生を体験したとしても、その人生の一つの可能性を見たに過ぎません。あなたは自分の片割れたちに、他にも道や可能性があることを伝えることができます。彼らに愛を送りましょう。彼らに光を送りましょう。彼らに平和を送りましょう。

リサのセッションの最中に、わたしは銀行家に、どのように人生を違ったものにできるのかを聞いてみました。彼は、「何かスイッチを入れたり、ちょっとしたきっかけがあれば、変わることができたのではないかと思っています。でも、それをどうすればよいのかはわかりません」と答えました。数日後に、わたしはリサにメールし、瞑想しているときに、彼女の魂の片割れに愛と希望の想いを送ることをすすめました。そして、彼女にスイッチを入れる役割になってもらおうと思ったわけです。そして、あまり時間が経過したいうちに、彼女から返事が返ってきました。

「彼にエネルギー——ポジティブな癒しのエネルギー——を送ってはどうかというあなたの助言は、実際には、わたし自身のスイッチを入れることになりました！」とリサは報告してくれました。わたしのちょっとした助言が、一見、完結している人生の物語でも、つねに更新できるという可能性をリサに思い起こさせたことは明らかです。わたしたちは、未来においてだけ、実現化を待っている可能性が横たわっていると考えがちです。でももし、時間が同時進行的で、魂の片割れたちの人生も現在動いているならば、彼らが新たな選択を行うことで、その人生にまったく異なる展開をもたらすことも可能なわけです——つまり、リサが経験した銀行家の人生にも違ったバージョンがあるということです。

「わたしは彼が助けを必要としているとは、思いもしませんでした」とリサは言いました。「わたしは物事を直線的に考えていたので、彼の葛藤は完結したものだと考えていたのです。『この身体がわたしで、それ以外のわたしはあり得ない』というモードにいとも簡単に戻ってしまうものなんですね」と彼女は続けました。

リサは、激励とサポートの想いを、銀行家の片割れに送ることにしました。あなたにも、いつでも同じことができます。瞑想をしているときの静かな心の状態や、あなたが他の人生について思いを馳せるときに、いつでも行うことができます。次にご紹介するタラは、まさにそのことを実践したのです。

タラの物語

時として、片割れを助けてあげなければならないという思いは、自然発生的に湧いてくるものです。わたしのクライアントのタラは、魂の片割れたちがお互いを助け合うなんていうことは考えたこともありませんでしたが、彼女の片割れが感情的な危機的状態に陥ったときに、内なる叡智がそのようにガイドしたのです。

タラは、ボブという名前の農家の人生を体験していました。そこで、まさに彼の妻が息を引き取ろうとしていた場面に立ち会いました。ボブは妻の命が助かるように神に祈ったのですが、どのみち妻は亡くなってしまいました。農家のボブは、神に対して苦々しさと裏切られた想いに駆られましたが、同時に妻の死に対して、なぜか責任をも感じていました。それを感じ取り、タラは片割れに、手放すことと愛とゆるしについて、直接語りかけたのです。

タラ：ボブ、あなたは何も悪くないわ。あなたは奥さんのことを心から愛していたわ。何も間違っていないのよ。自分自身をゆるしてあげて。自分をゆるさなければならないの。お願い、わたしのためにも！　そして、あなた自身のためにも！　ボブ、あなたはきっと自分自身をゆるしてあげられるわ。彼女の逝くときだったの。あなたはちゃんと生きていけるわ、ボブ。彼女はあなたの中に生き続けているのだから。永遠に。いつもあなたのそばにいるのよ。彼女もあなたのことをとても愛していた。それが、今よく分かるはずよ。ボブ、感じるでしょう？　今、あなたは微笑んでいるわね！　さあ、もう平気よ。

タラが催眠状態から戻ってきたときに、わたしは彼女にどうしてボブの癒しを助けようと思ったのか尋ねました。彼女の答えはシンプルでした。「彼が癒されれば、わたしも癒されるからよ」。

わたしたちはみな、人生の暗闇の淵を歩いているときに、ふと光と希望に包まれる体験があると思います。ひょっとすると、魂の片割れがそうした瞬間に、わたしたちの中のスイッチを押してくれたのかもしれません――彼らの愛と癒しの力で、わたしたちにゆるしを促すために。あなたも魂の片割れたちのそのような力になってあげてください。彼らに愛と優しさを送ってあげてください。彼らに自分自身をゆるし、他者をもゆるせるように励ましてあげてください。あなたのエネルギーがどんな新たな可能性を生み出すのか、計り知れないのですから。

自分自身をゆるすことの大切さ

わたしたちの誰もが、嫌な思いをした相手をゆるすことは大切だということをわかっています。ほとんどの人々にとって、ゆるすことは簡単ではないことです。けれども、一度それを体験すると、自分自身が軽くなり、解放されることが分かるでしょう。いつまでも、だれかや環境の犠牲者の立場にとどまっているよりも、ずっと心が穏やかになり、人生を前進させてくれます。

ゆるすことが簡単ではないことの第一の理由は、それが非常に難しいと思い込んでしまっているからです。すなわち、次のような文化的な信念／信条です。「みんなゆるすことは難しいと言っている。わたしだけが別であるはずがない」。わたしたちはすすんで傷ついたエゴ――わたしたちが話す哀しい物語――にしがみつきます。というのも、みんながそうやっていますし、それが正しいことだと思っているからです。わたしたちに何の利益ももたらさないにも関わらず、わたしたちはそれをやり続けます。解決法はシンプルです。ゆるすことは簡単だと自分自身に伝えればいいのです。これは持っていて良い信念なので、ぜひあなたの真実としてください。あなたは一体性（すべてなるものの）から生まれているのです。誰からも分離される理由のない場所から来ているのです。ゆるしは、あなたの本質の一部です。なぜなら、自分自身のどの部分も罰する必要がないからです。

ゆるすことが難しいと感じる二つ目の理由は、わたしたちが一番目のプロセス――すなわち、相手をゆるす――ということだけに焦点を置いているからです。わたしたちは、自分自身をゆるすことがどんなに大切であるかを教わったことがありません。ゆるしとは、表裏のあるコインのようなものです。他者をゆるすという側面にだけ焦点を置いていては、決してゆるすことを完了させることはできません。

銀行家の人生のあとに、リサはケリーという名前のティーンエイジャーの人生を経験しました。時代は1950年代で、ケリーは「女の子らしい」16歳の美しい少女で、ジムという恋人がいました。悲劇的なことに、ケリーはあまりにも早く一生を終えてしまいました。リサは、ある夜に、ドライブ・インに行こうとジムが運転する車の後部座席にいるケリーの姿を見ていました。けれども、彼らははじめてのセックスをするために、森へと向かいました。ケリーが、まだ準備ができていないと思い至るまでには、あまりにも時間が経ってしまいました。ケリーはパニック状態に陥っていました。ジムはケリーをなだめようとしましたが、ケリーは彼が強制的に襲いかかろうとしていると思い込んでしまいました。そして、彼女を落ち着かせようとした彼の試みが、結果的には、誤って首をひねり、彼女を殺してしまったのです。

パニック状態の最中、ジムはケリーの兄に助けを求めました。兄は、ジムがケリーの遺体を埋めるのを手伝い、両親に何が起こったのかについて嘘をつきました。両親はケリーの遺体を探し出すことはできませんでした。

リサはわたしに、今は肉体を離れたケリーの霊となって、兄と両親の会話をキッチンで聞いている、と言いました。兄が彼女の死について話しを作り上げているのを、両親が疑いもなく聞き入れている様子を、ケリーは信じられない思いで聞いていました。彼女はもうたくさんと思い、部屋から飛び出しました。

けれども、家の玄関を通り抜けときに、何か興味深いことが起こりました。その瞬間に、ケリーの霊は、ジムと兄、両親をゆるすことにしたのです。そしてリサは、瞬時に軽くなるという感覚を味わいました。あとになって、リサのハイアーセルフと対話したときに、あのゆるしの瞬間に何が起こったのか説明してくれるように頼みました。

リサのハイアーセルフ：魂のレベルでは、ゆるしは瞬間的に起こります。

ミラ：なぜ瞬間的なのですか？　どのようにして瞬間的に起こるのでしょうか？

リサのハイアーセルフ：大いなる魂は、自らの一部を罰するつもりはありません。わたしたちはみな、お互いの一部なのですから。

この話を聞いたときに、わたしは高揚感でいっぱいになりました。本当に、意識の中で、天使たちの聖歌隊が天国の調べを合唱しているように感じたのです！　**大いなる魂は、自らの一部を罰するつもりはありません。わたしたちはみな、お互いの一部なのですから。**そうであるからこそ、死後のゆるしは瞬間的なのです。何百万もの思考がわたしの頭を駆け巡りました。一つは、そのような深い、深遠な理解をもたらしてくれたことに対する感謝の念でした。もう一つは、お互いを傷つけ合うことをやめて、ゆるすことが極めて重要であることを、人々に伝えたいという情熱です。

リサのハイアーセルフは続けました。

リサのハイアーセルフ：何かをゆるすことは、完全にそれが終わることです。人間の合理的な考え方では、本当にゆるすことは、非常に難しいことです。誰かをゆるすと言葉で言うことはできますが、人間には、それを頭の隅の方で覚えておくという傾向があります。つまり、覚えておくことで、今後同じ目にあわないように、教訓にし、よりガードを固める、ということです。それは、「あなたのことをゆるすけれど、いずれあなたにもそのつけが回ってくるからね」というような考え方であり、非常に人間的な傾向を表しています。でも、本当にゆるすことは、それが完結することを意味しています。完全に相手をゆるすということです。あなたがこれ以上抱えなくていいように、抱えているものを手放すことなのです。

とてもシンプルなことのように感じるかもしれませんが、実際に実行するとなると、極めて難しいことです。だからこそ、多くの人が、どうかスピリチュアルなレベルからゆるすことができるように、わたしたちに強さを与えてください、と祈るのです。というのも、スピリチュアルなレベルでゆるす方が、容易だからです。ゆるすことは、何事も起こらなかったかのように、すべてを忘れることではありません。そこにいつまでも重きをおいて、何か抱えながら生きていかない、ということです。確かに何かが起こりましたが、それはもうあなたの過去の一部です。あなたが誰かをゆるすと、そこに「良い」も「悪い」もなくなります。すべてゆるされたのです。何かが起こって、そして、終わったのです。

ミラ：つまり、ニュートラルになったということですか？

リサのハイアーセルフ：そうです。そして、あなたは、ものすごく大きなつながりを実現したことになります。ここでも、一人の人が別の人と対立しているという見方をしていません。誰かが誰かと対立していることは、分離を生み出します。ゆるしとは、すべてとつながることの純粋な実践なのです。

リサのハイアーセルフは、わたしたちに、なぜゆるすことがこんなにもパワフルなのかを理解する上で、重要なポイントを伝えてくれています。ゆるしは、わたしたちを分離する、苦々しさや怒り、非難を手放すことを可能にしてくれます。お互いをつなげてくれるのです。完全にゆるすことがどれほど重要であるかについて、一度でもわたしたちの知性が理解したら、もっと簡単に、ためらいなく手放すことができるようになります。ゆるしは、一体性へとつながる確かな道なのです。

リサは、ケリーがその場面から離れようとしていると言い、彼女のエネルギー（霊）が「別の次元」へと移行しようとしているのを感じていました。わたしは彼女のハイアーセルフに、もっと説明してくれるようにお願いしました。

リサのハイアーセルフ：わたしたちの魂がある人生からある人生へ、あるいはある瞬間からある瞬間に移動するときに、一緒に感情も運んでいくのです。純粋な魂は、他に何もない、より大きな愛につながっています。この感情的なものは、ある種の重さとなります。具体的にはお腹に感じる不快感となります。それは、空虚さ、孤独感、つながりの欠如です。そうしたエネルギーをより多く手放すことができれば、魂はより高く上昇することができます。一体性によりいっそう近づくことができるのです。けれども、人間的な見地からすれば、悪いことかもしれません。わたしたちは、自分という人格を手放したくないからです。でも、それらすべてのネガティブな感情を手放すことで、わたしたちは、より幸せに、より満たされ、より万物とつながることができるのです。ゆるすことによって、わたしたちは完全にネガティブなエネルギーを断ち切ることができます。

ケリーが、非難のエネルギー――不公平さに対する憎しみ――を残したままに、人生を終えた場合は、また別の人生でそのエネルギーのバランスを取らなくてはならなくなります。視覚的なイメージとして浮かぶのは、白い瓶にいっぱい詰まっている白い大理石です。そして、ネガティブなものの象徴として、あなたはそこに黒い大理石をいくつか持ち込んでいるのです。人生を始めたばかりのときは、その黒い大理石がどこから来て、どうして自分がそれを持っているのかが分かりません。ただ、そこにある状態です。けれども、時間が経過するにつれ、さまざまな実践を重ね――たとえば、このセッションのように――、あなたは徐々にそれが何であり、どこから来たのかが分かり、最後には手放すことができるのです。

ミラ：もしリサがゆるすことができれば、未来の人生で再びそうした魂と出会い、ゆるしの課題を完結させるという可能性を軽減することができるでしょうか？

リサのハイアーセルフ：はい。けれども、実際にはそんなにシンプルではありません。もう一度、白い大理石のイメージに戻ります。さて、あなたはどれくらいの黒い大理石をその人生に持ち込んだでしょうか？　そして、あなたが地上を去るときに、どれくらい残していくのでしょうか？　あなたがその人生でたくさんのポジティブなものを生み出せば、ゆるすために、くすぶり続けるネガティブなエネルギーをより簡単に手放すことができるでしょう。けれども、最期の瞬間は、偽ることはできません。あなたがこの世を去るときは、極めて誠実な瞬間でもあるのです。その人生のエネルギーについて、何一つ嘘はゆるされないのです。自らを偽ることなどできません。

リサのハイアーセルフは、彼女が自分自身をゆるすことがいかに大切であったかを強調しました。ケリーがどのように命を落とすことになったのかについて、リサはどこかの部分で、自分の身体を実際に非難していたのです。もしケリーがあんなに魅力的で、異性に好かれることがなければ、ジムに殺されることもなかったかもしれません。ですから、リサはケリーとして生きた自分自身と身体をゆるす必要がありました。また、リサは今の人生で、自分の中に蓄積していた小さなわだかまりをすべてゆるす必要もありました。ハイアーセルフが言うには、リサが自分に対して抱いてきたネガティブな想いが彼女の中に山積している、とのことでした。その山積したものが、リサの中に感情的、エネルギー的な重さをつくり出していたのです。

ハイアーセルフはとても重要な点を指摘しました。ゆるしの学びの中には、同程度に重要な二つの要素があります。一つ目は、自分が被害を受けたとする相手をゆるすということです。そして、二つ目が自分自身をゆるすということです。二つの要素が一緒になって、執着を完全に手放し、愛と一体性の内に戻ることを可能にするのです。ハイアーセルフは、リサは恨みの想いがないので、他者をゆるすことに関しては非常に優秀だ、と言いました。けれども、同じように自分自身もゆるす必要があると助言しました。癒しの道においては、自分の持っている自己非難や罪悪感もすべて解放することも、非常に重要なのです（その具体的な方法について、本章で紹介するエクササイズで扱います）。

リサが自分自身をゆるさなければならない理由について、もう少し説明してほしいと、わたしはハイアーセルフにお願いしました。

リサのハイアーセルフ：魂は、ある特定の人生を離れるときに、その人生からいくつかの感情的なエネルギーも持っていきます。ケリーが、ジムや兄、両親をゆるす方法として採用したのは、すべての責任を自分が負う方法です。つまり、「わたしは彼らをゆるし、すべての非はわたしが受けよう」というわけです。彼女はそういう契約を結ぶ必要はなかったのですが、あの瞬間に起こったのはそういうことでした。彼女はどういうわけか、自分の身体に非があったと考えたのです。彼女の魂はそうやって状況を理解しようと決め、だからこそあんなに早くみんなをゆるすことができたのです。

わたしたちのセッションの中で、リサは、ケリーの経験とのエネルギー的なつながりを絶ちました。そうすることで、自分をゆるし、自分と身体の関係を見直す機会を与えてくれました。ケリーの死が、魅力的な身体を持つことに対する恐れに変わっていったことをはっきり認識すると、リサは、異なる現実を選択する準備が整いました。彼女は、身体と心、霊について、新たな契約を交わしたのです。リサは、新たな存在のありように立つことで、自分の身体に喜びを感じ、感謝するという生き方に移行することができました。

自殺とゆるし

自殺というテーマは、セッションの中や、わたしが何をしているかを知った人たちの間から、よく出てくる話題です。ゆるしということを考えたときに、自分の命を絶つということのスピリチュアルなレベルでの因果について、議論しておく必要があります。

わたし個人としては、自殺することを考えたことはありません。幸運なことに、周囲にも自殺未遂にとどまった人たちの話ししか聞いたことがありません――知り合いや友人に実行した人がいません。けれども、自殺を逃げ道だと考えている人がたくさんいることを、統計は明確に示しています。２００８年度のThe National Survey on Drug Use and Health（米国薬物使用と健康に関する国民調査）によると、８３０万人ものアメリカ人が過去に自殺を真剣に考えたことがある、とのことです。また、２３０万人もの人が自殺の計画を練り、１１０万人が実際に試みた、という結果になっています。ＷＨＯによると、15歳から44歳の間で、自殺がトップ3の死因に入っている国もあるようです。同機関の発表によれば、世界では毎年、１０００万から２０００万もの人々が自殺未遂をしていると推定しています。

この数字を見るのは、実に心が痛むことです。命には神聖な成り立ちがあります。わたしたちの人生というユニークな見地を通して、**すべてなるもの**はそれ自体を拡張し、知っていくのです。わたしたちは、創造主の目から自らの命の価値を見ることができないので、自殺を考える人が出てきてしまいます。そして、疑念や恐れ、不安定さの底なし沼にはまり、他に選択肢がないというような切迫感に駆られるのです。けれども、肉体存在としての自分を終わらせられるということ自体が、実はすべてのコントロールを自分が握っているのだということを証明しています。わたしたちは、身体だけではなく、どのように自分の人生を創造し、経験するのかということもコントロールしているのです。

わたしたちには死ぬ権利もあるはずだ、と主張する人もいるでしょう。「そもそも、自由意志というものが、生きることとの基本原則ではないか？」というわけです。はい、その通りです。わたしたちには、生きることも死ぬことも選択できます。けれども、地球上の生活を終える時が来て死ぬことと、絶望の淵に意図的に命を絶つこととの間には、非常に明確な違いがあるのです。

魂は、ある特定のレッスンを創造し、習得し、経験するために新しく生まれ変わります。そして、地球上の人生の中で生み出したユニークな見地や経験を通して、さらに魂を磨いていくのです。肉体をまといながら生きている中で、いつ魂の目的を達成したのかについて、ハイアーセルフはとてもよく認識します。それらのレッスンを学び終えた瞬間に、魂は非肉体的な存在の次元へと、戻る準備が整います。死んでいくという行為そのものも、学びをもたらすのです。

自殺志願者が見えていないのは、死というものが、変容に過ぎないということです——ある状態から別の状態へ移行することです。魂が、物理的な身体から離れた瞬間に、制限のない状態へと戻るのです。そのときに魂は、どうしてその人生で、ある環境を選んだのかということを思い出し、それらの課題や問題から逃げ出さずに、対処することがいかに重要であったのかをはっきりと理解するのです。そして、肉体的な現実から自らを消し去ることで、生まれ変わる前に自分で設定した目的を達成できなかったことに気づくのです。その結果、ほとんどの場合、魂はすぐに自分が逃げ出した状況と似た環境に生まれ変わるのです。わたしたちが、耐え難い感情に脅かされそうになったときの真の解決策とは、それらの感情を解放し、自分自身と他者をゆるすということです。タマラという名前のクライアントと行ったセッションは、ゆるしを通して感情を癒すことがいかに重要であるかを示してくれています。

タマラは優雅さと気品を携えた、非常に魅力的な女性でした。彼女は、移民の子どもとしてロサンゼルスで育ちました。彼女の家族は、問題を抱えていました。そして、彼女は10代になると、ドラッグやアルコールが、手軽に自分の抱えている恐れや問題、不安といった痛みを和らげてくれることを発見したのです。タマラの人生は、パーティーやロックンロール中心に回り始めました。そして、気がつくと数十年が経過していました。自分は麻薬中毒であったと、タマラは非常に淡々とした態度で言いました。彼女は、ヘロイン、マリファナ、メサドン（合成鎮痛剤）の中毒でしたが、もう過去のことだ、ということでした。

わたしに会いにくる数ヶ月前に、彼女の人生が激変しました。タマラは友人や家族から遠く離れた場所に引っ越したのです。ドラッグやアルコールに、すっかり興味を失くしたのです。彼女は、自分自身を知り、ゆるすことに開かれていきました。彼女は心から成長したいと思いました。これまで何が起こっていたのかを知りたいという思いから、わたしとのセッションの予約を入れたのでした。

セッションの中で、タマラは、自分の真実を何でもオープンに話す若い男性であった人生を体験しました。彼は勇敢でしたが、他の人の考えにまったく無頓着でした。そして、自分の信念を貫いたせいで、終身刑を申し渡されました。牢は、暗く湿った洞窟で、残りの人生をそこで過ごすなどとは想像もできませんでした。彼はそこから逃げ出すために、腕を拘束していたチェーンを使って、自らを絞殺しました。

わたしはタマラのハイアーセルフと話したときに、自殺についてもいくつか質問しました。

ミラ：自殺した人たちはどうなるのですか？

タマラのハイアーセルフ：彼らは戻って来て、自殺をせずに「地獄」を生き抜かなければなりません。自分の悩みや苦しみに向き合わなければなりません。そして、学ばなければなりません。そうです、**学ぶ必要があるのです**。そこをくぐり抜けなければなりません。通過しなければならないのです。すべてを学び尽くさなければなりません。そして、手放すのです。それがすべてです。

ミラ：彼らが向き合う課題は、自殺をしたときの人生と類似した課題になるのでしょうか？　それとも、まったく別の場合もありますか？

タマラのハイアーセルフ：（表面上は）違うかもしれませんが、種はそこにあるのです。同じ課題が、違った形で目の前に現れます。レッスンを学ばなければならない、ただそれだけです。そして、それが、学ばれなかったということです。

わたしはハイアーセルフに、なぜ彼女がこの特定の人生を生きなければならないのか尋ねてみました。答えはこうでした。「逃げ出すことは、答えではありません。逃げることはできないのです。自分の運命から逃げ出せるなどと考えてはいけません。そこを生き抜かなければならないのです。問題を解決するまで、それはあなたにつきまといます」。

それからわたしは、どのように段階を踏んで、タマラが自分と他者を癒し、人生を前進させればよいか聞いてみました。「それを直視することです」というのが、その答えでした。「感じること。生きること。解決すること。そして、手放すこと。それがやるべきことです。これらが段階です」。

逃げずに、自分の真実を生きるというレッスンが、タマラにとって難しいということを、ハイアーセルフは認識していました。けれども、タマラが今、正しい道にいると励ましました。

わたしたちは、慈悲深い宇宙に生きています。わたしたちの創造主は、純粋な無条件の愛のエッセンスなのです。創造主がわたしたち一人一人に注ぐ愛の大きさ故に、その愛の内で、どれだけわたしたちが愛されているのかを忘れることさえもゆるしてくれたのです。わたしたちがそれを望むのならば、その懐深い愛の中で、自らが忘れられ、無視され、劣っている存在だと経験することをゆるしてくれているのです。けれども、わたしたちはいつも愛され、支えられているのです――それを知っているかいないかに関わらず。

＊

わたしたちは永遠の存在で、自分がすべてのレッスンをマスターしたと満足できるまで、何回でも生まれ変わることができるというのは正解です。ならば、「なぜ自殺しなければならないのか？」という疑問が湧きます。命を絶つことで、苦しみを終わらせることはできない、という事実を知ることによって、あなたが今できるベストを尽くして、問題と向き合うことの意味が理解できるのではないでしょうか。あなたがまさに回避しようとした問題に類似した環境に、再び自分を置こうとするのは、ほぼ100％間違いないようです。

最も暗い日々の中で、他に何も助けがないと感じるときは、自分自身を励まし、次のマントラを唱えてみてください。「物事は移り変わる」。この言葉は、わたしの父のマノーロ・パスリーヴァが、物事がうまくいっていないときに、わたしを励ましてくれたものです。父は非常に賢い人で、わたしに変化が唯一、人生に不変なものだということを思い起こさせることを通して、希望を与えてくれました。

魂は永遠です。あなたが自殺を考えたことはないとしても、この考え方を友人や家族と分かち合うことをお願いしたいと思います。共に力を合わせることで、タブーの暗闇を追い払い、自殺が答えではない、ということを知る必要のある無数の人たちに、光をもたらすことができます。けれども、このレッスンは、自殺に対する考え方を変える以上の力があります。それは、わたしたちの人生のあらゆる側面で、力づけてくれるものです。

望ましくない状況を変容させてくれる、本物の鍵となるものは、ゆるしです。ゆるしは、あなたが世の中のいかなるものの犠牲者ではないことを、理解させてくれます——あなたは自らの人生において、非力な存在ではありません。自分自身の有能さ、力強さを知ってください。あなたがこの瞬間に、とてもとてもパワフルな存在であることを認識してください——たとえ、好ましくない状況に直面していたとしても、自分自身や他者を傷つけずに、人生を変える力を持っているのです。

ゆるしへの素晴らしいアプローチ

何か嫌なことが起こったときに、その苦痛を表現したくなるのは、自然なことです。その状況を改善するためにできる限りを尽くすことと、自分自身の負った傷を癒すことをおすすめします――つまり、過ちを止め、癒すための助けを求め、感情を解放できるように分かち合い、表現することです。

けれども、わたしはまた別に、あなたが恐らく考えていないことをおすすめしたいと思います。それは、当該者と行為を分けて考えるということです。行為は非難しても、あなたに害を与えた相手を非難してはなりません。あなたが相手を非難すれば、分離の感覚を増強させてしまうからです。リサのハイアーセルフの言葉を思い出してください。「魂は、自らの一部を罰するつもりはありません。わたしたちはみな、お互いの一部なのですから」。ゆるしとは、あなたが一体性へと還り、心の内にある平安の境地に戻る浄化のツールなのです。

痛みを解放し、過ちを正しましょう。けれども、相手と争ったり、攻撃したりしないでください。その代わりに、その人の動機を理解するようにしましょう。どんな過ちも、その根本では無力感――つまり、自分自身や誰かを傷つけなければ、自分の望むものを手に入れられないという感覚――があることを知りましょう。あなたを傷つけた相手も、地球の学びにやってきているひとつの魂なのです。あなた自身の中にも、小さく怯えている相手を見出し、その人自身もゆるしの欠乏した世界を手放せずにいるのだということを理解しましょう。相手がしたことの弁解のためではなく、心から相手に慈悲の想いを抱けるように、何がその人の動機になっていたのかを理解しましょう。

慈悲心が湧いてくれれば、あなたを傷つけた相手は、もはや倒すべき恐ろしい怪獣ではなくなります。その人は、自分が本当はどれほどパワフルな存在なのかに気づいていない、小さく怯えた子どもだということが見えてきます。あなたが誰かに対して、慈悲心を持つことができれば、あとほんの少しで完全にゆるすことができます。そこから先は、手放すだけです。相手がゆるされるに値するからではなく、あなた自身が平和でいるためにゆるしましょう。自分が「正しくある」ことよりも、自分自身への愛が大きい故に、ゆるしましょう。

ここで、わたしの師であるドロレス・キャノン氏の３つの句を紹介したいと思います。これらの言葉を意図的に唱えれば、その力は甚大です。

あなたをゆるします。あなたを解放します。あなたを手放します。

自分自身をゆるすために、「わたしをゆるします」も追加することができます。したがって、このようなマントラになります。

わたしをゆるします。あなたをゆるします。あなたを解放します。あなたを手放します。

暗記するまでこれらの言葉を身に染み込ませましょう。あなたの祈りとし、毎日、あらゆる状況で唱えましょう。何かに気持ちが煩わされたら、そこにとどまらせてはなりません。というのも、くり返し同じ経験を引き寄せてしまうからです。すぐさま、この小さなマントラを唱え、瞬間的に解放し、手放してしまいましょう。

もう一つわたしが愛する、場のエネルギーを変えてしまうほどのパワーを持つマントラとは、ブレア・スタイラ氏がチャネリングしているタバーシという霊的な師によってもたらされました。わたしはこの祈りを、自分自身と他者をゆるす必要のあるクライアントとともに使います。もし、あなたが現在取り組んでいるテーマがゆるしならば、この祈りを紙に書いて、財布に入れて持ち歩くといいでしょう。ことあるごとに、取り出して読んでみます。ただ財布を開けて、そこにあることを見るだけでも、それがいつもあなたとともにあり、あなたの望む現実とは何かを定着させてくれます。

タバーシのゆるしの祈りとは、次のようなものです。

主なる神よ
どうか、あらゆる制限からわたしを、心を、身体を、魂を解き放ってください
もはや無用となった、あらゆる執着から
もはや無益となった、あらゆる中毒から、解き放ってください

わたしが傷つけてしまったすべての人たちに、ゆるしを乞います
わたしの人生で、これまでの人生で、そしてあらゆる方法において、ゆるしを乞います

わたしを傷つけたすべての人たちを、ゆるします
わたしの人生で、これまでの人生で、そしてあらゆる方法において、ゆるします

わたしは、あらゆる方法で自分自身を傷つけた自分を、ゆるします
わたしが注意を向けていなかったあらゆる瞬間に
わたしの人生で、これまでの人生で、そしてあらゆる方法において、ゆるします

そして今、わたしは平和であることを選びます
つねに、あらゆる方法で
平和であらんことを

エクササイズ　ゆるしのプロセス

このエクササイズは、あなたが人生の中で傷つけられたと思う相手がいるときに、役に立つでしょう。最初のステップとは、その人物とあなたの別の人生でのつながりを探究することです。そして、何が相手の動機付けになったのかを把握することです。あなたとその人が、別の人生を通してともに編み上げてきたタペストリーを知ることによって、より容易にゆるすことができるようになります。

このプロセスの最初の部分は、自分自身に退行催眠を行うことからはじまります。そのために、本書の付録Ａに書かれた退行催眠の台本《スクリプト》を利用することができます。自分自身のために、スクリプトを読んで録音し、あとから再生することもできますし、あるいは、信頼できる親しい友人に催眠療法家になってもらい、スクリプトを読んでもらうこともできます。または、わたしのＣＤセット〝Healing Through Past Life Regression...and Beyond〟（『前世療法の癒し、その先へ』）の中の、誘導退行催眠の部分を聞いていただくこともできます。

もし、前世の探究を行う準備が整ったら、少なくとも40分間は邪魔されない時間を確保しましょう。また、あとになって振り返ったり、反芻したりできるように、近くにノートを置いておきましょう。退行催眠をはじめる前に、直面している問題を理解する助けとなるような、人生を探究したいという意図を設定します。録音を再生し、まさに必要としているものが提示されると信頼しましょう。もし退行催眠によって、カタルシスの体験が湧き起こってきたら、自分の中で統合していく時間を取りましょう。涙が溢れたら、そのような感情が表現されるままに任せましょう。セッションのあとは、書き記したり、あるいは体験について振り返ったりするための時間を取りましょう。また、お風呂に入ったり、飲み物を飲んだりするのもよいでしょう。直感の声を聴き、自分自身をいたわりましょう。退行催眠と、これから紹介する次のステップのプロセスを同日に行ってもいいですし、別の日に設定しても構いません。どちらにしても、あなた自身の内なるガイダンスに従ってください。

次に、この大事なプロセスを継続するための環境づくりをします。キャンドルに火を灯したり、お香を焚いたり、優しい音楽をかけたり、もしくはお気に入りのクリスタルを手に握るのもよいでしょう。心地よく、平和な気持ちで座れる場所に座りましょう。そして、少なくとも20分間の時間をかけます。この章で紹介した二つの祈り――ゆるしのマントラとタバーシのゆるしの祈り――を用います。このプロセスのすべてを丁寧に味わい、体験できるようにじっくりと時間をかけましょう。

はじめに目を閉じて、大いなる源の無条件の愛が、力強くあなたの頭のてっぺんから注がれていく様子をイメージします。それは、古い物語にしがみついていなければならないと思い込んでいる、あなたの心や思考パターンを洗い流してくれます。この神なる愛があなたの全身を巡り、身体の細胞に蓄積された記憶を解放する一方で、あなたのエネルギー・フィールドを浄化していく感覚を感じてください。そして、この大いなる源の愛が、あなたの心を包み込んでいる様子をイメージします。愛が心にどんどん浸透していく感覚を味わってください。そして、心が癒されていくのを感じてください。声に出して、「わたしは自分をゆるします。わたしは□□□をゆるします」と言います。□の部分に自分の名前を入れましょう。専心して唱えます。自分自身を本当にゆるすことができたと、心の底から深いレベルで感じ取ることができるまで、あと数回くり返してもよいでしょう。

それから、あなたがゆるしたいと思っている相手が目の前に立っている様子を思い浮かべます。あなたの心から神なる光と愛が力強く発せられて、相手につながっていく感覚を感じます。つながりを閉じるにあたって、相手に伝えたいことがあれば、それを伝えます。あなたの慈悲の想いを声に出して伝えましょう。あなたが人生の中で成長し、今の場所にいることを、そして、どれほど自分が強い存在であるかを教えてくれたことに対し、相手に感謝の気持ちを伝えましょう。そして、息を深く吸い込んで、声に出して言います。

あなたをゆるします。あなたを解放します。あなたを手放します。

すべての言葉に意図を込めます。もし必要であれば、数回くり返しましょう。

次に、その人物が光の中に吸い込まれていく様子をイメージします――光の中へと消えていきます。深く息を吸って、あなたの中に大きな空間と明晰さが生まれていることを感じ取ってください。

このプロセスを完了するために、タバーシのゆるしの祈りをゆっくりと声に出して唱えます。すべての言葉を、意味を込めて唱えてください。唱え終えたら、深呼吸をして、すべてがなされることを知りましょう。これがあなたの新たな存在の有りようです――より自由で、明晰な有りようです。

ゆるしとは、自由です

本章を書いているときに、わたしはマリアという名前の女性のセッションを行いました。マリアは、自分がソウル・グループに囲まれている姿を見て、これまでの人生ではじめて、自分が一人ではないことを深く実感することができました。自分がどれほど深く愛されているかを知り、マリアの頬に涙が伝いました。マリアのソウル・グループは、彼女の人生の唯一の使命は、ただ自分自身でいることと、周囲の人たちに愛を送ることだと伝えました。残念なことに、マリアが自分自身をゆるすことができなかったことが、彼女自身の光を輝かせることを阻害し、体重を落とすことも妨害していました。マリアのソウル・グループは、マリアが自分をゆるすことがいかに重要なのかについて、大いに強調していました。

彼女のソウル・グループはこう言いました。「あなたは、ゆるす方法を知っています。ゆるすことで、自分の内面の光を解き放つことができるのです。けれども、『過去の過ち』に捕われることによって、自分の創造力をブロックしてしまうのです。自分自身の能力や知識をブロックしてしまうのです。ゆるすことを通して、すべての人のために自分自身の光を放つことができます」。

「一度ゆるすことができれば、あらゆる障壁とブロックが取り除かれます。ゆるしはあなたの波動を変えるのです。そして高い波動は、可能性と空間を開いていきます。怒りと憎しみは、灰色の重たいエネルギーです。ゆるすことで、解放することができます。浄化できます。あなたがゆるすと、エネルギーが変わり、輝き出すのです。人との関係も変わります。先に進むために自由になれるのです。もはや、人や環境に執着することがなくなります。誰かをゆるせないでいるときは、自分の周りに鎖のように、彼ら／彼女らを引きずっているのです。けれども、ゆるすことができると、新たな空間と可能性が開かれていきます。というのも、まるで風船をつけて飛んでいるように、解き放たれるからです——あたかも、映画『カールじいさんの空飛ぶ家』のようです（追記：自分の家に数千もの風船をつけて、飛行船のように空を旅したおじいさんのアニメ映画です）。

　はじめに登場するリサとのセッションも、ゆるしがいかに重要であるかについて、わたしの理解を深めてくれるものでした。ケリーとして生きたリサの体験は、ゆるすことはわたしたちのできる、もっとも重要なスピリチュアルな行為の一つであることを伝えてくれました。ゆるしを躊躇することは、**すべてなるもの**と一つになり、魂が成長し、上昇していくことから、わたしたちを阻害します。ゆるしとは、一体性へとつながる道を浄化していくツールなのです。それは、深い平和の境地をもたらし、わたしたちの創造性を解放します。ひいては、わたしたちの人生を最大限の可能性に開いていくのです。

　わたしたちが怒りや非難、憎しみから解放されたときに訪れる新たな可能性とは、時間と遊ぶ機会を得ることです。存在とは、同時並行的であるという知識は、人生にはどんな可能性があるのかについて、非常に興味深いことを暗示しています。これらのトピックについて、次章で探究してみたいと思います。これらの情報は、あなたの意識の扉を新たな領域へと開いてくれるでしょう——あたかも驚きと不思議の世界の中に自分がいて、まったく新しい方法であらゆるものとかかわっていくかのようです。

第7章

時間と遊ぶ

わたしたちは、人生で起こってくる出来事の連続を、直線的な時間軸で捉えています。昨日の出来事、一ヶ月前の出来事、あるいは、一年前の出来事を「過去」として認識します。そして、休日の計画やある特定の約束のスケジュールを「未来」に設定します。これは、すべて頭の中のロジックに過ぎません。でも、時間というものは、過去から未来に進んでいくというのは、周知のことではないでしょうか？　すべての人類が合意できる数少ないことの一つと言えましょう。では、誰もが時間は漸進的に進んでいると信じていて、それが議論の余地がない事実として受け入れられているならば、一方で時間が同時並行的だとどうして信じられるでしょうか？

物理学者たちは、現在、過去、未来は同じ瞬間であると述べています。アルバート・アインシュタインは存在の同時並行性を支持し、一つの瞬間から次の瞬間へとわたしたちが経験する分離を否定しています。親友のミシェル・ベッソが亡くなったときに、彼はベッソの家族にこのような手紙を送りました。「わたしより少しだけ早く、彼はこの奇妙な世界をあとにしました。そのことに意味はありません。わたしたちのような物理をやっている人間は、現在、過去、未来という区別は、ひどく頑固な幻想に過ぎないということを知っています」、と。

アインシュタインの言葉は、過去の出来事は過ぎ去り、永遠にエーテルの彼方に失われてしまうのではなく、今の瞬間に存在し、起こっているのだということをわたしたちに伝え、励ましてくれます。また同様に、すべての未来の出来事も、すでにここにあるのです。わたしたちが体験している客観的な時間の流れとは、ただの幻想に過ぎません。大いなる源は、時間を経験していません。一方で、地球次元にいるわたしたちにとっては、時間は、非常に構造化された厳格なものとして体験されます。この二つの狭間で、わたしたちはどのように折り合いをつければ良いのでしょうか？

時間は存在しているのか、存在していないのかについて問う必要はありません。地球の見地からすれば、時間は唯一絶対的に見えますが、本来、時間とは包含的な性質を持っています。つまり、時間とは直線的でありながら、同時並行的なのです。時間とは、時間内にも時間外にも存在しています。さらに言うならば、その二つの狭間に存在しているのです——あなたの捉え方によって、いくらでも容相を変える時間です。あなたがどのように出来事を捉えるのかが、その時間の知覚を決定づけるのです。

時間とは、わたしたちの集合意識の合意の上に作り上げた構造です——地球で繰り広げられるゲームのルールの一つです。時間は、創造のためのツールとなります。なぜならば、わたしたちの遊び場の境界線を決める助けとなるからです。わたしたちは、同時に、それぞれの意識の中で時間をつくり出しています。そうすることによって、時間についての集合的な合意を強化しているのです。一方で、わたしたちの誰もが、時折、時間から外れるように感じることがあります。そして、「楽しいときは、時間が飛ぶように過ぎてしまう（時間が経つのが早い）」と言います。このような経験は、時間とはわたしたちが意識に課すフィルターであることを証明しています。

子どもと遊んでいるときや、面白い本を読んでいるとき、友人との話に花を咲かせているときは、時間という枠組みがなくなってしまったかのように感じます。そうした瞬間は、わたしたちは完全に今に生きているのであり、その瞬間の喜びと充実感に全神経を集中させているのです。自分が心から楽しんでいることに集中しているので、ほとんど、いえ、まったく時間をつくり出していません。そして、その活動を終了した瞬間に、時計を見て「ねぇ、今何時だと思う!?」と驚くのです。そう言った途端に、わたしたちは素早く時間という集合的な概念に引き戻されてしまいますが。

時間と創造

時間は厳格で制限的ではありますが、素晴らしい役割も果たしているのです。時間のおかげで、わたしたちは創造のプロセスを味わうことができます。あなたが何かを願ったときに、それが実現されるまでに、時間がかかった数々の例を思い浮かべてみてください。それがどれほどわたしたちをいら立たせ、落胆させたことでしょう！　もちろん、あらゆる夢や希望が瞬時に叶えられれば、これほど喜ばしいことはありませんね。

時間のない存在の次元では、創造は瞬時に起こります。あなたの魂は、数々の世界を瞬時につくり出したのだということを、わたしは保証したいと思います。生と生の間の、わたしたちが霊的な形態でいる次元では、何かを思い浮かべるだけで、すぐに手に入れることができました。けれどもこの地球次元では、瞬間的に創造できるのは、本物のマスターに限られるでしょう。ヴィジョンや欲求、導き、行動の断片を、一つの創造へと明け渡すことができるには、熟練したマスター級の技が必要です。これからわたしが話すことの重要性について、考察してみることをおすすめします。あなたは、非常に制限の多い場所に生まれ変わることを選択しました――時間と空間が絶対であるかのような世界です。また、あからさまに悪（ネガティブさ）の潜在性が満ちている世界でもあります。でも、あなたは自分の強さと能力を知っているのでここへ来たのです。あなたは、愛の力を通して、あらゆる制限をくぐり抜けて道を見つけることができる、本物の錬金術者《アルケミスト》です。自分自身の功績を認めましょう。あなたが今どんな状況にいようと、あなたは本当に良くやっているのです。

自分自身が本来どれほどパワフルなのか本当の意味で気づくことができれば、創造のプロセスは実に楽しい冒険になります。時間と空間は、大切にすべき贈り物なのです。願望と実現の間にある時間と空間の中で、あなた自身が夢になるのです。あなた自身が夢に描いた現実になるのです。あなた自身が、生活のあらゆる場面を通して、あなたの願望と合致する波動になるのです。あらゆる出来事や人々との出会いや交流を通じて、あなたは常に自分が何を好み、何を実現化したいと思っているのかを明確にしています。あなたはもっと自分自身に近づき、それこそがあなたの存在理由なのです。

あなたの魂の次元では、現在、過去、未来はすべて、永遠の今に融合されています。その次元において意識は、同一の瞬間に、自らのあらゆる創造を、それぞれの異なる見地から体験しているのです。あなたの魂は時間と空間に縛られていません。時間と空間は、それらをつくり出した意識の中だけに存在しているのです。

あなたは、地球の今という特定の時代を選んで生まれ変わってきました。なぜならば、地球は非常に興味深い変化のときを迎えているからです。人類は、形而上学的な概念に関心を持ち、自らの意識を探究することを通して、目覚めようとしています。わたしたちはもはや、夜に瞬く蛍の光のように、稀に輝く光に手を伸ばそうとしているのではありません。何千何百万の人々がオープンにスピリチュアリティー（霊性）について語り、探究しているのです。わたしたちの集合意識は、まさに革新的な変化を遂げようとしているのです。わたしたちは、豊かな創造のプロセスに参加し、促進するために、今この時代の地球に生まれ落ちて来たのです。

時間や空間に関するニュートン学説的な理解――時間と空間は、客観的現実の独立した様相である――は、何世紀にも渡って、分離の概念を強化することに貢献してきました。でも、これはもはや別の時代の話しです。この地球において、わたしたちは一つだという集合意識から全体が動くという、より大きな調和や愛、幸福という現実に移行しようとしています。わたしたちは、古い制限ある考えから一歩踏み出して、より拡大しようとしているのです。そして、意図的に大いなる源を探究し、そのつながりを深め、育もうとしているのです。ですから、わたしたちは自分自身に対し、地球で生きるという体験に、新たな解釈を与えることが大切です――そうすることによって、もっと楽に分離という頭の中の境界線を消し去ることができるからです。わたしたちが、万物との一体性《ワンネス》につながることができれば、自然と時間の厳格さはゆるんでいきます。時間は粘土のようになるのです――引き伸したり、まるめたり、型にはめたりして遊ぶことができます。時間で遊ぶことによって、わたしたちは、本来のパワフルな創造主としての自分自身を発見するでしょう。

考え方のシフト

人間としての冒険において、今日まで、時間が分離のゲームのルールでした。時間は、**すべてなるもの**からの分離の体験を強めるのに一役買いました。わたしたちの意識に直線的な認識のフィルターを課すことによって、大いなる源の瞬間的かつ同時並行的な性質から、自分自身を切り離してしまいました。現実を創造するためのこの分離を基盤にしたアプローチは、間違った方法ではありませんでした。つまり、自分自身に時間を課すことによって、大いなる源がそれ自体を知ることに大きく貢献したと言えるでしょう。けれども、万物がそうであるように、わたしたちの見方や考え方が変わったことによって、進化が訪れたのです。

わたしたちは自分自身の内面に、強いあこがれがあることを発見しました――成長や拡大、つながりに対するあこがれです。わたしたちは自分が無条件に愛され、支えられているということを体験したいのです。わたしたちは、あたかも生まれて初めてその存在を知ったかのように、大いなる源に帰還することに強く惹き付けられています。この肉体を持ったままそれを実現するためには、従来の時間や空間に関する思考パターンを手放さなければなりません。時間は付与されたものではありません。時間を本来そうであるように、ツールとして認識しましょう。あなたの意識の中で作り上げられたということを認識しましょう。そのことを認識していれば、あなたは時間のマスターになることができます。時間に対してあなたが持っている信念を、すべて洗い出してみましょう。そして、四角四面に定義された「時間」のエッジを、なめらかにしていきましょう。

このシンプルでありながらも、深遠な考え方のシフトは、大きな違いを生み出します。時間と遊ぶことができると知ることは、あなたを力づけ、自らが創造主であるということに気づかせてくれます。あなたがこの新たな時間の定義を受け入れることができれば、人生は魔法のようになります。何が可能かということの境界線が広がるのです。そうすると、あなたは**すべてなるもの**の一体性と同時並行的に存在するすべてを体験しはじめるでしょう。

＊

まったく無関連の出来事が、完璧なタイミングで一致する瞬間に立ち会うと、とてもわくわくして素晴らしい気分になります。シンクロニシティー（偶然の一致）は、宇宙のホログラフィックな性質を表現しています――万物は、同じ一つのものであり、**すべてなるもの**の異なる側面によって、それぞれ違った視点から体験されたものだということです。シンクロニシティーは、万物が同じ瞬間に存在し、成長し、顕現していることをわたしたちに知らせるリマインダーでもあります。そして、わたしたちが今の瞬間に生きていればいるほど、より多くシンクロニシティーを体験するでしょう。

最近、わたしは友人たちと会うためにニューヨークからサンディエーゴまで飛びました。わたしが朝方に到着するときに、友人はロサンゼルスから車で向かっている予定でした。彼らが何時に到着するのかまったくわかりませんでした。お互いホテルに着いたときに会おうということだけ、話していたのです。飛行機がゲートに着いたときに、今飛行機が着陸したことと、彼らが到着しているのかどうかを聞くメールを送りました。10分後、まさに空港の出口に向かっているときに、わたしの携帯電話が鳴りました。

「あなたに電話しようと思って、携帯に手を伸ばしたら、あなたからのメールが入っていたのよ」と友人が言いました。「もう、タクシーに乗ったの?」。

「いいえ」とわたしは答えました。「これから乗ろうとしていたところよ」。

「嘘みたいな話だけど、今わたしたちは空港から数分離れたところを通りかかっているのよ。このままあなたをピックアップするために寄るわね」。


こうしたシンクロニシティーは、わたしの人生に太鼓判が押されたように感じさせてくれます。きっとあなたにも、幾度となく、自ずと人生のピースがはまっていくような心躍る体験があるはずです。宇宙の秀逸なオーガナイズ力を考えると、驚きを禁じ得ません。この小さな例を一つ取っても、たくさんのパーツが一つに結集しなければなし得ないことです。つまり、友人が寸分狂わずのタイミングでロサンゼルスを出発したり、ハイウェイの道路状況が完璧だったり、ニューヨーク発のわたしのフライトが定刻通りに出発したり、わたしがタクシーをつかまえる前に、友人がわたしに電話を入れたりといったことです。わたしがこれらの偶然の出来事の重なりを計画したとしたら、これほどうまくできたかどうかは疑わしいです。この小さな出来事を実現させるためには、どれほどの卓越した構成が必要だったでしょう!

わたしたちの人生のすべての瞬間は、これと同じように素晴らしく巧みに編成されているのです。万物が今この瞬間に、あなたをサポートし、あなたがあなたであることを強化するために存在しています。全宇宙は、あなたがまさに必要とする瞬間に、欲しいものを与えられるように計画しているのです。あなたに求められているのは、そのことを信頼し、注意を払うことです。あなたが必要とするものは、完璧なタイミングで揃えられるということを信頼しましょう。また、あなたの前に情報——助けと答え——が提示されたときにそれと気づけるように、自分の直感に耳を傾け、アンテナを張り巡らせていましょう。

完璧なタイミング

時間と遊ぶ方法の一つとしてあげられるのは、時計を基盤にした「時間」から「タイミング」という概念に焦点をうつすということです。そのためにはまず、ある出来事は特定の時間にはじまるという信念から、問い直す必要があります。大局的な見地から見れば、あなたの期待に沿っているかにかかわらず、あらゆる出来事や現象は、完璧なタイミングで起こっているのです。

「時間に間に合う」ということが、これまでのわたしにとっては、非常に大きな意味をもっていました。実際に、時間に正確な自分にほこりを持っていました。わたしは時間に正確であることが、自分がまじめで信頼の置ける人物だと示すことになると思っていました。また、ミーティングに遅れずに行くことが、相手への敬意を表すとも思っていました。言うまでもなく、約束の時間に誰かが遅れて来たら、イライラしたものです。その当時は、いつも時計を身につけていました。実際に、数種類持っていました。カジュアルなものからお洒落なものまで、装飾品のように付けていました。

でも、何かが起こったのです。それが何であったのかはっきりとはわからないのですが、突然わたしは正反対の人物になってしまったのです。わたしは、自分が嫌っていたタイプの人間になってしまったのです！ わたしはあらゆるミーティングや集まりに遅刻するようになりました。そして、時計をすることもなくなりました（それに、あんなに大事にしていた時計の数々がどこへ消えてしまったのかもわかりません）。ありがたいことに、家族や友人と会う度に、わたしは仕事のせいで遅れてしまったという便利な（かつ真実の）弁明ができたのです。これまで一度も遅刻したと言って怒られたことはなかったにもかかわらず、わたしはほとんど永久的と言っていいほどの不安に脅かされて生きていたのです。わたしはいつも急いでいて、誰かを待たせてしまうことに罪悪感を抱いていました。

時間に遅れないようにすること自体が、不安と厳格さを生み出していました。わたしは時間のことで頭がいっぱいだったので、あらゆる瞬間にある喜びを十分に味わうことができずにいました。一方で、時間に間に合わないことでストレスが溜まることも、同様に望ましいことではありませんでした。第三の方法があるはずだと、わたしは思いました――すべてのミーティングに間に合うのと同時に、あらゆる瞬間の喜びに浸ることができるという方法です。

ハイアーセルフに助けを求めるや否や、わたしの時間に関する理解が拡大しはじめました。時間とは、外側にあって、自分自身をはめ込まなければならないものではないということがわかったのです。わたしこそが、意識の中で時間をつくり出している張本人なのです。したがって、わたしに操作する力があるということです。わたしの創造する時間は、他の人たちの創造する時間と自然にシンクロしているので、自分自身の中に頼りにできる内なる時計があることに気づきました。わたしの中に時間のメカニズムが組み込まれているので、これまでとは異なる方法で指揮すればよいということです。

わたしは、自分が完璧なタイミングを持っているという意図を設定しました。そして、時間からは離脱して、タイミングに身を投じることを選択しました。自分のためにマントラも作りました。

わたしのタイミングは、常に完璧である。わたしのタイミングは、常に正しい。

わたしは自分自身のために、このアファーメーションをくり返しました。わたしがこの真実を肯定することによって、世界はわたしの見るところすべてに、その正当性を裏付ける証しを示してくれました。

今、わたしはあらゆる瞬間を十全に味わっています。たとえ、ミーティングに遅刻したときでさえも、わたしのタイミングは完璧に働いています。というのも、しばしば他の人たちも遅れるからです！　最近の午後も、それを物語る出来事が起こりました。わたしは、わくわくしながらも若干の不安な想いも含んだ重要なミーティングを控えていました。わたしが約束に割くことができる時間は1時間だけだったので、その場所に行くまでに一刻たりとも無駄にする時間は残されていませんでした。ところが、心地の良い自分のペースに浸りきっていたわたしは、ゆっくりと準備を整えていました。家を出るときに携帯電話の時間を見て、わたしはびっくり仰天しました。どう考えても、30分は遅刻するのは間違いなかったからです。わたしは気が狂ったように、地下鉄に向かう自分の足取りを速めました。すると、1秒後に携帯電話が鳴りました。相手はこれから会う人でした。彼は、時間に間に合わず、恐らく30分くらい遅れてしまうだろう、と言いました。電話を切ってから、わたしはペースを落としました。ほっとしながらも、ちょっとおどけた調子で自分に言い聞かせました。「だから言ったでしょ、ミラ！　わたしのタイミングは、常に完璧、わたしのタイミングは、常に正しいってね」。

その次の日に、時間という概念をめぐって、わたしはもう一度魔法を体験する機会に恵まれました。わたしはまた別のミーティングに向かっていて、間違いなく遅れるところでした。ミーティングは9時からはじまる予定でしたが、どんなに早く着いても9時15分がせいぜいでした。このミーティングもとても大事なものでしたので、何とか間に合いたいと思いました。自宅の建物をあとにして地下鉄に向かっていたときに、わたし自身が現実を創造しているのだということを思い起こしました。そして、わたしは時間を圧縮することも可能であり、ミーティングの場所にたどり着くまで通常かかる時間を減らすことができると自分自身に言い聞かせました。従来通りであれば、15分遅れで到着するはずのところを、15分早く到着したいという意図を持ちました。それは、物理的には存在しない30分を余分に調達しなければならないことを意味していました。わたしはシンプルかつ明確に、8時45分に到着しなさいと自分自身に指令を出しました。そして、断続的に独立している「今」の瞬間の間に、何の因果関係も連続性もないことを思い起こしました。

目的地に向かっている最中に、あえて自分自身を取り囲む時計に目をやりませんでした。そうすることで、自分の計画がうまくいっているのか確かめる必要もなくなりますし、それにまつわる疑念に捕われることもありません。けれども、目的地について携帯電話を見てみると、ぴったり「8時45分」という表示が目に飛び込んできました。わたしは、その瞬間に、甘美な勝利と達成感にしばし酔いしれました。

エクササイズ　内なる時計に合わせる

このエクササイズは、本書で紹介している他のエクササイズと違います。ここに提示するプロセスを経てもらうよりも、あなた自身のユニークな体験を味わってもらうというものです。あなたにステップを提供するよりも、あなた自身の直感や内なるガイダンスに参与してもらいたいと思っています。

まず、あなたは人生のどの分野において、タイミングの感覚を向上させたいと思っているでしょうか？それから、その部分にあの短いマントラを唱えます。**わたしのタイミングは、常に完璧である。わたしのタイミングは、常に正しい。**何度もくり返します。自分が時間を操作できるという体験をするためには、自分自身を信じなければなりません。一度自分に完璧なタイミングを持つように指令を出したら、そうなるのです。それから、どのようにこの新たなタイミングの信念が、あなたの人生を動かしていくのかを観察します。きっとすぐさま、あなたが時間に正確であり、自分が必要とする時間をすべて持っているということを証明してくれるでしょう。

本章で紹介したエピソードのように、どこかに行くときに、時間の操作の実験をすることをおすすめします。手軽に取り組めます。

また、時計をはずすことをおすすめしたいと思います。時計に非常に執着心があり、それをはずすことが正気の沙汰ではないように感じられる人は、まずは一日を時計なしですますことからはじめましょう。それは、自分の中に内なる時計があることに気がつかせてくれ、そこに信頼をおくことに道を開いてくれるでしょう。今何時であるのか、常に知っておく必要はないのです。あなたの携帯電話が教えてくれるでしょうし、仮に使えなかったとしても、時間を聞けば世の中には親切に教えてくれる人たちがたくさんいます。腕の周りに時計がないという経験は、自由を味わわせてくれます。厳格さの拘束からあなたを解放し、ナチュラルな自分が直感とともに動き出します――時間を超えた大いなる源のエネルギーとともに、楽に流れられるようになります。

わたしたちの体験にはすべて時間が付随してくるので、何かを達成しようと思ったときに、自分に中に完璧なタイミングが備わっているという考え方を活用してみてください。お気に入りのコーヒショップに立ち寄っても、列に並ばずに買えるとか、感謝祭の七面鳥を、タイマーを使わずに焼けるとか、そんな簡単なことでいいのです。もしくは、利益を最大限に享受できるベストのタイミングで、株を売買することにも応用できるでしょう。新製品を発売するとか、家業を売りに出すといった重要な決断を下す際にも、完璧なタイミングを意識するとうまくいくでしょう。

時間を操作するというゲームを、子どものような遊び心と好奇心を持って行いましょう。パワフルな創造主である自分自身を知るための、非常に興味深い方法と言えるでしょう。

「今」この瞬間のパワー

現在、過去、未来という区別は、ひどく頑固な幻想に過ぎないという、アインシュタインの言葉が正しいとするならば、どうしてわたしたちの感性は、それを察知できないのでしょうか？　その答えは、どのようにわたしたちがこの世界と折り合うために育てられてきたかに関係しています。わたしたちは、幼児の頃より因果関係の中で物事を考えるように条件づけられてきました。もしあなたが、世界の探索をはじめたばかりの子どもと数分でも過ごせば、「ダメ！　そんなことをしたら……」とくり返し注意する親の言葉を聞くことになるでしょう。因果関係はつねに明確です。**もし○○をすれば、△△が起こるだろう**、というものです。わたしたちは、原因と結果の思考の枠組みを植え付けられてきました。ですから、言葉を習い、世界に存在しはじめた瞬間から、すべての情報を直線的に認識するように訓練されてきたのです。そして、ある出来事から次の出来事へと移り変わる様子を観察しました。成長するにつれて、ますます原因と結果の信念を強め、世界により深く関与するようになります。そして、「かつて」が「今」をつくることが、当然のこととして考えられるようになるのです。

けれども、成人した今では、どのように世の中を認識するのかは、自分で決めることができると知りました。わたしは、因果律の鎖をゆるめることを提案しているのです。これから述べることを考えてみてください。過去は、現在をつくり出していません。**現在が、過去と未来とつくり出しているのです。**

現在が、わたしたちが顕現する（実現化する）力を持つ、唯一の瞬間なのです。セス〔訳注：『セスは語る』（ナチュラルスピリット）で登場する意識体。著者ジェーン・ロバーツによってチャネリングされた〕が言うように、「現在こそが、力点（力を行使できる瞬間）なのです」。わたしたちは、変えることができない不幸な過去の出来事に、ただ翻弄されるだけの存在ではありません。すべての瞬間の間に、連続性はありません。過去のあらゆる瞬間も、未来のあらゆる瞬間も、同時並行的に「今」に存在しているのです。過去をふり返るときに、あなたの――信念通りに動いている――頭が、筋書き通りの結末を立証できるように、辻褄の合う出来事だけを選別しているのです。そのときの気分によって、あなたの人生の物語のニューアンスや詳細、レッスンは変化します。ある出来事に対する異なる解釈のすべてが、異なる現実を持っているのです。

あなたの過去の物語で、固定されたものは一つもありません。あなたの現在の解釈しだいで、いくらでも過去は書き換えられるのです。わたしたちは、記憶は移ろいやすく、消えていくと言います。わたしたちが認識していないのは、現在の思考としてのすべての記憶は、**ある可能な過去**の解釈に過ぎないということです。同様に、現在の思考は、わたしたちがこれから体験する**可能な未来**への道を、いくらでも変えてくれるのです。

けれども、過去の結果として現在があるのではないということが、どうしてあり得るでしょうか？　だって、熱いストーブの上に手を置いてしまえば、やけどしてしまうというのは誰もが知っていることなのですから。そうですよね？　でも、正確に言えば、わたしたちがストーブの上に手を置いた経験をするのは「今」の瞬間です。次の「今」に何を体験するのかは、わたしたちの条件付けしだい、というわけです。熱いストーブの上に手を置いたという現実のあとには、二つの異なる現実があります。一つ目の現実とは、手に火傷をするというものです。二つ目は、火傷をしないという現実です。どんな未来を体験するかということを、瞬間的に決めるのは、わたしたちの――その瞬間にある――信念や思考、感情なのです。わたしたちはいずれの選択もできますが、すべては無意識で行っています。ほとんど瞬間的といってもよいでしょう。

わたしたちは、選択の瞬間に、自分のすでに持っている信念や予想ともっとも近い現実に引き寄せられます。けれども、全体的な考え方を変え、まったく異なる人生の可能性について考えられれば、現実は変わっていくのです。次の機会に、別の可能性を提示されたときに、自然と新たな現実へと踏み出すことができます――新たな信念や予想に沿った現実です。

熱いストーブの例は、異なる現実をめぐる、無意識的な選択について示したものです。ここからは、日常でどのように意識的に選択をしながら、現実を作っていくのかについて議論したいと思います。ここにおいて、出来事の間に因果関係を前提としている、わたしたちの信念を壊す訓練を行うことができます。

出来事の原因と結果が、同じ瞬間に存在しているのですから、いずれからでも現実創造をはじめることができます。原因からはじめるとすれば、(あなたにとって望ましい)特定の結果に導いてくれると思えばよいのです。たとえば、一生懸命に働けば、努力が認められて昇進し、あなたの望むような収入が得られる、というものです。あるいは、結果からはじめ、その結果を強化するような動機づけを引き寄せればよいのです。たとえば、人々は、なりたい職業に就くとか、夢に見たパートナーと出会うなど、人生に変化が訪れれば、自分は幸せになれると言います。けれども、それが実現したところに立って、たった今自分が幸せであることの喜びを細胞の一つ一つから感じることができれば、あなたの望む現実はずっと早く実現します。

あなたが今の時点で想像し得る最高の自分になるために、誰かから許可を得る必要はありません――また、特定の過去を経る必要もありません。因果律の必要性を打破できれば、なりたい自分（結果）の波動にたった今、なることができます――そこに至るまでの段階はいりません。（出来事が）起こることと、なることは、隣同士に、同時に存在しています。今の瞬間こそが、あなたが真に力を行使できる瞬間であることを、常日頃思い出してください。このことが分かれば――真に理解することができれば――、あなたにとって最善の未来を非常にパワフルに、宣言することでしょう。あなたは素早く現実から現実の間をシフトし、「なること」に向けて意識的に自分自身に指令を出すでしょう。

＊

決められた未来というものがないのだとしたら、サイキック（霊能者）はどうやって予測をするのでしょう？　その答えは、今の瞬間にあります。すべての空間や場所のように、すべての時間も今の瞬間に存在しています。ですから、サイキックが感知しているのは、今の瞬間です。あらゆる問いや夢、問題の背景にあるのは、長年蓄積されてきた一連の信念や希望、行動などです。そのエネルギーをとらえて、サイキックはどんな現実が可能かあなたに伝えることができるのです。

ほとんどの人は、決まりきったたった一つの未来があると思い込んで、サイキックの元へ相談に行きます。けれども、実際には、どんなエネルギーが蓄積されてきたのかによって、さまざまな未来が起こり得るわけです。わたしたち人間は、習慣の創造物です。したがって、自分自身が意識的な選択を行い、新しい方向に歩いていかなければ、従来の自分が向かっている方向に行き着いてしまうでしょう。時として、サイキックに相談し、自分の望まない方向に向かっていることを知ることによって、潜在的に自分自身を新たな方向へと導くこともあります。たった一つの選択が、以前なら縁遠く、不可能な現実へと、大きく可能性の扉を開くことがあります。

サイキックに会うときは、可能性の探究という視点で話してみてください。サイキックは、あなたの課題や波動を察知できる人だと見ることができれば、あなた自身のパワーを保持することができます。その立ち位置にいれば、サイキックが正しいか間違っているか、やきもきしながら結果を気にする必要がなくなります。あなたが誰かの助言を聞くとしても、どんな人生を思い描いているのかについて、自分自身で決めなければならないということを理解してください。

忍耐についての新たな見方

わたしたちは、これまでどれだけ「がまんしなさい、忍耐強くありなさい」と言われてきたでしょうか？「忍耐は美徳」という言葉を、何度聞かされてきたでしょうか？自分の欲しいものが手に入らないときに、しばしばそのような感傷を耳にしました。

物事が上手く運ばなかったり、失意のときに、忍耐強くあることは、立派な人格で尊敬に値することだと信じ込んできました。いら立ちや怒りといったネガティブな感情を表現しないことを、奨励されてきました。そして、苦しい時期を、少しでも早く物事が好転するように、ただ願い、祈るしかありませんでした。その間、少しでもイライラしようものなら、自分の短気さ、こらえ性のなさを嘆き、二重に苦しみました。忍耐にまつわる信念は、あまりにも多くの不必要な苦痛や苦悩を生み出しました！

わたしはここに、新たな見方を提示したいと思います——自らを裁いたり、批判したりするものではなく、解放してくれる考え方です。わたしはあなたに忍耐強くあることをやめ、代わりに、今の瞬間に生きることをおすすめしたいと思います。あなたが本当に今の瞬間に立っていれば、すべての物事があるべくしてあるということを信頼できます。それは、あなたがよりよい未来を夢見ることをあきらめることではありません。むしろ、物事があるべくしてあることに対して、抵抗せずに（腹を立てずに）そのままにする、ということです。あらゆる状況は、あなたのために用意されているということをあなたは知っています。あなたはパワフルな創造主なので、この地球上の時間の中で、偶然に組み立てられるものなど一つもありません。自分を成長させ、理解を深めるために、あらゆる状況や、嫌な出来事さえ、自分自身に引き寄せているのです。自分の置かれている状況と調和を保つために、このような考え方を身につけましょう。著書“Change Your Future Through Time Openings（未邦訳）”の中で、ルシールとジャン・ピエール・ガーナーマレットは「渡り鳥は、よく生きることは、今を楽しむことだと知っているのと同時に、別の大陸でよりよい未来があることを予期している」と述べています。

「では、わたしが望む変化はどうなるのか？」とあなたは疑問に思うかもしれません。物事は変化します。必ず変化するのです。ギリシャの哲学者、ヘラクレイトスが言うように、「変化こそが唯一の不変」なのです。わたしはこの引用が大好きです。なぜならば、人生において、「変わること」を除いて、永続するものなど一つもないということを伝えてくれるからです。物事が変化して良くなるのか悪くなるのかはあなたしだいです。あなたがある出来事をどう解釈するかによって、ポジティブにもネガティブにも色付けできるからです。すべての現象は移り変わるということは保証されているので、あなたが唯一できることは、新しい状況にどのような評価を与えるのか選択することです――つまり「良い」とラベリングするか「悪い」とラベリングするかです。けれども、すべてはわたしたちの利益のためという理由以外はないと信頼する立ち位置に戻れれば、選択するのは簡単です。

　すべてはあるべくしてあるということと、変化することは変えられないということを理解すれば、わたしたちに残されているのは、今の瞬間だけということがわかります。だとすれば、最大限生かすことができるような選択をしましょう。あなたの人生は生きる価値が十分にありますし、楽しいものです――たとえ、理想的な状況とは言えないときであっても。物事が変化するために、どれくらいの時間がかかり、今後もかかるのかということにフォーカスすると、あなたは時間の経過に敏感になってしまいます。そのような見方をすると、時間がエンドレスにだらだら続いているような印象を持つので、より長い時間感覚を創出してしまいます。でも、その瞬間に飛び込み、楽しもうと決めれば、同じような長引く時間感覚を味わわずに済むでしょう。前述したように、何かを変えたいとそのことばかりを考え、どうしてこんなに時間がかかるのかと自問をくり返していては、ますますのろのろとした時間を体験することになります。それが、「短気、こらえ性のなさ」という課題を生み出す、永遠に続くような耐え難い時間の正体です。電子レンジの前に立ち、料理が温まるのを待つ最後の数秒のことを思い起こしてみてください。最後の数秒が一番長く感じるものです！　まるで永遠の時を刻んでいるようです。

シンプルに今を生きることを通して、忍耐にまつわるさまざまな課題を脇に置きましょう。あなたが本当に今を十全に生きていて、すべてに目覚め、自覚的であれば、どれほど生きるに値する素晴らしい人生を生きているかがわかるはずです――それは息をのむほどです。些細な枝葉の部分の問題など取るに足りません。どんな瞬間であっても、あなたに最も喜びをもたらすことを行いましょう。そうすれば、間違いなく、時間は加速的に過ぎていきます。結果として、変化も早く訪れるでしょう。

わたしがはじめて、意図的に楽しいことに目を向け、時間の加速を経験したのは、タクシーを待っているときでした。そのときわたしは、ノースカロライナのアシュビルに日帰りの出張に出かけ、帰るところでしたが、疲れ果てていました。というのも、ニューヨークに戻るためのフライトは、途中でノースカロライナのシャーロット空港に立ち寄り、そこで大変な遅延にあってしまったからです。そのフライトは満席で、わたしは真ん中の席に座っていました。両隣に座っていた男性客は、橋の通行料が高いという不満や良いトマトについての話題ですっかり意気投合し、盛り上がってしまいました。ラガーディア空港に到着したとき——とっくに深夜を過ぎていましたが——には、どれほどわたしが帰りたかったかご想像いただけるかと思います。

けれども、わたしがタクシー乗り場に着いたときには、長蛇の列ができていました。まるで、あのフライトの乗客全員が並んだかのようでした。深夜をとっくに回っていたので、乗客を一組乗せるのにタクシーが到着するために5分から10分かかっていました。その場に立ちながら、わたしはこんなことが起こってはいけない理由について、あげ連ねていました。わたしは、この日の出張で、すでに疲労困憊でした。しかも、翌朝は早朝に起きなければなりませんでした。もう間もなく終えようとしている大きな仕事のことで、オフィスでのストレスフルな一日を控えていたのです。

列に並ぶわたしの周りの人たちは、イライラしながら落ち着きなく動き回っていました。多くは、どれだけ不快かをあからさまに表現していました。わたしは、自分がいくら不機嫌になっても、少しも家に帰る時間を早めてくれるわけではないことに気づきました。そして、違った考え方を選択することにしたのです。周囲の人たちもすべて含めて、わたしの経験の一部になっていたのです。ですから、わたしは自分自身の現実を選択することにしました。また、時間の短縮を経験するためには、意識を完全に集中できるような、対象がなければならないことを思い出しました。自分の関心を引くような本を持っていたので、それを取り出して読み始めました。そして、不快感をあらわにしている周囲と無関係であるようにふるまいました。

もうすぐ1ページ目を読み終えようとしたところで、ふと目を上げました。驚くことに、わたしの前には一人の女性しか並んでおらず、しかもその人はまさにタクシーに乗ろうと歩き出したところでした。わたしの乗るべきタクシーは、彼女のタクシーのすぐ後ろに控えています。わたしは、本当にびっくりしてしまいました。

「わたしの前に並んでいた50人もの人たちはどこへ行ってしまったの？」と自分自身に語りかけました。本を読む前は、列の先頭にたどり着くまでは、少なくとも一時間はかかるだろうと思われました。わたしは読むのが早いので、１ページを読むのにそれほど時間はかかっていないはずです。すべてが超現実的に感じました。わたしは、本来ならば一時間はかかるだろうと計算した時間の代わりに、たった数分で列がはけるという経験をつくり出しました。おそらく非常に短時間の間に、車の大群が押し寄せてきて、わたしの前の人たちを運び去ってしまったのでしょう。わたしには、この説明で十分です。この話しを参考にし、あなたの人生にも活用してほしいと願うのは、実際に時間の経験（時間感覚）は操作できるものだという認識です。

あなたが今の瞬間にフォーカスし、何かに夢中になっていれば、時間の経過をあまり意識しないという現実を創出します。そうすることで、相対的に少ない時間をつくり出すことになります。というのも、時間は絶対ではないからです。そして、あなたの望む変化は早く訪れるでしょう。生活を楽しんでいて、時間が飛ぶように過ぎていくときに、一体誰が忍耐力を必要とするでしょうか？

種は植えられている

現在、過去、未来はすべて今の瞬間に存在しているという知識の種が、あなたの意識に植えられたことを願っています。イエスもこう言われています。「神の国は次のようなものである。人が土に種を蒔いて、夜昼、寝起きしているうちに、種は芽を出して成長するが、どうしてそうなるのか、その人は知らない」（マルコによる福音書：4章26—27節）。

時間の同時性に関する理解や、それがあなたの人生に与える影響については、あなたにとって最適なスピードで進展していきます。池の中に投げ入れられた石のように、あなたの意識の中で、この新たな知識という波動が波紋のように広がっていくでしょう。この知識は最善の速度と方法で、あなたの人生のあらゆる側面に影響を与え、変えていくことでしょう。

では、次に、わたしがあなたの意識の中に植えたいと願う、別の種についても探究を続けたいと思います。それは、健康に関するわたしたちの信念を変えることによって、「ウェルネス（健康な状態）」という現実を創出する、というものです。

第8章

身体を癒す

わたしは、親愛なる友人、アニータ・ムアジャーニの臨死体験の物語を愛しています。彼女の魅力的な著書『喜びから人生を生きる――臨死体験が教えてくれたこと』（ナチュラルスピリット）の中で語られていますので、読まれることをおすすめします。アニータの本は、わたしたちに人生の方向を選択する力があるということと、その選択に応じるパラレル・リアリティー（並行現実）があるということを力強く伝えてくれています。

ホジキンリンパ腫とともに四年間生きたあと、アニータの身体は、臓器不全のために息絶えようとしていました。彼女に残されたのは、36時間だけでした。アニータは、意識が遠のいたり、戻ったりしながら、魂が肉体から離れようとしているのを感じました。この身体から離脱している状態において、彼女は自分が深遠な、無条件の愛に包まれている感覚を味わったのです。同時に、完全な明瞭さを体験しました。アニータは、自分がどうして病気を患ったのかも、家族の中でどのような役割を果たしていたのかも、そして、そもそもなぜ今の自分に生まれ変わったのかもわかりました。

そのときに、アニータは、人間の自らの人生を創造するという果てしないポテンシャルを理解したのです。彼女は、このまま非物質的な次元に進み、肉体が死んでいくままに任せるか、もう一度人生に戻り、同胞であるわたしたちに、いかに人間が素晴らしい存在であり、地球に天国を造ることも可能だということを伝えるのか、という選択を与えられました。アニータは、もし肉体に戻れば、再び病気に苦しめられるのではないかと心配しました。それに対し、彼女の生きるか死ぬかという決断が、彼女の現実を決定づける、ということが示されました。もし、アニータが生きることを選択すれば、肉体は素早く治癒します。そして、死ぬことを選択すれば、肉体は臓器不全で亡くなる、というわけです。そのときのことを、アニータは次のように描写しました。

臓器不全の検査において（まだ、検査結果は出ていませんでした）、もしわたしが生きることを選択したら、臓器が正常に機能しているという結果が示される、ということがわかりました。そして、死ぬことを選べば、死因として、ガンによる臓器不全という結果が示されるわけです。わたしは、自分の選択で検査結果を変えることができたのです！

その観点からすれば、時間はまったく異なる意味を持っているようでした。わたしが感じたのは、すべての可能性は同時に存在しているということです――あなたがどれを選択するのかにかかっています。それは、すべての階が存在する建物のエレベーターに乗り、行きたい階で下りるということと似ています。ですから、もしわたしが選ぶことのできる未来の可能性があるのだとすれば、すべての過去のシナリオも同時に存在していると推測します。したがって、わたしがどの未来の可能性を選択するのかによって、自動的にそれに付随する過去も決められるというわけです（わたしが生きることを選択したので、それが過去に影響を与え、臓器不全に関する適切な検査結果を選んだ、ということです）。選択を提示されたとき、わたしは実際に「**診断名：臓器不全**」という見出しのついた、検査結果報告書のヴィジョンを見たくらいです。そして、報告書の内容には、「**ホジキンリンパ腫による臓器不全が死因**」と書かれていました。実際に息を吹き返して、報告書を見たときは、ほとんどわたしが見たのと同一のもので、見出しは一言違わず同じでした――「診断名：臓器不全」。けれども、内容は次のように異なっていました――「臓器不全の兆候は見られない」。報告書を見たときは、鳥肌が立ちました。だって、そこにはまったく別のことが書かれていたかもしれないのですから……。

わたしは、自分が本当は何者で、真実の姿がどれほど素晴らしいかを理解したので、もし生きる選択をすれば、肉体が急速に癒されることを発見しました――数ヶ月か数週間ではなく、数日間の内に、です！　もし、肉体に戻ることを選択すれば、医者はガンの痕跡さえも見つけることはできないと知っていました！　肉体は、わたしの内的な状態の反映でしかないということを理解しました。もしわたしの内なる自己が、それ自身の偉大さと**すべてなるもの**とのつながりを認識すれば、肉体はすぐにそれを反映し、たちどころに癒されるのです。

「あちら側の世界」の体験を通して、アニータの生命と真実の姿に関する信念があまりにも劇的に変容したので、彼女の身体の細胞のすべてが、急速にその新たな理解を反映したのです。アニータは入院した際には、体中にレモン大の腫瘍ができていました。昏睡状態から戻って、数日間のうちに少なくとも70％まで腫瘍が縮小していました。そして、入院から5週間後は、体中のどこにもガンが見当たらなかったので、退院を言い渡されました。その一週間後に、彼女は誕生日――と新たな人生の門出――を祝うために、家族とお気に入りのレストランに食事に出かけました。

ジョンの瞬間的な癒し

アニータ・ムアジャーニの急速な治癒は、彼女が**すべてなるもの**の愛とつながり、彼女自身が同じ愛であると気づいたときにもたらされました。このようにして、身体の急速、かつ瞬間的な癒しは起こるのです！　癒された人生へと戻るために、わたしたちの全員が死ぬ必要はないのです。わたしは、肉体の癒しが起こるための環境を提供できるように、退行催眠を行います。ジョンの症例は、その好例と言えましょう。

彼のハイアーセルフと対話する中で、わたしは彼の器官で癒しを必要としている部分はないか聞いてみました。その答えは、今のところ彼は健康だけれども、「彼は多くの選択をしなければならない」というものでした。ハイアーセルフが言うには、ジョンは、（生まれ変わりの理由でもある）理解するというレッスンを学び、教えるためには何でもする、ということでした――たとえ、病気になるということであっても、です。

このことを聞くことによって、病気とは、決して悪い遺伝子や運のせいでも、偶然に起こるものでもないということを確信させてくれました。病気とは、シンプルに成長するための機会なのです。魂が肉体的な苦痛を経験することを選ぶとしたら、その試練を通して学ぼうとしているからです。わたしたちのエゴがつながりを絶つときに――計画を実行するための魂からのサインや合図、ささやきを無視するとき――、ハイアーセルフは確実にメッセージを伝えるために、病気や事故をつくり出さざるを得ない場合もあります。試練が降りかかると、わたしたちは解決策を求めようとします。ハイアーセルフはわたしたちに、どうしてそうなってしまったのかを考え、人生を見直し、願わくは、自分たちが抵抗してきたレッスンを学び取ってもらいたいと思っているのです。確かに病気になることは、学ぶための厳しい方法ですが、しばしば荒療治のような道しか残されていないのです。わたしたちが、あまりにも頭の中の堂々巡りに気を取られていて、ガイダンスや導きに耳を傾けようとしないときに、ハイアーセルフは極端な方法にうったえるしかありません。

ジョンのハイアーセルフと対話を続ける中で、彼の唯一の肉体的な不具合があるとすれば、目であるということがわかりました。今この場で癒すことが可能かどうかを尋ねると、答えは「イエス」でした。セッションが終わったあとで、ジョンも左目に問題を感じていたことがわかりました。彼の右目は健康でしたが、左目にコンタクトレンズを長く付けっぱなしにしていたために、傷がついてしまったようでした。わたしは、ジョンの目が癒されることをお願いしたところ、ハイアーセルフはそうなるだろうと言いました。

ジョンの健康について、わたしとハイアーセルフが話したのは、わずか数分間でした。そして、セッション後にジョンから次のようなＥメールをもらいました。

その後の近況を少しだけ。セッションの後に眼科に行ったのですが、ぼくの目は正常だと言われました。傷さえも見つかりませんでした。昨日、簡単な目の検査を行ったのですが、びっくり！　コンタクトレンズをあきらめらないぼくの気持ちをよそに、視力が良くなっていたなんて信じられますか？　新しい数値を知ったときに、セッションによって癒されるということを思い出しました。

あなたの身体はどのように自分自身を癒し、回復すればよいのかを知っています。あなたにできるのは、そのための環境を提供することだけです。ジョンは、すでに瞬間的な癒しは起こり得るもので、人は、通常では考えられない方法で癒されるものだ、ということを確信していたのではないかと思います。彼とのセッションは非常に深いものでしたから、彼は、傷が癒されたということをシンプルに受け入れたのではないかと思うのです。わたしたちは、彼の視力が回復するなんていうことは、意図もしていませんでしたから——ハイアーセルフは、コンタクトレンズで出来た傷を癒すということしかしていません。ジョンは、目が治癒することを受け入れ、その新たな信念のパワーが、特定の傷を直すことはおろか、目の全体的な健康のレベルを上げたのです。

エクササイズ　瞬間的な癒しを信じますか？

あなたは、自分が癒されるということを信じられますか？　さらに重要な問いですが、あなたは自分が瞬間的に癒されるということを信じられますか？　この二つの質問——とくに二番目の質問——の答えは、あなたが本当に癒されるかどうかにおいて、極めて重要なものです。どんな種類の癒しであっても——わたしのセッションであっても、他のヒーラーとのワークであっても、西洋医学のドクターによる治療であっても——、あらゆる方法はツールでしかありません。癒しの方法は、シンプルに、あなたが健康な状態に戻るための適切な環境を提供しているのです。けれども、癒し自体は、その人の（癒されるという）確信から生まれるものです。したがって、身体の可能性に関するわたしたちの信念を超越することができれば、ウエルネス（健康な状態）への道が実現されるでしょう。

あなたが身体を癒したいと思っているなら、身体自身の癒す能力に対するあなたの考え方を変えていくことをおすすめしたいと思います——そうすれば、どんなに早く癒されるでしょうか。第５章で紹介した「自分の制限ある信念を明らかにし、それらを変容する方法とは」のエクササイズに戻りましょう。そして、あなたの健康や身体の癒す能力に関する信念にフォーカスして、エクササイズに取り組んでください。このプロセスを経ることによって、完璧な健康さという現実にあなたをシフトしてくれるでしょう。

アリエルの物語

アリエルは、出張に帰りに、セッションのためにわたしと会う約束をしていました。そのとき、わたしは2週間ほどシカゴにいて、一日に1～2回のセッションを行っていました。他のどのクライアントと出会ったときもそうですが、アリエルが入ってきたときに、何かセッションを通じて素晴らしいことが起こるに違いないと思いました――ただ、プロセスが起こるままに任せればよいということです。

セッションを録音するためにコンピュータの準備をしていると、アリエルはベッドの上でリラックスしていました。彼女は目を閉じる前に、「きっと、あなたは癒してくれるわ」と言いました。けれども、自分の言ったことに少しの違和感をおぼえたのか、「あなたの助けを借りて、自分を癒します」と言い直しました。わたしは微笑みながら、「素晴らしいわ」と言い、セッションのためのガイドをはじめました。

アリエルは別の人生を体験する代わりに、違う次元のことについて描写しはじめました。彼女はこのように話しました。

アリエル：時間はありません。肉体でもありません。みんなが白いローブを着ています。人間の姿をした数えきれないほどの存在がいます。わたしは、その先頭に立っています。他にも誰かいるようです……。わたしは、どうやら諮問委員会のパネルの一人のようです。先頭におそらく5人いるでしょうか。誰もがわたしたちの指揮や指令を待っています。

結果として、霊的な次元では、アリエルの魂はガイドであることがわかりました。アリエルは、他の存在たちにアドバイスを与える5人のパネル・メンバーの一人だったのです。パネル・メンバーは、グループの中の、一人一人の意見を聞くことができ、彼らの間で議論をしたあとに、最善の解決案を提示するのでした。

アリエル：わたしたちは、一度に60人ほどの存在たちに対応しています。同時に複数の存在たちの考えや意見、感情、波動を通して、彼らにふさわしい答えや選択を提示するために、わたしたちは、議論しているのです。わたしは、同時に複数の存在たちの異なる意図を感じ取ったり、彼らの考えの背景にある人生経験を見ることができます。５人の中で議論したあとに、存在たちに回答を申し渡すと、彼らはどこかへ飛んでいきます。

時間が経つうちに、アリエルが見た存在たちというのが、地球で人間として生きていた魂たちにアドバイスを与える、魂のガイドであったことが明らかになりました。アリエルが所属していたパネルは、肉体的な痛みを回復することを専門にしていました。近くには、別のパネルたちもいて、それぞれが人生の異なる分野のアドバイス与えていたということでした。

アリエルの魂は、情熱を持って、このパネル・メンバーとして働いていたようです。アリエルは人間として生きた人生の中で、自分も肉体的な痛みから回復した経験があったので、パネルになったのです。彼女は何の期待もせずに、教えることが心から好きでした。魂としてのアリエルはとても地球に惹かれていたそうです。あたかも地球に行くことが、彼女のプロジェクトであり、インターンシップ（研修生としての仕事）であるかのように感じたということです。アリエルは、生徒である自分自身を発見しました。わたしは、彼女の学びがはじまった時点に行くようにガイドしました。そのときに、彼女は5人のガイドの前に立っている自分自身を見ました。それからガイドたちが融合して一つの存在となり、目の前に一人の男性が現れました。それを確認してから、わたしは、セッションの前に彼女と話し合っていた事柄について、質問をはじめました。

わたしたちが彼女の両親との関係や、キャリアについて質問をすると、それに対しての具体的な助言や説明がなされました。また、彼女の親密な関係についても聞いてみました。そして、一番大切と思われる、過去の関係から引きずっている痛み——と同時に、誰かを喜ばせようとする思考のパターンや、あらゆるネガティブな人間関係のパターン——から解放される方法について尋ねてみました。わたしたちの間の対話は、次のようなものでした。

アリエル：彼は、すでにわたしが（解放されるための）作業に取り組んでいると言っています。というのも、それがどのような状況をつくり出すのかも体験しましたし、それがどれほどつまらないことなのかも今のわたしなら知っているからです。彼は、「さあ、解放することを選びなさい」と言っています。わたしは「解放することを選びます」と言っています。

ミラ：（このプロセスを）心から感じてください。今が本当に、解放のとき、手放すときなのですから。

アリエル：彼は「とても良くできました」と言っています。そして、「感情を包み込みなさい」と言っています。わたしは「どうやって？」と尋ねると、「そこから逃げ出す代わりに、真正面から熊の抱擁のようにしっかりと抱きしめなさい」と彼は答えました。ですから、わたしはすべての層――所有、嫉妬、不安定さ――に直面しています。パターンになって作用しているのが見えます。すべては、恐れから来ています。なので、わたしは恐れを抱きしめながら、「わたしはもう怖くない。あなたが多くのことを教えてくれたので、わたしはあなたを愛しています。そして今、手放します」と言いました。

セッションの冒頭で、アリエルは、性感染症を癒したいということを打ち明けてくれました。彼女は、病名を言いませんでしたし、わたしも聞きませんでした。魂は、癒しの方法を知っているので、ラベル付けは意味がありませんでした。身体が癒され、完璧な健康の状態に回復することを要請する前に、わたしたちはいくつかの必要な作業を行いました。

アリエル：彼は、血液を浄化する必要があると言っています。体中の血管が見えます。血管は、身体を浄化するような食事を心がけ、これまでセックスをした人とは、セックスを控えるように言っています。

ミラ：これはＳＴＤ（性感染症）を浄化しているように感じるんだけど、どう？

アリエル：わたしも、そう感じます……。すでに毒素が解放されたように感じるわ。彼は「他に質問はないですか？」と聞いています。

ミラ：たった今起こっている癒しについて、聞いてみてください。ＳＴＤは癒されたのでしょうか？

アリエル：「しばらく時間をあげてください。でも、毒素はなくなりました」と彼は言っています。

わたしたちの会話の間には、しばらくの沈黙がありました。その間、アリエルは、彼女のガイドが行っている作業を観察し、感じていました。録音の表示では、この作業は４分強続いていたことが分かりました。

セッションの二日後に、アリエルは次のようなＥメールをくれました。

わたしが癒されていたときに、何が起こっていたのかについて、あなたにまだ話していないことを少しだけ伝えようと思います。わたしはほとんどの時間、その部分にエネルギーやちくちくした感覚を感じていて、その都度何をしているのかの説明を受けていました。そして、一瞬だけ、たった一瞬だけ誰がそれを行っているのかが見えたのですが、わたしにはそれが地球外生命体のように見えました。

さらに翌朝、シャワーを浴びていたときに、お風呂に入るように言われました。わたしはこれまでほとんど湯船に浸かったことがありませんでした。ですから、よく（指示に）耳を傾け、言われた通りに、たくさんの泡をつくるために、シャンプー・ボトルを水の中に流し込みました。バスタブに身を沈めるとすぐに、わたしはセッションの中で、あなたといた場所に戻ることができました。わたしは彼に、なぜ男性の姿で現れなければならなかったのか聞いてみました。すると、それがわたしにとって最善だからということでした。そして、どうしていつも同じ姿なのか聞くと、年老いたアジア人の男性に姿を変え、「どう？　こっちの方がいいですか？」と言いました。ええ、わたしは笑ってしまいました。いずれにせよ、彼はさらに浄化しなければならないと言いました。浄化が終わり、洗い流してもいい頃になると、彼は教えてくれました。わたしが、全身泡だらけのままに立ち上がると、「そのプップツとした泡の感覚は、エネルギーに似ていませんか？」と彼は聞きました。ええ、その通りでした。その日は、さらに癒されたように感じましたが、（完了するまでは）もう少し時間がかかると言われました。

アリエルのヒーリングが、セッション後も続いていたことに、わたしは驚きませんでした。わたしのクライアントには、よくある話しだからです。動き始めた変容は、すべてに行き渡ります。はじめに、わたしとのセッション中に感情やエネルギーレベルで起こります。それから、セッション後の毎日の中で、身体の神経や細胞の構造が、変化を反映しはじめます。アリエルのガイドが行った癒しは瞬間的なものでしたが、肉体次元の性質上、完全に身体に体現されるまでにはしばらく時間がかかるのです。

約二ヶ月後に、アリエルはもう一度Eメールをくれました。このメールでは、次のような良い知らせを送ってくれました。「二週間ほど前に婦人科に行き、STDの検査を受けたのですが、本日、すべての項目において陰性という結果が出ました――治癒したということです。あなたが、わたしやその他多くの人たちへ与えてくれた贈り物に、心からの感謝の意を表したいと思います！」。

このニュースを聞いて、わたしは本当に嬉しくなりました。一緒に時間を過ごしたあとに、クライアントたちの人生がどのように変わったのかについて報告を受けるのが、わたしにとって何よりも嬉しいことです。わたしはアリエルに返事を書き、この本の中に彼女の癒しの物語を紹介してもいいか聞いてみました。アリエルはとても丁寧な返信をくれ、彼女の身体がSTDからどのように治癒されたのかについて、詳細に書かれてありました。以下がその内容です。

はい、あなたの本の中でわたしの話しを紹介していただけるなんて素晴らしいことです。他の人たちのお役に立てることを願っています。けれども、わたしの場合はどちらかと言えば、レアなケースではないかと思っています。というのも、わたしは（治ることを）心から信じていたからです。わたしは、人はどんな病や症状であっても、自分の身体を癒すことができると心の底から信じています。あるいは、もっと言えば、症状が出る前から予防することができるのではないかと思っています。身体は密接に心とつながっていて、わたしたちの魂／霊は、その両方を癒す力を持っているのです。

あれからわたしは、さらにガイドを受けて、それに従っていました。そして、身体と癒しに影響を持つことについて本を読んだり、学んだりするように導かれました。たとえば、栄養やエクササイズ、瞑想、ゆるし、愛に関することなどです。

わたしのＳＴＤはヘルペスでした。ヘルペスは医療的な治療を受け、服薬によってコントロールできますが、完治するのは難しいのです。わたしは、元夫から感染しました。ルイーズ・ヘイ氏［訳注：世界大手のスピリチュアル系書籍の出版会社の創設者であり、自身もスピリチュアルな教えの講演者であり、著者でもある］は、ゆるしを必要としている身体の部分に症状が出ると述べていますが、わたしはその通りだと思います。わたしが思うに、これまでの人生でかかわった過去の男性たちに対して、わたしが抱いている苦い感情が、病気から防御できないという形で身体に表れたのではないか、ということです。わたしは今では、彼らをゆるしていますし、今のわたしがあるのは彼らのおかげだと感謝さえしています。彼らも彼ら自身の人生の旅路を進んでいるのであり、ある時期にわたしの道と交差したに過ぎないということを、今のわたしは知っています。

わたしは、アリエルが心から信じていたからこそ、癒されたんだと表現している部分が素晴らしいと思います。アリエルは、自分の魂が身体を癒すことができると信じていました。そして、わたしたちのセッションが、きっとその助けになるだろうと信じていました。実際のセッションにおいても、彼女はわたしたちの作業を通じて、癒されることを予期しているし、そのように意図していると言いました。アリエルは、自分が癒されると心から信じていたから、自分はレアなケースではないかと控え目に表現してくれました。けれども、実際には、癒しを体験したことのある人はみんな、自分の身体は病気を乗り越えることができると信じていたからこそ、治癒されたのです。

輪廻転生の中には、生まれながらの身体的なハンディーキャップや、他の人たちと同じようには機能しない知性を持って生まれることを選択する魂もいます。このような選択をすることで、魂たちは、ハンディーによって阻害されていない、能力や機会を発展させることができます。こうした人々は、身体の状態を治癒することはできませんが、感情的に癒される機会がもたらされます――自分が不完全であるとか、普通ではないという信念などです。なぜ魂が病気や症状を選択し、そこから何を得ようとしているのかがわかれば、真に豊かで充実した人生が実現できる可能性に開かれます。

最近わたしは、幼い頃より筋ジストロフィーを患っている、ある若い男性の前世療法を行いました。

この男性は、全身が麻痺しているために、常に家族から世話を受ける必要がありました。彼は、前世において、政治的理由から処刑された自分を発見し、現在の家族がおのおのの立場からどのように処刑に携わったのかを経験したのです。この人生で彼の家族は、前世の出来事のバランスを取る機会を与えられ、彼の世話をしているのです。身体が衰弱している状態に生まれ変わるという選択を通して、彼の魂は、移動ができないとはどういうことかを学んでいました。そして、彼自身の創造力や知性の明晰さ、雄弁なコミュニケーションという能力を通して、充実した人生を築いていく道を学んでいるのです。

すべての病は、感情的なレベルから作り上げられます。わたしたちの身体の運命は、無慈悲にも、ただ不可思議なウィルスや遺伝形質の働きに委ねられているわけではありません。わたしたちの身体は、この人生をともに歩く、親切なパートナーなのです。アリエルの例で言えば、過去のパートナーに対する彼女の未解決な感情の反映として、身体にＳＴＤが入り込むことをゆるしてしまったのです。けれどもアリエルは、ドクターの予測をはるかに超える癒しが自分に起こり得ることを知っていました。わたしたちのセッションのあとで、アリエルは食事を変え、エクササイズを行い、ゆるしや感謝、愛といったポジティブな思考へ変えることによって、生活の中に癒しの作業を定着させようと試みました。

わたしはすべての病を、あなたが未だに気づいていない感情的な問題を、指摘してくれるメッセンジャーだと捉えることをおすすめしたいと思います。感情的な問題を身体化することにおいて、わたしたちの身体がどれほど賢く、時としてあまりにも字義通りであることに、わたしはいつも驚かされています。わたしはセッションの中で、どの未解決の問題が身体的な不調として現れているのかを、いつもクライアントに聞くことにしています。感情的な問題が解決されると、身体の細胞は常に新たな存在のありようを反映するのです。

次にあなたが身体的な痛みを感じたり、何らかの事故にあったりしたときには、自分の身体にどんなメッセージを伝えようとしているのか聞いてみてください。そして、瞑想をしているときに、あなたのハイアーセルフに、自分が何を手放さないとならないのか、どんなことを学ばないとならないのか聞いてみてください。わたしは、ルイーズ・ヘイの『あたらしい私のはじめかた』（フォレスト出版）［原題“You Can Heal Your Life”］が常に正しい方向へ引き戻してくれるための、とても役に立つ身近なガイド本だと思っています。

全体像がわかり、そのために症状がどのように貢献してくれていたのかがわかったら、あなたの身体に感謝しましょう。そして、情報をしっかりと受け取ったので、もう癒されてもいいと身体に告げてください。それから、感情的な不調和を解消するために、あなたの心／意志と魂が一つになって働くように要請します。身体的な癒しは、間もなく訪れるでしょう。

エクササイズ　退行催眠によって癒す

もしあなたが、癒されたいと思っている肉体的な不調和があるとすれば、退行催眠によって状態を探究してみることをおすすめします。付録Ａの中の退行催眠のスクリプトを使ってもいいですし、わたしの退行催眠の誘導ＣＤ『前世療法の癒し、その先へ』を利用していただいてもよいでしょう。また、わたしとの個人セッションを希望される方は、連絡をください。あるいは、参加者にグループで退行催眠を行っているわたしのワークショップに参加していただくことも、地元の催眠療法家を探すのもよいでしょう。どのような方法であれ、あなたはすでにこの癒しのツールがもたらすパワーとともにあります。

少なくとも40分間、静寂の時間を持ちます。ペットを飼っている方は、部屋の外にいてもらいましょう。退行催眠を行う前に、癒しが促される人生を探究するという意図を持ちましょう。そして、健康にまつわる課題が明確になるような、人生に導いてくれるように、ハイアーセルフにお願いしましょう。そして、シンプルに録音を再生し、プロセスを信頼してください。退行催眠から覚めたあとは、あなたに一番合った方法で、プロセスを振り返ってください。ノートに書き留める、お風呂に入る、散歩にでかける、水を一杯飲む、ただ静かに座っているなど、人生を振り返るためのさまざまな方法が考えられます。そして、そこから得られた洞察を、日々の生活の中で活かしながら、自分の身体の治癒力を信じてください。

この章では、自分の望む現実を選択するために、あらゆる可能な現実がたった今、わたしたちに呈示されているという知識を知ることを通して、身体を癒すということを述べました。次章では、わたしたちがどれほど強く大いなる源から愛されているのかを伝えてくれる物語を紹介したいと思います。きっと、わたしたちの自尊感情や、自分の価値を認識することにまつわる感情の癒しを助けてくれるでしょう。

第9章

自分を愛する権利

愛するということ――自分も他者も愛する――が、わたしとの退行催眠のセッションの中で、ウェイン・ダイアー博士が体験した人生のテーマでした。ここでは、凝縮したエッセンスだけをお伝えしますが、ウェイン博士の著書“Wishes Fulfilled”（未邦訳）では、全文を読むことができます。

ウェインは、父親を殺された、砂漠で生活をしている若者である自分を体験しました。若者は結局、自分のいたアラブ人の部族を離れ、船乗りをしているうちに新たな土地へたどり着きました。そこで彼はある女性と恋に落ち、すぐに結婚したのです。それから後に、船の仕事に就くと、船旅に出て、新たな領土を発見するのが何よりの楽しみになりました。ウェインはセッションの中で、次のように語りました。

「海の向こうにはありとあらゆる場所に島々があって、そこに暮らす人々がいるという話しを耳にしました。わたしは好奇心を駆り立てられました。そして、旅立つことにしたのです。彼女を置いて。彼女は妊娠していました。でも、どのみち置いていったのです。誰も知らない場所を発見するということが、たまらなく魅力的に感じたのです。まさに、壮大な冒険に思えたのです」。

長い航海の末に、ついに船員の一人が島を発見しました。島の住民たちは友好的でした。けれども、船長と船員たちは、自分たちと違うという理由だけで、彼らに残酷でひどいことをしました。船員の一人であった当時のウェインは、暴力を阻止しようとしましたが、できませんでした。船が故郷に戻ると、彼は妻が死んだという知らせを聞きました。そして、彼女の産んだ息子の消息について知る者は一人もいませんでした。それを聞いて、彼はとても悲しくなり、罪悪感にうちひしがれました。時は流れましたが、悲しみが癒えることはありませんでした。彼の人生には常に、あらゆる暴力や殺しがつきまとっていました。愛が欠乏し、人々は互いに傷つけ、奪い合うことで生き残ることに終始していたのです。彼は、きっと違った生き方やあり方があるはずだと思っていました。そして、ありがたいことに、洞穴の中で彼はあるメッセージを受け取ったのです。

ウェインは、洞窟の中にいる自分自身を描写しました。天井からはまばゆい光が差し込んでいました。その光の中に座っていると、永遠の真理――すべて愛につながる真理――なる意識に目覚めたのです。真理の中に「分かち合えば、それは何倍にも増えるであろう。囲い込めば、それを失うことになるだろう」というものがありました。

彼は、これらの真理を人々と分かち合わなければならないと分かっていましたが、誰も耳を貸さないだろうということも知っていました。「真理はあまりにも、本当にあまりにも明確です。ただ、互いを愛せよ、ということなのです。自分を愛し、互いを愛する、ということです」。次に彼は、どのように長い間、離れ離れになっていた息子と再会し、いかにして息子に真理を伝えようとしたのかという場面を目にしました。

ウェイン：わたしは息子に、これらの真理を覚えておくように言いました。偉大な真実だということを。誰かと分かち合えば、何倍にも増えるだろう。溜め込めば、失うことになる。人よりも劣れば、多くを得るだろう。謙虚で優しく、柔和であれば、より多くを得るだろう。よく、聞きなさい。神に近づけば、光が見える。神は光を通して訪れる。光が神である。まばゆいばかりに輝いている。わたしには見える。再び見える。（上方から）ここから、このように（下方に）降り注がれている。その中に浴するといい。光をただ浴びればいい。すべてはあまりにも簡単である。彼らにも簡単だと伝えなさい。まったく難しくない。実に自然で、普通である。お前はここから来たのだ。お前の姿である。自分の本当の姿が何であるかを見つけ、その通りでいなさい。自分ではないものを探し出して、それになろうとしてはならない。これがもう一つの真実だよ。シンプルな、実にシンプルな真実の一つだ。自分ではないものになろうとせずに、ただ自分のままでいなさい。

どのみち、お前は自分以外のものになれはしない。それは、幻想だ。自分ではないものになろうと努力しても、それは自分ではないから、なることはできない。お前は憎しみではない。殺人者でもない。お前の姿ではない。ただ、自分でいなさい。それ以外のものはすべて、自分ではない……ただ、自分でいればよい。

息子は、当惑しています。彼は、わたしを頭のおかしい老人だと思っています。そうです、わたしは頭のおかしい老人です。周囲の誰もがわたしを……このことを理解していたたった一人の人とは。ああ、なんと言うこと、それは、あの美しい女性だったのです。わたしは、ほんの少しの時間しか、彼女と過ごしませんでした。そして、置き去りにしてしまった。彼女は知っていたのです。だから、待っていたのです。彼女は、胸にわだかまりを残して死んだのではありません。彼女は殺されました。

息子から聞かされました。わたしがいない間に、彼女も殺されたのです。自分が愛するものは、自分が愛を失ったときに、失うのです。自分が愛するものは、自分が愛を失ったときに、失うのです。とてもシンプルです。彼女はレイプされて、殺されました。わたしが、レイプ犯のことをどう思っているのか聞きたいと息子が言っています。

「自分の愛する女性を殺した人間のことを、どう思っているのかい、父さん？」

そこに光が現れました。その光の中に入ることもできるし、その周りを歩くこともできます。その中に入ると、そこには愛しかありません。その周りを歩くと、暗闇が見えます。そこに行くと、その卑劣な野郎どもを殺したくなります。

光の中に入ると、わたしはレイプ犯を愛することができます。愛を失うと、そこですべては終わりです。愛を失うと、自分をも失います。というのも、わたしは愛だからです。わたしたちは残りの人生を、ただ光を避けるために、暗闇の中をさまよい続けています。光はわたしたちに呼びかけ、引き寄せようとします。わたしたちに内にいることを、強く願っています。でも、あまりに光が強すぎるのです。その輝きで、わたしたちを盲目にするのです。

自分の愛する女性を殺した人物を、本当に愛することができます。わたしも……わたしもそれができると思います。なぜなら、わたしは愛だからです。わたしたちが愛するとき、それ以外のものが存在できるスペースはありません。わたしたちが愛するとき、「愛ではないもの」

など存在し得ません。すべてを差し出さないといけません。わたしたちがスポットライトを離れるときに、あの洞穴に差し込まれた光を離れたときに……ここが光だとすると、その周りは暗闇に包まれています。

お前は、わたしを暗闇に連れ出したいようだが、わたしにはそれができない。なぜなら、わたしはその光と同じだからだ。それが、わたしである。そのことを悲しくも思うが、それが、わたしがここにいる理由だとも思う。

息子は、妻がわたしをとても愛していたと言っています。妻は、わたしを待って、待って、待ち続け、そして、わたしは彼女を失望させてしまった、と。わたしは、冒険に旅立たなければなりませんでした。新たな島を見つけ出さなければなりませんでした。けれども、その間、どこにも行く必要がなかったのです。

息子は、自分にはできないと言っています。「ただ、準備ができていないだけだ。お前も愛なのだよ」とわたしは彼に伝えました。

わたしは立ち上がると、光に向かって歩き出しました。今なら見えます。わたしは、彼をもその場に残しました……困惑したままに。そして、光の中に入り、浮かぶままに任せていました。わたしは彼を見下ろすと、「息子よ、光までたった数インチだ。数インチしか離れていない。さあ、ここに来なさい。そうすれば、お前も光の中だ。ここに光がある。お前はそこにいる。さあ、ここへ来なさい。ほんの少しだけ、動けばいい」。

彼は何と言ったと思う？「ファック・ユー（くたばっちまえ）！　気の狂った老人め。オレはあいつらをぶっ殺してやる」。

このように痛烈な体験を通じてウェインが学んだように、わたしたちは常に、光と同調することで、自分自身を調整する選択が与えられています。そして、愛という本質の波動の中にいることができるのです。

セリーナの物語

ウェインとの深遠なセッションを行ったあとに、彼はこう言いました。「あなたに会いたがっている人がいるよ」。ウェインは、娘のセリーナのことを指していたのです。わたしはセリーナとも会い、彼女とのセッションを通じて、わたしたちがどれほど**すべてなるもの**から愛され、望まれているのかを知りました。それは、わたしたちが存在する前には、不均衡な状態――ある特定のエネルギーによってしか、埋めることができない**すべてなるもの**の内の虚空――があったということを教えてくれたのです。わたしたちの魂とは、それぞれの特定のエネルギーを具体化するものとして作り上げられたのです。わたしたち一人一人が必要とされた瞬間に、さらに言えば、魂が生み出される前に、わたしたちは望まれ、重宝され、愛されているのです。セリーナの退行催眠が始まると、彼女は、砂漠とピラミッドがある場所を描写しました。そこは、次元間のポータルがある場所でした。地球に行く存在――新しい魂、すでにある魂、スピリット・ガイド（霊的なガイド）――はみな、はじめにここを通らないといけないのだそうです。地球に生まれ落ちる存在は、すでにこの領域で認識されており、それはピラミッドの壁画のようだとセリーナは説明しました。わたしはセリーナに、その場所について詳細を教えてくれるように言いました。

セリーナ：とても平和な大きな砂漠のようなところです。空気はありません。風もないのです。地球に似ていますが、地球とは違います。地球の上にあるのです。でも、地球が下に位置しているわけでもないので、本当に上にあるということではありません。ただ、違う次元にあるのです……、わたしはここで羊飼いをしています。でも、動物ではなく人間を担当しているようです。人間のガイドをしているのです。だから、重要なのです。わたしは彼らの指導者のようです。

ミラ：あなたは、新しい魂たちだけをガイドしているのですか？　それとも、この場所に来た別の存在たちをガイドしているのですか？

セリーナ：みんなをガイドしています。

ミラ：どんな風に見えるのですか？　どんな風に感じるのですか？

セリーナ：愛情が溢れている感じです。新しい魂に対して、何の価値判断も持っていません。というのも、彼らは完璧に生まれているからです。彼らは実に平和です。悪い細胞をまったく持っていないです。彼らといること自体を光栄に感じています。将来的に何らかの問題を抱えたり、苦痛を生み出すことが見える人たちに対してでさえ、わたしは何も問題を感じません。全員が本当に愛おしいのです。

ミラ：どのようにその情報が分かるのですか？　ただ、受け取るのか、あるいは、壁画を眺めるみたいに見ることができるのですか？

セリーナ：そのように感じるのです。彼らの魂が見えます。彼らの内に、彼らの進む道があることが分かるのです……道の中には、苦しみや痛みを生み出すものがあります。彼らがその道を進むとしても、彼らが完璧であることには変わりありません。だから、わたしは問題を感じないのです。彼らは勇敢です。それを選ぶのですから。簡単なことではありません。

ミラ：苦しみや痛みを生み出すことは、簡単ではないのですか？

セリーナ：彼らは重要な人たちなのです。

ミラ：もっと説明してください。

セリーナ：地球に行く人はみな、まずここを通っていきます……彼らはみな、さまざまな色を組み合わせて、魂を形作るのです。それぞれの組み合わせが、少しずつ違っているのです。彼らの中には、暗みを帯びた色を持っている人たちもいます。でもそれは、彼らが悪いということではありません。明るいものもあれば、暗いものもあるというだけのことです。すべてはバランスです。より多くの暗みを帯びた人たちは、濃紺に近い色を持っています。完全に黒なのではありません。彼らは、より多くを担うことを志願した人たちです。神は、彼らを教師になるべく、創造しています。ですが、彼ら自身はそのことを自覚していません。教師のエネルギーは、本来、もっと黄色いものです。彼らは、イエス・キリストのように、惑星全体を導く教師ではありません。彼らは、自らの行動を通して、教える教師です。つまり、わたしたちは彼らから、彼らのエネルギーにならないように、いわば教えてもらっているのです。ですから、誰もが彼らを愛することが大事なのです。この仕事を担っているのは、わたしが彼らのことを愛しているのを、神が知っているからです。わたしは、彼らがより暗い色を帯びているというだけで、決して裁こうとは思いません。

ミラ：では、魂はどのようにして、肉体的な存在となるのですか？

セリーナ：この領域で、肉体をまとうことはありません。それは、地球に行く前の領域で行われます。でも、その他にもさまざまな次元があるのです。

ミラ：あなたのいる領域から、どのようにして地球次元へと移行することができるのですか？

セリーナ：そのプロセスはゆっくりと進みます。わたしのいる領域では、ただ魂があるがままの状態でいることができます。そして、魂たちの冒険に必要な色やエネルギーが、再びチャージされるのです。次の領域では、魂の使命がより明瞭になります。けれどもわたしの次元では、ただエネルギーを満たされるだけです。次の次元では、魂の目的が何であるのかがはっきりしてくるのです。その後も、進むべき多くの領域が存在します。

けれども、魂の色というものは、輪廻転生をくり返す中で、変わっていくことがあります。あなたが色を変えるということを選択すれば、魂の色は変わるのです。

セリーナが退行催眠の中で見た領域とは、魂が生まれ変わるときに通過する場所でした。その領域において、魂は色をまとうのです。そして、それぞれに異なる色の組み合わせが、各魂の個性を生み出しているのです。

彼女のいる領域に到着した魂たちがくぐる入り口《ポータル》の中には、新しく造られた魂専用のものがありました。わたしは彼女に、そのポータルの向こう側に行き、どのように新しい魂たちが創造されるのかを見るようにお願いしました。その描写は、アルバートが神のエネルギーを描写したものをと類似していました――とても精妙だけれども、とても力強い、ミルクのような白い光だということです。

セリーナ：その真っ白なポータルの中に入り、先に進むと……それは、わたしのいる領域に下るのではなく、むしろ昇っていくような感じです。まるですべての始まりにいるようです。

ミラ：周りに何が見えますか？

セリーナ：白です。すべてが真っ白なのです。でも、空っぽではありません。それは、すべてのものの源なのです。すべてはそこにあります。必要なものはすべて、そこにあるのですが、はじめからそこにあるわけではありません。

新しい魂が創造されるときはいつでも――地球は、より完成体に近いので、もうそれほど頻繁なことではなくなりましたが――、その必要性があるから生み出されるのです。これまで造られたことのない、新しいタイプのエネルギーへのニーズが生じるのです。それが、新たな魂が生み出される唯一の理由です。新しい魂は、とても壊れやすい、小さな卵のようなものです。すべてが、彼らにとっては真新しいのです。ですから、彼らがあらゆる次元を通過して、地球にたどり着くと、すべてが未知です。記憶しているものなど、一つもありません。したがって、新しい魂が地球にくるときは、しばしば優しく守られた状態でやってきます。彼らにとっては、すべてが巨大で圧倒されてしまうかもしれないからです。

ミラ：新しい魂へのニーズは、どのように生じるのでしょうか？

セリーナ：それは、エネルギー・システムの中に、溝ができるからです。ガイドたちがバランスを取ろうとしますが、うまくいきません。だから、彼らにはわかるのです。まるで、神自身が認識するように、分かるのです。言うなれば、集団的なエネルギーがそのことに（ニーズがあることに）気づくのです。わたしたちの身体にたとえることができます。身体は小宇宙です。すべてがバランスを保ちながら協働しています。けれども、時折わたしたちは、無性に塩を摂りたくなるときがあります。わたしたち自身には、その理由が分かりませんが、わたしたちの身体は知っています。何かがあって、ニーズが生まれます。何らかの理由があって、新しい魂は生み出されるのです。わたしは、創造主ではありませんので、その理由がはっきりとはわかりません。

ミラ：この新しい魂たちが生み出される、創造の場は、地球や他の次元の存在がつくり出される唯一の場なのですか？　それとも、あらゆる次元はそれぞれに特有の創造の場があるのですか？

セリーナ：すべての次元が、固有の創造の場を持っています。数えきれないほどの、次元が存在します。時折、次元そのものが生み出されたりもするので、より多くの創造の場も生まれるわけです。本当に無数の存在がいますが、わたしたちは知り得ません。神は知っていますが、人としてのわたしたちには知り得ないのです。

ミラ：新しい魂たちは、何で構成されているのですか？　どのようにつくり出されているのでしょう？　その創造のプロセスを見て、描写することはできますか？

セリーナ：彼らは、まだ肉体を持っていません。いつ、肉体を持つのかはわかりませんが……恐らくどこかの通過点で持つことになるのでしょう。今は、ただ真っ白な場があるだけです。そして、そこにエネルギーが漂っているのです。ある特定のエネルギーを、下界からあたかも磁気のように引き寄せていて、その要請に応えるように、自然に細胞たちが寄り集まっていくかのようです。地球は、どんなエネルギーを、自らが必要としているのかを知っています。そして、それが創造されるように、意図を発信するのです。それで、創造されます。そのために必要とされるあらゆるエネルギーが結集するのです。すると、まだまっさらな白色の魂は、白いポータルを通って、わたしのいる領域にやってきます。ここにおいて、色を持つのです。魂が色付けられることで、より構成体に近づいていきます。さらに先のどこかで、なぜ創造されたのかという魂の目的なるものを賦与されます。これらのすべては、そもそも彼らを必要とした何者かによって、確立されているのです。それから、進むべき領域を通過して、地球に生まれ落ちるのです。

わたしにとって、この新たな啓示はまさに衝撃的でした。セリーナとのセッションを通じて、あたかも優しく魂をゆさぶり起こされたような感じがしました。それは、まるでわたしの中の神性の光が再び点され、自分の本質を思い出したかのようでした。静寂した心の中に、次のようなささやき声が広がっていきました。「**すべてなるもの**は、このわたしという固有の存在でしか埋めることのできない、隙間を認識された。わたしはただの偶然の産物ではない。わたしは望まれたのだ。神はわたしを創造した。なぜならば、この大宇宙の大事な一部をわたしが担っているからだ。」

わたしという存在への大いなる源の愛の深さを実感し、わたしの目に畏怖の涙があふれました。この愛の光はあまりにもパワフルで、否定しようのないものでした。それは、わたしの心をつかんで離しませんでした。そして、日を追うごとに、その理解の閃光はどんどん輝きを増していきました。時間とともに、わたし自身の人としての価値や自分についての見方をゆっくりと変えていったのです。

魂の目的

前章で癒しの物語を紹介したアリエルも、なぜ大いなる源が彼女を生み出したのかということに関して、非常にパワフルな体験をしました。大いなる源は、彼女を通じて人生を創造すること、体験することを味わいたかったのです。

アリエルは、自らの5人のスピリット・ガイドの前に立っていたときに、彼らの存在が自分にとって極めて重要な意味を持っていることを知っていたそうです。その経験について、アリエルは次のように述べています。

アリエル：彼らは教師以上の存在なのです。もっと親に近い存在です。でも、もっと意識が高いのです。わたしは彼らを心から信じています。わたしは彼らを愛していますし、彼らもわたしを愛しています。でも、彼らがどこから来たのかはわかりません。ただ、そこにいるのです。彼らがどうしてわたしの元にやって来たのかを探ろうとしているのですが……。

ミラ：彼らに聞いてみたらいいのです。きっと答えてくれるはずです。

アリエル：彼らがわたしを創造したのです。ですから、わたしは彼らにとっては、子どものような存在です。彼らがわたしを顕在化したのです。「なぜですか？」と彼らに聞くと、「そうしたいと思ったから」と答えています。

ミラ：どうして魂は造られるのでしょうか？

アリエル：彼らが言うには、そこには満たすべき無限の空間があって、それは、永遠に満たされることはないようです。あ……！　あ、そうか！　わたしはこれまで、すべての魂は同時に造られたのだと思っていましたが、そうではないようです。魂は、今も造られ続けているそうです。わたしは時間の概念に縛られている、と彼らは言っています。

ミラ：もっと説明してください。

アリエル：時間は幻想に過ぎません。けれども、時間は、物質世界に参加している霊的な存在たちによって、制限や限界を体験するという目的で作られているのです。物質世界にいるわたしたちは、制限はないということを学ばなければなりません。わたしは、何者かの一部なのです。わたしはただのこれ（肉体）ではありません。わたしは、彼らの一部なのです。

ミラ：彼らの一部であるあなたについて、もっと説明してくれるようにお願いしてください。

アリエル：彼らは、慈悲の想いを学ぶためにわたしを顕在化したようです。

あなたの魂は、何らかの目的を果たすために創造されています。セリーナやアリエルによって語られた概念は、わたしたちの旧態依然としたネガティブな条件付けを解除し、塵と化すほどのパワーを持っています。けれども、これまでわたしたちは、自分が神から望まれたのだということを教わったことがありません。したがって、神がわたしたちを望んだのであれば、わたしたちは**存在するだけで価値がある**ということです。わたしたちのほとんどは、成育過程の中で、自分自身の価値を証明しなければならない、神からの恩寵を受けるためには、しかるべき手順を踏まなければならないということを信じ込まされてきました。けれども、わたしたちの存在そのものが、宇宙にとってどれほど価値があるのかを証明しているのです。わたしたちは、創造以前に、望まれ、無条件に愛されていなければ、存在さえしていないのです。

これから紹介する物語は、わたしたちがすでに大いなる源から愛されているのだということに気づいた瞬間、どのようにして制限的な考え方が崩れ去っていくのかを示してくれるでしょう。

＊

わたしは砂浜に座り、夕日が暮れるのを待っていました。自然の美しさを全身に受けながら、近くにカメラを持った若い男性がいることに気がつきました。彼は空いっぱいに踊る虹の姿を一瞬も逃すまいとして、シャッターを切り続けていました。この美しい自然の容相を共有した者同士として、わたしは彼に話しかけることにしたのです。そして、急速にわたしたちの会話は、とても深い意味のあるテーマへと発展していきました。

サムは、自分が人生の岐路に立たされていると言いました。彼は、これまでの古い人生が終わりを告げているのだけど、この先どのように人生を切り開いていくのか決められずにいました。ちょうど数日前に、サムは人生の3つのゴールを書いたそうです。わたしたちは出会ったばかりでしたが、彼はそのことをわたしと分かち合いたいと思ったようです。

サムの最初のゴールは、家を持つということでした。それを聞いたときに、わたしはうなずきながら、共感しました――それは、ごく真っ当な願いです。

彼の二つ目のゴールは、「何か素晴らしいこと／重要なことをする。その素晴らしいことを完全に達成することで、自分にその力が備わっていたことを実感したい」というものでした。わたしは再びうなずきました。何と偉大な目標でしょうか！　わたしたちの誰もが、自分自身の内に何か素晴らしいものが秘められていると感じています。それは、わたしたちの存在の奥深くにあって、日常のふとした静寂の瞬間に、わたしたちに強力に呼びかけます。自分自身と結んだ遠い日の約束を決して忘れないように、呼びかけているのです。

このような感覚は、それ自身を表現しようと意図する、わたしたちの本質《エッセンス》からのものです。それは、わたしたちを介して現れる、大いなる源の力です。この世界で十全に発現し、発展しようと願う、消えることのない炎です。それはわたしたちの、神性の偉大さと言えましょう。わたしたちの一人一人が、その魂の目的を追求し、授けられたユニークな才能を十全に、かつ有意義な方法で開花させるまで努力を怠らないように、わたしたちを喚起し続けるのです――わたしたちの内なる神が拡大し、その偉大さを真に認識することができるように。

ここまでは、わたしはサムのゴールに心から共感することができました。でも、それは3番目に行く前まででした。サムの3番目のゴールは、「すべての人々の尊敬に値するように、ふさわしい名声を得る」というものでした。このときばかりは、わたしも躊躇しました。

わたしたちは何かに値するために、獲得しなければならないものは一つもありません。わたしたち**すでに**すべてに値しているのです。でも、内容が伴わなければ、これらの言葉は何の意味も持たないことをわたしは知っていました。なので、わたしはセリーナが退行催眠で伝えてくれたことを、サムと分かち合うことにしました。

わたしは彼に、セリーナとのセッションの一部始終を話しました。わたしが話し終わるのと同時に、サムはわたしの目を見て、「わあ、すごいや！」と言いました。彼は、わたしをずっと見ていましたが、もはや、わたしを見ているのではないということがわかりました。彼は、心から感動していました。彼の信念体系の層が変動し、あたかも地球のテクトニック・プレート［訳注：プレートの地質学的用語］のように、彼の意識に新たな地形をつくり出す様を見て取ることができました。

ちょうどそのときに、夕日が沈み、赤やオレンジの目を見張るような色彩の美が、わたしたち二人を包み込みました。そして、その瞬間の静寂の中で、わたしたちが本当は何者なのか、どれほど価値がある存在なのかという真実に触れることができました。

数ヶ月が経った頃に、わたしはサムに連絡しました。自分が書いている本のことを話し、もしよければあの日に二人で語った内容について、取り上げてもよいか聞いてみました。サムは喜んで承諾してくれました。そして、彼の当初のゴールをテキストにして送ってくれたのです。そこには、コメントが付け加えられてありました。

「ゴール2とゴール3はあまり変わっていません」と彼は書いていました。「でも、あなたがぼくに、ただここ（地球）にいるだけで、すでに誰もが尊敬に値する存在なのだという真実を伝えてくれたことを覚えています」。

体中に高揚する感覚が広がっていくのが分かりました。サムに届いていたのです！　彼は、わたしの話しを聞いていただけではなく、**信じて**くれたのです！

わたしたちの真の偉大さを十全に表現することは、わたしたちが生まれながらに神より与えられた権利です。わたしたちは、この成長・発展の道のりにおいて、すでに**すべてなるもの**より、完全な愛とサポート、敬愛を受けているのです。尊敬を得るには名声を「獲得」しなければならないとわたしたちが勝手に信じ込んでいるだけで、そのような信念が、本来のわたしたちの偉大さを完全に知り、表現するということを遠ざけてしまっているのです。

一体誰が追放したのか？

神性な力は永遠にわたしたちの内にあります。それは、創造された瞬間に、わたしたちの核《コア》の部分に植えられた種なのです。けれども、一度、地上に生まれ落ちると、わたしたちは自らの神性を忘れ去ってしまいます。サムもそうでした。わたしたちは自分の五感だけに頼って、孤独を感じ、大いなる源から切り離されたように感じるのです。そして、神の恩寵を獲得するために、自分の価値を証明しようと一生懸命に努力します。わたしたちは、分離の感覚を克服するために、魂が記憶する至福の感覚に再びつながることを追い求めます。分離という概念は――わたしの外側にゴールがあるという信念――エデンの園より追放されたアダムとイブの物語に長い間、象徴されてきました。

カバラは、神の偉大な神秘について記されたユダヤの思想です。カバラの基本となる教典は、“Sefer ha-Zohar”［セフェル・ハ・ゾハール］というもので、一般的に「ゾハールの書」と呼ばれています。「光輝の書」という意味を持っています。ゾハールの書は、ガリラヤの丘を放浪したラビたちの冒険の記録であり、トーラの隠された意味について交わされた対話の中から生まれた教えなどが織り交ぜられています。

エデンの園の解釈をめぐっては、ゾハールでは全く異なる革新的な見方をしています。それは、神がアダムをエデンの園から追放したのではなく、アダムが神を追放したという見方です。神の神聖な女性性が顕在化したシェキーナと離婚することを通して、アダムが神を追放したというわけです。

カバラは、神は平等に男性であり、女性であると説いています。けれども、男性性と女性性の両方の側面を尊重する方法で、地上において神の真実を具現化することによって、神を完全にすることができるかどうかは人類にかかっていると伝えています。カバラによると、アダムの罪とはシェキーナと肉体的な（物質的な）つながりだけ求めたことにあります。そうすることで、アダムはシャキーナを大いなる源の他の9つの放射物、あるいはsephirot［訳注：セフィロトとは、「セフィラ」の総称である。セフィラは神聖な10種の属性を示している。神から流出する神性は、これらのセフィラを通して顕現することにより、万物が創造されたと考えられている］から分離してしまい、宇宙の一体性を阻害したというわけです。その結果として、アダムは神をエデンの園から追放してしまったのです。

カバラの学者であるダニエル・マット氏は、サンフランシスコ・クロニカル紙のインタビューで次のように話しています。「ゾハールの書が意味するところは、わたしたちは今もまさにエデンの園にいるのだけど、そのことが認識できなくなってしまったということではないかと思うのです。というのも、わたしたちが人生のスピリチュアルな側面とのつながりを失ってしまったからです。とするならば、わたしたちの挑戦とは、もう一度、神との関係を結び直し、人生のスピリチュアルな側面と懇意になることではないでしょうか」。

ゾハールの書がわたしたちに伝えているのは、実のところ、現在においても、わたしたちはエデンの園に生き続けているということです。けれども、残念ながらわたしたちはそのことを認識することができません。なぜならば、自分たちを神から分離させてしまったからです。わたしたちが、神の愛に満ちた天国に生きていると実感できるためには、つながりを取り戻す必要があります――無限なるものとの関係を結び直すことです。大いなる源《ソース》を身近に感じるために、それを外側の世界に探し求めても意味がありません。大いなる源は、わたしたちの存在の必要性を感じ、創造されたのです。焦点を内側に向け、自分の存在を、その男性性と女性性を含めて、素晴らしい神の創造物であると認識し、慈しむことができれば、わたしたちは自らの源に立ち返ることができます。神がわたしたちの内に創造した美を慈しむことは、すなわち、自らの源を慈しむことです。というのも、つまるところ、わたしたちは自らの起源に他ならないからです。わたしたちは神です。自らの神性の輝きを知ることは、神を知ることと等しいのです。

ダミアンの物語

ダミアンは、わたしのオフィスのカウチに横たわり、深い催眠状態にいました。彼はたった今、多くの感情を呼び覚まされるような人生を再体験ばかりでした。わたしは、それらの人生の場面から離れ、次の人生のイメージが浮かぶままに任せるように、彼に言いました。そして、彼が次に言い始めたことに、わたしは驚かされたのです。

ダミアン：花が見えます。オレンジ色の花で……とても鮮やかな緑のとても細い茎に支えられています。こんなに小さな茎から、どうやって咲いているのかさえ分からないくらいです。この花が、わたしです。そして、呼吸をしています。まるで、伸縮しているようです。

ミラ：その花があなただと言うのですか？

ダミアン：はい、そうです。

ミラ：どんな感じがするのですか？

ダミアン：すばらしい感覚です。わたしは開いたり閉じたりしています。開いたり閉じたりするときに、完全にコントロールしている感覚です。なんと！　わたしはどこまでも広がっていきます！　そして、面白いです。とても精巧です。庭園の中にいるようです。

ミラ：周りには何が見えますか？

ダミアン：ぼくは誰にも似ていません。誰にも、です。他にも小さな花々はあるのですが、ぼくが一番自由で、一番表現豊かです。この自信の感覚は、この花から来ているようです。ぐんぐん開いていくような、とても印象的な花であるにもかかわらず、その茎の何と細いことか！　でも、この茎がしっかりとわたしを支えているのです。わたしは少しもここから離れたり、移動したりすることはできませんが、全く構いません。

ミラ：離れたり、移動したりすることについて、想像をめぐらせてみることはあるのですか？

ダミアン：そんなこと考えてもいません。第一、どうしてここから離れたいなんて思うでしょうか？　わたしが欲しいものは、すべて揃っているのですから。他の花々が羨む、この花のエッセンス、エネルギー、そして力強い美しさに、わたしは心から満足しています。

ミラ：あなたはどのようにしてこの花……このように美しく、力強いエッセンスを持つ花になったのですか？

ダミアン：覚えていません。どのようにして花になったのかわかりません。まるで、最初からそうであったかのようです。ですから、成長したのかさえわかりません。

ミラ：最初からそうであったかのように感じられるのですか？

ダミアン：そうです。その表現がぴったり当てはまります。まるで、永遠のように感じます。

ミラ：あなたにとって、太陽は何ですか？

ダミアン：崇拝しています。太陽がわたしをこのように美しくしているのです。わたしは太陽を見ると、開いていきます。まるで、太陽に開くように呼びかけられているようです。それから、わたしは離れるのです。

ミラ：離れるとはどういう意味ですか？

ダミアン：わたしは太陽に吸い込まれていき、花から離れるのです。わたしがわたしであったものが、花から離れるのです。その理由がわかりませんし、花に戻りたいとも思っています。でも、それが（花に戻ることが）計画ではないようです。なんと、興味深い！　今やっとわかりました、素晴らしい！　今、ようやくわかったのですが……ぼくは花ではなかったようです。でも、同時に花でもありました。

ミラ：何がわかったのかについて、もう少し話してください。

ダミアン：ぼくは螺旋状に上昇しています。まるで、花であることを超越したエクスタシーに達してしまったかのようです。でも、それが必然なのです。そして今、ぼくは太陽に向かって螺旋状に上がっています。自分が花から離れていくのが分かります。ぼくはその花だったのですが、同時にそうではなかった、ということです。

ダミアンは上昇しながら、自分が一方でその花であると認識している魂だということが分かりました。魂とその物質次元の表現体の間に、分離はありません。魂は、自らが創造した花の美しさに驚嘆すると同時に、その表現体である花も自らの美を通して、その源《ソース》のエネルギーを感じるのです。この花の物語は、ごく自然な形で、わたしたちの本質的な美しさと価値を伝えてくれています。この花はまさにルーミーの言葉のように、生きているのです。「全宇宙が我がものであるように、輝きなさい」。

自らの美を愛し、十全に表現しているときに、花は生きている目的、存在意義を完遂していました。花は、自分がその美に値するのかとか、その完璧さを味わってもいいのかなどと疑うことはありませんでした。花はただ、シンプルに自分が自分であるものを楽しみ、完全に表現し尽くしたのです。

わたしたちも、この花のようにありましょう。「わたしは、存在する価値がある。わたしは美しい。わたしは自分を愛しています」と声を大にして自分自身に言いましょう。その言葉を聞いて、どんな感じがしますか？　もし、何らかの不快感や疑念が湧いてきたら、それらの嫌な感情をすべて洗い流してしまいましょう。あなた自身の内にある神性を見つめ、それを慈しんでください。なぜなら、それはあなた自身に住まう神の光だからです。聖書がわたしたちに伝えることを実践しましょう。「終わりに、兄弟たち、すべて真実なこと、すべて気高いこと、すべて正しいこと、すべて清いこと、すべて愛すべきこと、すべて名誉なことを、また、徳や称賛に値することがあれば、それを心に留めなさい」（フィリピ人への手紙　4章8節）。

あなたの持つ素晴らしい才能や特性について考えてみてください。そして、あなた自身の素晴らしさを反映するような行動を取りましょう。あなたの本来の美が現れるように、言葉に愛を込めましょう。自分自身に恋してください。この世にたった一つしかないバラを育てるガーデナーのように、あなた自身を慈しみ育てましょう。今日のあなたがあなたであるものを、大いなる源は大事に思っているのだということを忘れないでください。あなたという唯一無二のエネルギーのコンビネーションは、単なる偶然の産物ではありません——そのように望まれたのです。あなたは、この世界に属しています。あなたは、無限に拡大していく神のエネルギーに属しているのです。すなわち、すべてなるものの欠くことのできない大切な一部なのです。

あなたは、存在する価値があります。あなたは、大いなる源があなたに注ぐ無条件の愛を受けるに値しているのです。すべてなるものは、あなたの魂でしか満たすことのできない、大きなニードを感じました。そのことを心に留めて、あなたを創造したその爆発的な愛のエネルギーで自分自身を満たしてください。

わたしたち一人一人が、存在するものすべて——すなわち、神——に望まれていたという気づきは、偉大な啓示を含んでいます。この真実の種は、巨大な力を運んでいるのです。自らの本質を否定し、忘却してしまうというまどろみの状態から、わたしたち一人一人をゆり覚ますという可能性を持っているのです。もしわたしが、未来の世代に引き渡すコードを書くことができるとするならば、冒頭は次のようになるでしょう。


親愛なるものたちへ、存在していることを誉め称えましょう。すべてなるものはあなた方を創造しました。というのも、すべてなるものは、あなたという唯一無二のエネルギーのコンビネーションを通じて自らを知り、あなたの持っている独特の視点から体験したいと願ったからです。あなたは、すでに価値があるのです。あなたは無条件に愛され、あなたがあなたであるものが、とてつもなく大切に思われているのです。あなたの栄光に満ちた進歩・発展の一歩一歩が、支えられています。神があなたを愛するように、自分を愛しましょう。さあ、行って自分の人生を生きましょう。そして、大いなる源［ソース］があなたを慈しむように、自分を慈しみましょう。あなたの神聖な美しさを完全に表現し、あなたの本当の姿を追求し続けましょう。

エクササイズ　毎日自分を愛するワーク

毎日、大いなる源［ソース］／あなた自身の神なる本質につながるワークを行うことを奨励したいと思います。一日の始まり、あるいは終わりに、約20分間一人になる時間を確保しましょう。この時間は、あなたが自分自身を愛し、信頼関係を深めるためのものです。自分自身の呼吸に意識を向けましょう。呼吸をゆっくりと整えたら、心の中で「愛」と言いましょう。「愛」と唱えながら、あなたの内に愛のエネルギーが湧き起こるのを感じてください。次に、自分の直感に従いながら、一番よいタイミングで「わたしは愛です」と心の中で言いましょう。それから、また、一番よいと感じられるタイミングで「わたしは自分を愛しています」と唱えます。あなたの身体の中を動いている愛のエネルギーを感じてみましょう。そのエネルギーに包まれましょう。あなたがどれだけ愛され、支えられているのか実感しましょう。この瞑想のワークには、あなた自身を慰め、神からあなたに注がれた愛の温かさ――さらにあなた自身の自分への愛――を感じるというほかに、目的はないということを心に留めておきましょう。瞑想から目覚めたときに、優しく、平和な愛のエネルギーがあなたの生活の中にも流れ込むようにします。

ガイドがあった方がやりやすいという方のために、毎日お聞きいただけるわたしの瞑想ガイドを録音しました。この録音は、自分を愛することや信頼することにフォーカスしたものです。わたしのウェブサイトから無料でダウンロードすることができます。www.mirakelley.com/meditation-download.

この瞑想法を通して、あなたの素晴らしさと大切さへの確証を助けることができれば、わたしにとってこれ以上の喜びはありません。あなた自身の美しい本質が目覚め、大いなる源があなたに注ぐ無条件の愛に包まれ、自分自身を十全に表現してもよいのだという感覚を取り戻すのを助けてくれるはずです。

本書で紹介したたくさんの考え方の中で、あなたの心に残るものがあるとすれば、それこそがあなたが「知る」に値する存在であり、大いなる源《ソース》より無条件に愛され、支えられている証しだとお考えいただければ光栄です。もしあなたがそれをゆるすのであれば、これらの叡智は、わたしの人生がそうであったように、あなたの人生も変容させるでしょう。わたしはそのことを知ることによって、自分自身のユニークさを完全に受け入れ、それを表現することで、人生が意義深く、心から満足できるものになりました。次の章では、わたしを通して神なる光が輝き出すということに気づき、そのことを信頼することによって、どのようにわたしの人生が変化していったのかについて述べたいと思います。

第10章

自分自身を信頼し、わくわくを追いかけること

個別の存在としての魂は、自らの意識を拡大するために、さまざまな経験を自由に創造することができます。さまざまな経験を経る中で、魂は目的を果たしているのです。すなわち、自分自身をより深く知り、成長させるという目的です。そうすることによって、魂は、**すべてなるもの**がより自らを知ることを促進しているのです。魂が肉体を持って生まれ変わることを決めるときに、通常は、大まかな人生プランしか用意しません。ある特定の部分だけは詳細に加えられることもありますが、大部分は、魂が探究したいと願う一つか二つのテーマが用意されているだけです。これらのテーマは非常に概略的もので、一歩一歩の緻密な台本というよりは、大体の筋書きがいくつかあるだけです。それらのテーマは、オーバーソウルや他のすべての魂の片割れたち、魂の家族、そして究極的には**すべてなるもの**に恩恵を与えられるものが選ばれます。

魂のテーマが、その魂の運命だと言うこともできるでしょう。でも、前もって決められているのはそれだけです。わたしたちが生まれ変わったときに、本当に働くのは自由意志の力です——選択する力です。その人に運命づけられているように感じるものも、実は魂が自由に選ぶことのできたテーマです。一度、生まれ変わりのテーマが決められたら、どんな方法でも自由にその人は、そのテーマについて探究することができます。たとえば、豊かさというテーマについて考えてみましょう。魂は、貧しい家庭、中流階級、あるいは富裕層のいずれにも選んで生まれることができます。そこから、どのようにお金とのつき合い方を経験するかについて、自由に選ぶことができるのです。自力で億万長者になった人々や巨万の富を食いつぶした継承者、あるいは日々の支払いに追い立てられている数多くの人々のことを考えてみましょう。もう一つの例は、愛のテーマです。魂は、互いに尊重し感謝し合う素晴らしいパートナーシップと同じ程度に、非常に嫉妬深い、執着した関係からも貴重な愛のレッスンを学ぶことができるでしょう。

ジョンの今生のテーマは**理解すること**です。けれども、彼のハイアーセルフは、ジョンがどのようにそのテーマを探究するかについては定められていないと言いました。ジョンはこれまでのところはよくやっているが、より深く理解について学ぶために、そのうちに病気になることを選ぶだろうと言いました。言い換えれば、人生の中で生まれる選択や調整は、常に作られるものなのです。ハイアーセルフとの会話の中で、しばしば戦死することを通して、生と死というテーマについて学んでいるジョンの魂の片割れがいるということも聞きました。

バランスを取りながら理解していくというのが、オーバーソウルのやり方なので、いくつかの魂の片割れたちが同じテーマについて、それぞれ独自の方法で探究していくということもあります。ここにカルマという概念がフィットします。次に深く扱うカルマとは、同じテーマについて、別々の視点から知ろうとするオーバーソウルの欲求の現れに過ぎません。ですから、ある人生で殺人を犯したある魂の片割れが、別の人生で殺人者の弁護人をしたり、殺人が起こるのを未然に防いだり、自分が犠牲者になったり、あるいは、犠牲者の親として生まれたりします。どの場合においても、魂は葛藤を、愛を通して解決するチャンスを与えられます。このようにバリエーションは無数にあります。そして、魂はそのテーマを通して、いかにユニークな方法で自分自身を知るのかについて、自由に選ぶことができるのです。

カルマの本当の意味とは

カルマとは、自らの経験の内でバランスを取りたいと願う魂の欲求の表れに過ぎません。それは、さまざまな視点から学びたいと思う魂の志向性なのです。すべての魂は、さまざまな観点から人生を体験することで、理解を深めているのです。一つの人生を通して、さまざまな視点を学ぶこともあるでしょう――たとえば、一生のうちで、貧困から富豪を体験する人生などです。あるいは、数々の生まれ変わりを経ながら学んでいくこともあります――たとえば、豊かさというテーマを異なる人生のバリエーションから学んでいく人もいるでしょう。

カルマに良いも悪いもありません。それは、何かの懲罰ではないのです。外側の何かがあなたに課すものではありません。カルマとは、オーバーソウルがその学びの過程でバランスを取ろうとする意志なのです。あなたの魂が、これまでの人生の体験に基づいて、エネルギー的なバランスを取る必要があると感じると――その同じ人生の中で、あるいは、また別の人生で――もっとも適切な方法でそれを達成するでしょう。その結果として起こる出来事を、わたしたちはカルマと呼んでいます。あらゆる行動は、何らかの結果を生み出します。その影響を受けることで、あなたは判断することができ、自分が真に望んでいたのは何かを見極めることができるのです。そのようにして、自分が何を求めているのか（どのような志向性があるのか）を知ることができるのです。逆に、それが不快なものであれば、次に行動を起こすときに、別の選択をすればいいというわけです。

けれども、残念なことに、わたしたちはカルマという言葉に、裁きという観念を抱いています。そのことによって、ここでもまた自分自身を小さく捉え、被害者を演じさせてしまうのです。それは、皮肉なことです。というのも、カルマの影響から解放する力を持っているのは、あなた自身に他ならないからです。過去の負債の返済という、よくあるカルマの考え方は誤りです。自分自身が作ったネガティブなエネルギーや経験のバランスを取ることは、必ずしも悪い体験をするということを意味していません。わたしたちには、人生のバランスを整えたいという明確な意識を持つことによって、それを達成できるように、ポジティブに行動していく選択があります。自分自身がどうありたいかを選択する自由を持っていることを知ってください。自分自身が進みたい方向に向かう一歩一歩が、あなたを進化発展させるのです。あなたはどんな自分にもなることができますし、その自分として人生を体験することができます。

自分が輪廻転生の中で、どれほどきちんとできたかどうか評価を下しているのは、自分自身だけです。どこか「上で」スコアをつけている存在などいないのです。わたしたちが人生を生きるのは、より良い存在になり、より多く体験し、より多く創造したいと願っているからです。まさに自分自身の人生を通して、（その進化発展に）貢献することを無上の喜びとしているのです。

人生のテーマの目的とは

一度自らの人生のテーマに気づいたとしたら、それを要素に分解して学んでいくのか、あるいは、その学びを完結するのかを決めるのは、わたしたち自身です。たとえ、その人生のテーマが生まれる前から決められたのだとしても、人生の途中でそれを完結することによって、魂は新しいテーマを探究することを選択できます。残りの人生を費やしてそのテーマに取り組むのではなく、完結させることが可能だということです。わたしたちは、集団的な意識が共有するテーマを探究することによって、進化発展する時代に生まれ落ちることを選択しました。したがって、一人一人の個人的なテーマは、わたしたちが全体として合意した集合的なテーマ――意識の変革――に沿って、作動しているのです。

この新しい考えを頭の奥の方に置いておくことをおすすめしたいと思います。次回、あなたの目の前にお馴染みのあの人生のチャレンジが現れたとしたら、そこには同時にビルトインの起爆ボタンもあるのだということを思い起こしてください。そのときは、そのテーマを別の方法からアプローチできないかどうかを探ってみればいいだけです。人生のどんな局面においても、平和でいられる心のあり様を見つけることができれば、そこにチャレンジが潜んでいたとしても、あなたはいつでもボタンを押せると確信できるのです。そして、そのときがくれば（そして、あなた自身の準備さえ整えば、おのずとそのときがやってくることを保証します）、あなたはその古いテーマに終止符を打つことができます。終わったという達成感とともに、明確な理解／認識が訪れるでしょう。けれども、登り詰めた頂上から眺める景色がいかに美しいとしても、あなたの中の探究者は、新たなる地平を夢見ることでしょう。そして、魂のレベルで新しいテーマを選び、新たな創造の旅を探究するのです。こうして人生は、たゆみなく続いていきます。

エクササイズ　人生のテーマを明らかにする

このエクササイズを行うために、15～20分間、静かな時間を取ります。メモを取るためのノートか紙を用意しましょう。息を吸い込み、ゆっくりと吐き出します。それから、あなたの人生にくり返し起こるパターンについて思い起こしてみましょう。人生のどんな場面で、同じようなチャレンジに見舞われるでしょうか？　わたしたちが共通してよくあげられるテーマとしては、豊かさや人間関係、力に関するレッスンです。これらのうちで、あなたに響くものはありますか？　あなたが達成したいもの、夢について考えるときに、どんな恐れが出てきますか？　あなたが好きなこと――あなたにとって簡単で、とくに得意だと思えること――をやっているときに、どんなことが障害として道に立ち塞がってくるでしょうか？　思いついたことをすべて書き出してみましょう。

わたしの人生について例にあげますと、わたしは人前で話すことに恐れがありました。自分が学んだことを人々と共有することに喜びを感じると同時に、わたしの一部は人に見られることに怯えていました。わたしは、今自分であるものになる方法の一つとして、この恐れを克服し、無力感というテーマを解放する必要がありました。

上記の問いに対する答えを、思いつく限りすべて書き出したら、すべての答えを読み返して、そこに共通の道筋がないかどうか確かめてください。すべての答えの核となるものを探し出します。それが、あなたのテーマです。

そして、続く生活の中で、第5章で紹介した「自分の制限ある信念を明らかにし、それらを変容する方法とは」のエクササイズを実践することをおすすめします。核の部分では、あなたの人生のテーマは、一つのニュートラルな観念に過ぎません――あなたの魂にとって学びたい分野だというだけのことです。あなたはそこに何らかの信念を結びつけてしまったがゆえに、人生のチャレンジになってしまったのです。ネガティブな信念をより助けになるような考えに置き換えることによって、そのテーマに新たな定義を与え、ポジティブな経験にすることが可能となります――そして、最終的にすべてを解放することができるのです。

わたしにとって、人生のテーマについて議論するときに、合わせて過ちという概念について考えるみることも適切だと思うのです。どんなにわたしたちにとって、自分自身をゆるすことが困難だとしても、人生に失敗などないと知ることは大切です。すべての観点は、わたしたちに学びと成長をもたらします。すべての経験が、わたしたちの魂の成長に恩恵を与えているのです。したがって、すべては良いのです。本当にそうです。

あなたの人生には気に入らない状況があるかもしれませんが、そこにネガティブな意味付けをする必要はありません。自分自身や自分の体験について、卑下しないでください。魂にとっては、あなたが創造したものはすべて価値があるのです。すべてが慈しまれ、喜ばれているのです。あなたが好ましくないと思うような体験も、あなたに貢献したのだということを理解してください。たとえ、もう二度とそんな方法で自分自身を経験したくないということを教えてくれたとしても、です。

あなた自身が戦っているものを変えることはできません。自分自身をまるごと愛し、受け入れ、感謝して、はじめて変化が訪れるのです。どんな戦争も――それが内的、あるいは外的な争いであったとしても――永続的な平和をもたらすことはありません。愛とゆるしだけが、平和をもたらすのです。もう二度と、自分自身と争う必要はありません。あなた自身の善性を無条件に抱きしめることによって、自分自身と和平を結んでください。ネガティブな意味付けをした部分に愛を注ぎ込むことで、ニュートラルな状態に戻してください。あなた自身が学んできたことに対し、自分をゆるし、そして愛してください。そうすることによって、あなたはこれまで戦ってきたことを、たやすく超越することができるでしょう。どんな状況も乗り越えることができるでしょう。そして、自分自身のテーマについて探究しながらも、自分の夢に向かって人生を形作ることができるでしょう。

内なるパワーを抱きしめる

自分自身が人生の経験をつくり出しているとはっきりと認識して、はじめてわたしたちは状況から抜け出すことができます。あなたは、どんな状況においても、どんな相手であっても、被害者ではありません。あなたはパワフルな創造者《クリエーター》なのです。わたしたちの文化は、人生が常に「持って生まれた運」という不可解な現象によって、不平等にできていると教えています。けれども、文化的な信条が必ずしも、わたしたちの人生に当てはまるわけではないということを知っておく必要があります。

これまでのあなたの人生は、周囲の人たちの信条や、あなた自身が無意識に吸収し、自明のこととして受け入れてしまった信念に基づいたものだったかもしれません。けれどもそれらは、同じメロディーをくり返し奏でる傷ついたレコードのように、あなたの意識にくり返し浮かぶ想念に過ぎません。

神経学的な見地では、あなたが自分自身と人生について考えていることは、脳内の細胞経路を走っている電気パルス以上のものではありません。これらのパルスや経路は、情報を伝達し、吸収するためにあなたの身体がつくり出したものです。そして、同じ思考を何度も考え出すことで、これらの生体構造は強固に固められてしまいます。ですから、わたしたちの多くは、ある特定のことを考えるときに、それが標準規定となってしまっているのです。したがって、もっとポジティブな考えがあったとしても、はじめのうちはそれが真実だとは思えません。というのも、すでに確立された神経システムとは矛盾しているからです。たとえ、矛盾を感じたとしても、よりポジティブな考え方を採用してほしいと思います。すべての新たな思考は、これまでとは異なる配線を引くことで、あなたの脳を変えていきます。すべての新しい考え方は、あなたの見方を変えていくのです。すべての新たな考えは、新しい現実をつくります。そして、あらゆる新たな思考は、もっとなりたい自分に近づけてくれるのです。

あなたは、非常に巧みに人生のあらゆる側面を設計してきました。そして、人生のテーマが明らかになった今、あなたには今度は別のことを試してみる、という選択が与えられています。自分の人生を心地良いものだと感じるために、世界が変わる必要はありません。代わりに、自分の内なる世界が変容していくことにフォーカスしてください。そこに信頼をおいてください。時が来れば、世界は、あなたの内側に起こっている変化を反映するでしょう。

自分自身の信念に気づいていてください。そして、それをよく吟味し、より助けになってくれるような新しい考え方に置き換えていきましょう。あなたの内側に、そのパワーがあります。変える力を持っているのは、あなたです。あなたは、あなた自身の宇宙のマスターです。あなたが人生について、このような見地に立つことができるようになれば、根幹から支えられるようなパワーと一体となるような感覚が湧いてくるでしょう。わたしたちの多くが、ただ「標準規定《デフォルト》」から創造しています。自分が創造しているということに気づいていないので、意識的に創造にかかわることができません。けれども、この「デフォルト」による創造も重要な経験だと言えるでしょう。というのも、自分が本当は何を志向しているのかに気づかせてくれるからです。わたしたちはこの瞬間にも、自分のなりたい自分になること──考えやふるまい、行動においても――を宣言し、選択し、実行することができるのです。

くり返しますが、真のパワーは今この瞬間にあるのです――この瞬間において、わたしたちはなりたい自分を創造するのと同時に、過去や未来も造っているのです。わたしたちが人生を経験できるのは、この瞬間だけです。すでに議論したように、わたしたちが「時間」と認識する出来事の連続性は、幻想です――それは、とても便利な構造なのです。肉体的な存在の次元に、強烈にフォーカスしているわたしたちの考える心／エゴは、時間を、組み立てるためのツールとして使っているのです。

記憶も現在の瞬間に造られたものです。記憶や思い出も、今の瞬間にあなたが考えていることに過ぎません。あなたが選んだ記憶やその「過去」の思い出をどのように体験したいかを決定づけるのは、あなたが今考えていることや自分について抱いている現在の自分像です。あなたを取り巻くもの――人間関係や物、出来事など――は、それ自体ではニュートラルなものです。人生のいかなることにも、あらかじめ決められた価値などありません。あなたが自分自身の信念に基づいて、どのように解釈するかによって、環境が意味付けられていくのです。

あなたのユニークな考え方に基づいて、物事に独自の主観的な意味付けを与えられる力をもっているのは、あなただけです。たとえば、ステーキの写真を見て、よだれが出て、おいしいお肉をすぐにでも食べたいと思う人もいるでしょう。けれども、おそらくベジタリアンの人たちにとっては、不快なものでしょう――自分たちが対抗しているものの象徴だと思うでしょう。同じ写真でも、見る人によっては、「良いもの」「悪いもの」とラベリングするのです。

同様に、あなたの人生に起こる出来事もニュートラルな現象です。けれども、そこに「良い」「悪い」

とラベル付けするのは、あなたです。「特定のネガティブな出来事を経験することで、わたしはそこから何を得ただろうか？」と自問してみてください。あらゆる出来事が、学びのための機会を提供しています――たとえ、そんな方法で自分について学びたくなかったとしても、です！　あらゆる状況はニュートラルだということを認識することで、それらの経験からあなたが学んだことを意識的に知ろうとすることができ、ひいては、そこにどういう解釈を与えるかについて、新たな見方を選択することができるのです。それらの経験から学んだことや得たものに焦点を当てましょう。すべてをポジティブに解釈することで、自分の価値を下げたり、自己憐憫に浸る必要もなくなるでしょう。そもそも勝者が敗者であり得るでしょうか。

あなたは自分の人生の語り手です。あなたは、どのように自分の人生の物語を語りたいですか？

エクササイズ　過去からの拘束を断つ

このエクササイズでは、急速に変容を起こすためのパワフルな方法を紹介したいと思います。それを実践することで、簡単に過去からの拘束を断ち切ることができるでしょう。このエクササイズは、人生のチャレンジに直面している人だけではなく、人生に関する自分自身の信念――自尊心、お金、人間関係についてなど――を変えたいと思っている人たちにも大変役に立つでしょう。このエクササイズをセラピストとともに行うこともできるし、信頼できる友人と行うことも可能です。また、テキストを自分自身で読んで録音し、あとで聞き返すこともできます。あるいは、瞑想状態において、文面を読みながら自分自身を導くこともできます。このエクササイズを行うための最善の方法について、あなたの直感に任せ、自由にイマジネーションを働かせましょう。このエクササイズを行うために、少なくても20分間の静かな時間を確保します。

楽な姿勢になり、目を閉じましょう。ゆっくりとした深呼吸をしたあとに、自分が母親の子宮の中にいる小さな赤ちゃんだとイメージします。完璧な小さな創造物である自分自身を見つめてください。お母さんのお腹にいることの温かさと安全に守られている感覚を感じてください。自分自身の神なるエッセンス［本質］を感じながら、自分が育まれ、愛され、常に必要なものを与えられていると知りましょう。あなたは必要なものをすべて持っています。それから、イマジネーションを働かせて、自分の誕生の瞬間を体験しましょう。あなたの望むような誕生の場面でいいのです。最初の息をしたときに、どんな感じがするでしょうか？　大きな喜びと期待、愛でもってこの世界に迎え入れられた感覚とはどういうものでしょうか？　イメージしてみましょう。

自分が望むような子ども時代を体験するとしたら、それはどんなものでしょうか？　イマジネーションを働かせてください。まさに自分がなりたかった大人に、今自分がなっているとして、その子ども時代の自分はどんな子どもでしょうか？　その子どもになってください。実際はどうだったかとか、何が可能だったかといった抑制的な思考によって、イマジネーションに規制をかけないでください。できうる限り明るい光で、頭の中のイメージを彩ってください。

両親にどのように育てられたかったでしょうか？　全く違った形で起こってほしかった出来事はありますか？　起こってほしかった出来事、あるいは、起こってほしくなかった出来事はありますか？　両親や先生は、あなたにどんな真理（大切なこと）を伝えたのでしょうか？　もっと裕福な家庭、あるいは、もっとお金のない家庭で育ちたかったですか？　違う場所で育ちたかったですか？　どんな学校に行きたかったですか？　もっと違った友だちが欲しかったですか？

この新しい子ども、新しいあなたは、自分自身の価値や自尊感情について、どのように教わるでしょうか？　愛や人間関係、お金、仕事、その他のことについて、この子どもにどんな考えを持ってほしいですか？　その子どもに、それら新しい考え方や存在のあり方を教えてあげてください。その子どもはあなたを信じていて、あなたが教えることを絶対的な真理として吸収します。自分自身を知るためのこれらの新たな方法が、どのようにその美しい子どものエネルギーや細胞構造の中に永遠に刻まれていくのかを感じてください。

その子どもが成長し、大人になった姿を思い浮かべてください。その大人が理想的なあなたの姿です。どんな大人になりたかったのでしょうか？　あなたにとって、最も充実した、最も幸せな人生とはどんなものでしょうか？　このあなたは、今のあなたとどう違うのでしょうか？　この理想的なあなたは、どんな生き方をしているのでしょうか？

次に、理想的なあなたと今のあなたが、お互いに引き寄せられていく様子をイメージしてください。理想的なあなたが今のあなたと融合するのを感じてください――二人が一つになるのを感じてください。あなたの波動が上がっていくのを感じてください。そのエネルギーに浸り、それが現在のあなたであると認識してください。それが新たな現実であり、新たなあなたなのです。新たなあなたとして生きることにコミットしてください。

あなたの中には、その新たな子どもがいます。あなたは、その子どもの過去を持った現実へとシフトしたのです。あなたは今、子ども時代についての観念を書き換えたのです。あなたは今、その子どもが大人になったバージョンとして生き、話し、行動することができるのです。あなたの行動を抑制する過去はもう何もないということを知ってください。自分の過去を選んでください。過去は、現在に作られるのです。新たな過去を作ることによって、新たな現在を作るのです――理想的な自分の人生を創造するのです。理想的な現在をサポートするような過去を選びましょう。夢を生きている、そんな現在です。

このエクササイズを行うことで、あなたは変性意識状態、すなわち、催眠状態になります。わたしのクライアントと同様に、あなたは全く異なる人物になったかのように、このトランス状態から目覚めるでしょう。自分がより軽くなったように感じるでしょう。肩の荷が下りて、もっと楽に呼吸ができるようになったように感じ、楽観的な自分に出会うでしょう。このプロセスを通じて、ポテンシャルを最大限に発揮した自分になることを自分自身にゆるすでしょう――真実のあなた、すなわち、最もクリエイティブで、表現豊かで、楽しいあなたです。この感覚に留まりましょう。あなたの新しい波動として、身体の細胞の一つ一つに染み渡らせてください。それを信じ、そのように行動し、このエネルギーの状態から自分自身の望む人生をつくり出してください。

「こんな想像は現実ではない！」という考えが浮かび上がってきたら、本書で紹介した可能な自分について、あるいは、パラレル・リアリティー〔並行現実〕についての概念を思い出してください。あなたの人生の語り手は、あなた自身であることを忘れないでください。そして、「本当のこと」とは、優れて主観的な経験であることを明記してください。あらゆる可能な現実には、さまざまなバージョンがあり、体験している人にとっては、どれもが「本当」なのです。わたしは何も、友だちに嘘八百を並べなさいと言っているのではありません。あなたのエネルギーやその調整の仕方、態度、信念を変えることをすすめているのです。あなた自身を解放し、あなたの望むような人生を体験することをおすすめしているのです。あなたが自分の知る人生や記憶している人生に「何か」が起こらなかったという理由で、そこに価値を見出すことができないということを、意味しているわけではありません。これまでと異なる方法で、自分自身を体験すればよいのです。あなたが理想の自分であるパラレル・リアリティー（並行現実）に意識を向ければいいだけです。最高に充実した人生を送るための許可を求める必要があるのは、自分自身だけです。自分自身にその許可を与えてください。変化とは、それくらい簡単なことなのです。

次々に起こる奇跡……

本書の最初の部分でお話ししたわたし自身の物語に、ここでもう一度戻りたいと思います——どのようにわたしが企業弁護士から、人々のスピリチュアルな成長や発展に貢献するということに移り変わっていったのかについてのお話です。それは、どのようにわたしがこれまでの制限という鎖を断ち切り、自分自身に羽根があることに気づき、飛び立ったのかということについての物語です。その後に続くわたし自身の物語こそが、わたしが学んだ最大のレッスンの生きる例として、あなたに提供できるものです。そして、その最大のレッスンとは、あらゆる瞬間に、全力で自分自身のわくわくを追いかけ、自分自身を信頼することに他なりません。

顎関節症の症状が前世療法によって奇跡的に治癒されてから、わたしの退行催眠に対する興味関心は再び高まりました。わたしは自分が探しうる限りの前世や臨死体験に関する本を読みあさりました。そして、前世療法がいかに素晴らしいものであるかを人々に伝えるわたしなりの最大限の方法として、わたし自身の人生をまさに変えるきっかけとなった、ブライアン・ワイス博士著『前世療法2』（PHP文庫）を数えきれないくらい人々に贈りました。わたしの情熱は、多くの人の心に火を灯しました。忙しい仕事のスケジュールの合間を縫って、できる限りあらゆる前世療法のセミナーに参加しました。そして、家族全員に退行催眠を行ったのです――とりわけ、最愛のパートナーに対して行いました。彼にはどうやって退行催眠をするのかを教え、しばしばわたしに行うようにお願いしました。そして、この本の冒頭で述べたように、わたしが全くの知らない人に対してセッションを行ったのは、ジョンが初めてでした。彼と協働でつくり出したポジティブな経験のおかげで、わたしは自信を持つことができ、機会があれば多くのクライアントと会うことに自分を開くことができたのです。

同時に、わたしは自分のお金に対する制限ある考え方（信念）を解放するワークを行いました。それは、いつもそこにいて、わたしをじっと見つめていたので、恐れがあるのには気がついていました。わたしは心の中で、ヒーラーが十分にお金を稼ぐのは不可能だと思っていたのです。わたしが法律の専門家になり、その仕事に留まっていたのは、わたしの両親のお金に対する考え方（信念）の影響を受けていたからでした。退行催眠から学んだことで、わたしの両親もまた、その家族と文化からそれらの信念を受け継いだという見方をするようになりました。一度、こうした信念の成り立ちを解明できるようになると、これらの仮説はすべて、そもそもわたしのものではなかったということに気づかされました。わたしは、あらゆる恐れや信念が浮き彫りになってくるままに任せました。そして、感情を解放するテクニック（ＥＭＴ、あるいは、「タッピング」と呼ばれる）や本書の中で紹介しているエクササイズを使って瞑想することで、そこに蓄積された感情をニュートラルに戻しました。それから、わたしは自分が思うように感情に名前を与えました。わたしの所有者はわたし自身に他ならないのだから、自分の人生や世界をどのように見るのかは、わたし自身が選択できるのです。お金にまつわるエネルギーが明らかになることによって、あたかもまったく新しい可能性の世界が、わたしの目の前で開かれていくかのようでした。

それからさらにもっと、わたしは、自分がこうありたいと思う自分になっていくことを、自分自身にゆるしました。そして、退行催眠のプロセスを信じ、そのプロセスに全身を委ねることによって、さらに多くの機会がわたしの元を訪れたのです。

これらの機会のうちの一つは、ブライアン・ワイス氏からの招待状でした。ブライアンと彼の娘のアミは、彼のワークショップの参加者や著書やオーディオ・テープの利用者、あるいは実際にクライアントに退行催眠を行ったことがある人たちの詳細な体験談を本にしようとしていました。ブライアンのワークショップの過去の受講者はみな、彼の本に寄稿できるための招待状をEメールで受け取ったのです。わたしは合わせて三つの話を送りました――二つはわたし自身の退行催眠の体験談で、あとの一つはクライアントのものでした。ブライアンとアミは、数百もの体験談を受け取ったにもかかわらず、わたしの話しを三つとも採用し『奇跡が起こる前世療法』（PHP研究所）という本の中に掲載したのです。わたしはブライアンとアミに選んでくれたことに心から感謝していますし、わたし自身やクライアントが学んだレッスンを共有する機会を与えてもらったと思っています。

そして、ある日、自分自身が大きく拡張したために、もうこれ以上これまでの古い自分に留まることはできないと思う瞬間が訪れたのです。ちょうど、ウェイン・ダイアー博士のセッションを行ったあとに、そのときがやってきました。

数ヶ月前に、わたしは友人と会話している中で、ウェインが「奇跡を体験する」と名付けられたヨーロッパのツアーを引率するという話を聞きました。そして、「奇跡」という言葉にわたしの直感が反応したのです。わたしはウェインが白血病を患っているということを知っていて、彼が奇跡を起こす準備ができているということを存在の奥深くで感じ取っていました――すなわち、癒しの奇跡です。わたしは自分が直感したことを友人に話しました。わたしの友人は、わたしの行う退行催眠が非常にパワフルな癒しの要素を持っているということを知っていました。わたしは彼女にもしかしたらウェインがセッションから得るものがあるかもしれないと言うと、彼女は彼に連絡を取り、退行催眠を申し入れるように励ましてくれました。

わたしは、簡単に彼女の助言を退けることができたでしょう。実際に、最初は退けたのです。そもそもウェインに連絡を取る方法がわかりませんでしたし、彼がわたしの申し出に興味を持ってくれるかどうかもわかりませんでした。わたしは、彼の周りには、きっと優秀なヒーラーが大勢いるに違いないと思っていたのです。けれども、ウェインと話さなければならないという気持ちが離れず、日増しに強くなっていったのです。そして最終的に、人のために役に立ちたいという自分自身の情熱を思い出すことで、抵抗を乗り越えることができました。もし、わたしが神の導管としての役割が与えられているのならば、どんな奇跡であったとしてもそれが起こるままに任せるということを思い出したのです。数日後、少しのリサーチでわたしはウェインの住所を見つけ出し、彼に手紙を送ることができました。

一ヶ月後にウェインが電話をくれたときには、わたしは手紙を書いたことも忘れていました。わたしたちは退行催眠を行う可能性について、短い会話を交わし、電話を切ろうとしたそのときのことです。わたしは、ウェインの「さよなら」の挨拶を遮ったのです。そして、考えるよりも先に、彼に臨死体験（NDE）をしたある女性の体験談を送りたいと申し出ていたのです。

「わたしはなぜ、そんなことを言ったのだろう？」というのが、最初に浮かんだことです。でも、自然発生的に起こったことは大事にし、身を任せた方がよいということを学んでいたので、わたしは続けることにしました。そして、一瞬の間もなく、ウェインは、わたしが頭に浮かんだものを送るためのファックス番号を教えてくれたのです。彼は、わたしが何を送ろうとしているのかさえ尋ねませんでした。わたしたちの交わした会話の中で、ウェインが言ったように、神はわたしたちに話しかけるための方法をいくつも見つけ出します。この一件を振り返ると、ウェインが自分自身を信じてわたしに連絡をくれたことや、彼に頭に浮かんだものを送りたいと申し出たわたしを信じてくれたことに、心からの感謝の気持ちが湧いてきます。

わたしがウェインに送りたいと思っていたのは、アニータ・ムアジャーニの臨死体験の物語でした――つい、一日前に受信箱に送られたばかりでした。わたしは、スピリチュアルな話題について情報を共有するメーリングリストに登録していて、その日の話題の一つがアニータの臨死体験の物語であり、そこにリンクが貼られてあったのです。メールには、どのようにすべての可能性が同時に存在しているのかについて、アニータが述べていることの概略が含まれていたのです。（概略を読みたい方は、本書の256ページにもう一度目を通してください）。

大いなる魂はどれほど長けているのかについて考えるのもわたしにとって興味深いことです。ジョンとの退行催眠のセッションを経てから、同時並行的に存在する時間という概念に、わたしは並々ならぬ関心を抱いていました。もしその概略が、「興味深い臨死体験談」といった雰囲気で紹介されていたら、わたしは恐らく目を通さなかったでしょう。でも、わたしは概略を読んで、臨死体験はどうであれ、面白い内容に違いないと思いました。プリンターが21ページもの原稿を送り出したときに、嬉しさがこみあげてきました――こんなに枚数があるのだと感動したのです。特別な贈り物が与えられたのだということがわかりました。わたしは自分のお気に入りのペンをつかむと、椅子に座り、これから目にするであろう、珠玉の叡智に下線を引っ張る用意をしました。

アニータの物語を読んでいると、魂の持つ本物の波動に自分自身が固定化されるような不思議な感覚に包まれました。わたしは自分自身に出会ったような感覚、すなわち、素晴らしい力を持った本物の自分自身と出会ったような気持ちになりました。退行催眠を通して、わたしもアニータのように、あらゆる身体的な病は、はじめはエネルギーのレベルで起こるのだということを認識していました。彼女の物語を読む以前から、もし肉体が重い波動を持つネガティブなフィルムを取り除くことができれば、瞬時に癒すことができるのではないかと信じていました。

そしてもちろん、アニータはわたしの心に響く、もう一つのテーマについてもふれていました――存在の同時性というテーマです。すべての出来事は同時に起こっているので、同じ瞬間にすべての可能性が存在しています。ですから、わたしたちは現実と現実を縫い合わせて、自分の望む最高の人生といちばん釣り合いの取れる現実を創造し、経験すればよいのです。わたしは、アニータの臨死体験の物語が大好きですし、彼女が分かち合ってくれた知識のすべてを愛しています。

けれどもウェインとの電話を切った瞬間に、「なぜ?」という疑問が再び忍び寄って来たのです。なぜ、わたしはアニータの物語を彼と分かち合いたいという思いに駆られたのでしょうか? 当時、わたしが思いつく限りのことは、それがあまりにもわたしが信じていることと、わたしが彼に提供できることを説明してくれていると思ったからです。アニータの物語を彼に送ることによって、「わたしはあなたが瞬間的に白血病から癒されることを知っています。その可能性は存在しているのであり、わたしはあなたがその現実を創造するお手伝いができます」と彼に伝えたかったのです。アニータが物語の中で、実にシンプルな言葉で雄弁に語っていることのすべてを、わたしが伝えようとしたら、もっと多くの時間を要したことでしょう。

今なら、わたしの瞬間的な衝動を説明できる二つ目のことがわかります。わたしの行動は、アニータの素晴らしい言葉を地球全体にもたらそうとするプロセスの一部だったという理解です。ウェインはアニータの物語を非常に気に入り、彼の著作の出版社であるヘイ・ハウスに送ると、著者を探し出して本にするようにすすめたのです――そして、それが実現されたのです！　自分自身のわくわくを追いかけ、自分が愛することを人々に分かち合うことで、わたしはすべてなるものに仕えると同時に、**すべてなるもの**もわたしに仕えてくれたのです。これがまさに、**一なるもの**の行為ではないでしょうか！

わたしがアニータの物語と出会ったタイミングも完璧でした。もっと早い時期に出会っていたとしたら、わたしの記憶の先端にないために、ウェインに紹介しなかったかもしれません。また、もっと先に知ったとしたら、アニータの素晴らしい言葉は今日のような注目度では、普及しなかったでしょう。このように、すべてのことが魔法のように組み合わされて起こるシンクロニシティーは、あらゆる現象は同時に、永遠の時間なき瞬間に起こっているのだということをわたしたちに伝えてくれます。したがって、どんなことであれ、わたしたちに最善をもたらす瞬間は、常にわたしたちをサポートしようとそこに控えているのです。

それから数ヶ月、何回かの会話を重ねて、ウェインとわたしは退行催眠のセッションを行うことに合意しました。そして、わたしは彼と会うためにマウイに飛びました。ウェインが癒されることに対するわたしの信頼は、祈りや希望を超えたものでした――それはより深い、完全な智というべきものでした。そして実際に、ウェインのセッションは非常にパワフルな癒しをもたらしました。

わたしはもう一度Eメールを調べて、だれがわたしにアニータの物語を送信してくれたのか探し出すことにしました。オジアン・ズルチフィルさんは、ルーマニアのブカレストに住むエンジニアでした。彼に連絡を取るまでは、彼は見知らぬ人でした。わたしは彼に一連の素晴らしいシンクロニシティーについて話し、彼がその一部であることを伝えました。彼は、わたしが時間を費やして、このことを彼に伝えたことに感謝しましたが、自分がどこからアニータの臨死体験の物語を見つけたのか覚えていないと言いました。けれども彼は、それを意識していないにも関わらず、自分の取っている行動や言葉によって、絶えずお互いに影響を与えているということを、この出来事によって確証を得ることができたと言いました。そして、こう言葉を結んだのです。「そもそも自分がどうしてそのことをしているのかわからないとしても、人生のあらゆる瞬間に、ポジティブな行動を取っていくことがすごく大事なことですね」。わたしは嬉しくて、笑顔を抑えることができませんでした。

しばらくすると、今度は同じEメールリストから、臨死体験を通じて、ガンから奇跡的に治癒されたアニータ・モアジャーニという名前の女性の感動的なインタビューを見ることを薦めるメールを受け取りました。ウェインとともに行動したことによって、アニータのパワフルな愛の言葉が数えきれないくらいの人々に影響を与え、鼓舞することにつながったということを思い出し、大きな歓喜が体を突き抜けていくのを感じました。この最後のEメールを受け取ることによって、一連の出来事がエネルギー的に完結したのだということが分かりました。ウェインとわたしは、それぞれの役割を果たしたのです。同時に、アニータの言葉は、ウェインを癒そうとするわたしたちのワークを助けてくれました。

ウェインとのセッションを行ったあとに、わたしはニューヨークに戻り、感謝の気持ちに満たされていました。わたしは、ウェインが白血病から癒されることに携われたことに感謝していましたし、病気の原因となっていた感情的な解放を手伝えたことを嬉しく思いました。また、ウェインと連絡を取る過程において、アニータの深遠な物語がより多くの人々に届けられたことに感謝しました。さらに、ウェインと宇宙が、わたしが心の奥底で知っていたわたし自身の本当のあるべき姿――催眠療法家としてのわたし――と出会う機会を与えてくれたことに、心から感謝していました。

旅から戻り、アパートメントに入ろうとすると、パートナーがドアのところで出迎えてくれました。彼は「やあ」と言い、わたしの旅について質問をはじめました。けれども、突然質問をやめたのです。そして、どれほどわたしの外見の雰囲気が変わり、エネルギーが変わったのか言いました。彼は正しかったのです。わたしは新しい現実へとシフトしました――わたしはこれまでと違うミラになったのです。

わたしは、本来あるべき自分として生きるときがやってきたのだとわかりました。それは、「今」しかありませんでした。わたしは速やかに、もう法律家としてのキャリアは歩まないと決意し、これほどまでの意味と充実感を与えてくれる仕事に身を投じることにしたのです。わたしが正しい道を進んでいるのだと励ましてくれているかのように、宇宙は非常に貴重な贈り物を授けてくれました。ウェインは、彼の著書“Wishes Fulfilled”の中で、わたしたちのセッションの内容を取り上げていることを電話で知らせてくれたのです。

奇跡に次ぐ奇跡がわたしの元に舞い降りてきました。そのとき以来、退行催眠のワークがわたしの人生になりました。そして、わたしの人生は魔法のようなシンクロニシティーが立て続けに起こり、その道のりを助けてくれるのでした。

わたしをさらに元気づけてくれるように、宇宙は最近もう一つの贈り物を送ってくれました。本書の原稿を出版社に提出する数日前、わたしは素晴らしいニュースを受け取ったのです。それは、ブライアン・ワイスが、オプラ・ウィンフリーの「スーパー・ソウル・サンデー」という番組に出演する予定だというものでした。そして、彼の素晴らしい著書『奇跡が起こる前世療法』を聴衆に知ってもらうために、ブライアンとオプラで著書の中のわたしの前世の体験の一つを、全編を通して紹介することを決めたということでした。『奇跡が起こる前世療法』の中の数多くの物語の中で、彼らはロシア人の医師とその女性の愛するアメリカ人の兵士の物語を選んだのです。この知らせを聞いて、わたしは舞い上がりました。わたしは、自分の最初の前世体験がオプラのウェブサイトで特集されることに、言葉にならないほどの喜びを感じました。

わたしは、自分が何もしていないのに、おのずとすべてが整えられていくように感じました。どんな考えも計画も期待も、ブライアンとアミの『奇跡が起こる前世療法』が出版されるにあたって、自分の体験談が採用されるという機会をもたらすことはできません。自分の力で何とかしようと試みて、ウェインとの退行催眠を行ったり、彼の著書“Wishes Fulfilled”の中で、そのセッションの内容を取り上げてもらったりすることなどできません。わたしがどんな行動を起こしたとしても、Oprah.com［オプラ・ドット・コム／オプラ・ウィンフリーのウェブサイト］で、わたしの最初の前世体験を掲載してもらうということもできません。

わたしが唯一、自分自身でしたことと言えば、シンプルな調整を行ったということだけです。わたし自身の最善のエネルギーに同調したのです。自分自身の最高の表現を示すことができる仕事のエネルギーへと調整していったのです。そして、そのエネルギーが、彼らのエネルギーと彼らが創造しようとしているものに同調していたのです。

　自分自身を調整することには、何の努力も要しませんでした。わたしの興味を引き、わくわくするような事柄に身を委ねることを自分自身にゆるしただけです。わたしはいつの日か、ウェイン・ダイアーやブライアン・ワイスのような卓越した著者に並んで、自分自身の体験を本にするために、退行催眠という魅力的な世界にのめり込んでいったのではありません。退行催眠について思索し、本を読み、話すことがこの世で一番興味深く、充実感をもたらすものであったので、あらゆるステップを踏んだのです。まさか退行催眠をキャリアにするなどとは、当初は考えもしませんでした。合理的な考えに従うのであれば、法律家としてのわたしのキャリア——唯一、わたし自身に内的な満足感を与えてくれたもの——から遠く隔たるようなことにお金も時間もつぎ込まなかったでしょう。けれども、そこにおいて、なぜわたしの人生が数々の奇跡に満たされていたのかについての秘密が隠されているのです。

恐れと疑念を手放す

バシャール――ダリル・アンカ氏によってチャネリングされている存在――は、わたしたちの魂がこの世で実現しようとしていることの周波数を、肉体の次元で受け取ったものが、わくわくする感覚だと伝えています。わたしたちのわくわくする気持ちを刺激するようなことが、もっともよくわたしたち自身を表しているのです。わたしたちの最高の表現の形を反映しています。喜びは、わたしたちがもっとも容易く達成できるものを示しているのです。バシャールは、どんなときにおいても、自分が一番わくわくすることを行うように奨励しています。最大の喜びとわくわくをもたらすような行動を取っているときに、わたしたちは本当の自分になり、本当の自分として生きることを宣言しているのです。

本当の自分は常にサポートを受けているので、わたしたちがわくわくするものはすべて、わたしたちの魂を成長・拡大させてくれます――それも楽しく、簡単に。けれども、成長・拡大とは、情熱と共に湧き起こってくるあらゆる恐れに直面し、統合できなければ実現することはできません。成長とは恐怖心を避けたり、まるでないかのようにふるまったりすることではありません。光は、暗闇を押し出しているのではありません――光は暗闇を貫き、輝きで満たしているのです。成長とは、内側にある恐れを洗い出し、それらを絶対的なものとしている背景の信念を発見し、新たな光と理解の元で照らし出すことを意味しているのです。

わたしたちが最も脅威を感じることに、わたしたちの最も偉大な可能性が横たわっています。バシャールは、本当の自分のエネルギーは、制限ある信念のフィルターにかけられてしまうために、わたしたちが脅威に感じてしまうのだと述べています。こうした信念を精査し、手放し、もっと役に立つような考え方に置き換えられれば、わたしたちはもっと偉大な自分へと成長・拡大していくことができます。したがって、恐怖心とは、自分にとって役に立たない考えを持っていることを、親切に教えてくれるメッセンジャーなのです。わたしたちが恐れを手放すことができれば、さらに歓喜に満ちた方法で人生を体験することができるでしょう。

わたしにとって退行催眠の世界は、常に大きな関心を惹き付けるものでした。それは、少女時代に退行催眠に関する最初の本を読んでから、ずっとわたしの最大の喜びと好奇心の源でした。顎が奇跡的に治癒したあとは、自分の情熱のままに任せることにしました。最初は、まったく無害に思えました。それは、単純に自分の余暇の時間を使うもので、世の中をまったく違った目で見る方法と、魅力的な会話を提供してくれるものでした。そして、退行催眠にまつわるすべてのことがとても心地よかったので、おのずと目の前で開かれていく素晴らしい機会の数々に、身を任せていったのです。こうしてエネルギーは積み上げられ、まったく新しい人生を構築していったのです。

一方、わたしの法律家としてのキャリアについてですが、当時のわたしは、株式取引所で証券が取引されていた企業の弁護人をしていました。つまり、わたしの仕事は、ウォールストリートの進展に大きく依存していたのです。その結果、２００８年に世界を震撼させた金融危機は、一見すると無関係のわたしの業界にも影響を与えました。毎日のように流れる失職する弁護士たちのニュースは、だれの心にもパニックを生み出し、わたし自身も例外ではありませんでした。あたかも世界の終わりが訪れたかのように感じました。緊張感が漂う環境の中で、ごく自然な疑問が湧き起こりました。それは、「もし仕事がなくなり、もう弁護士として働くことができなくなったとき、わたしには何ができるの?」というものでした。

ある日わたしは、職場のデスクに座り、危機感を覚えながら目の前の壁を凝視していたことを覚えています。わたしは自分自身を委ねられる、何らかのプランを練る必要があると思いました。わたしは大急ぎで、自分の持っているあらゆるスキルと能力を洗い出していました。追いつめられた心境であったために、わたしは厳正に精査し、はっきりと最後の審判の瞬間を見据えていました。

わたしが世の中に提供できる唯一のスキルとは、人々に退行催眠を行う技術であり、癒しと変容の触媒になることでした。そのときに、心の底からガイダンスを必要としていたので、わたしはハイアーセルフとつながるチャンネルを開き、非常にクリアに答えを聞くことができるようになったのだと思います。もはやそのときには、退行催眠はわたしにとって、趣味の範囲を超えて、生活の糧として自分が提供できるものへと格上げされていました。退行催眠は、最も自分自身の本当の姿を表すチャンネルになっていたのです。退行催眠はわたしを生き生きとさせ、とてつもない喜びをもたらすものでした。わたし自身が完全に自分を生き、最も大いなる源とのつながりを感じられるものでした。わたしは、本当の自分にアクセスし、それを生きている感じがしました。意味のある仕事を持ち、充実感を味わうことは、とても魅力的に思えましたが、その喜びもつかの間でした。次の瞬間には、息もできないほど不安が押し寄せてきました。生計を立てるために退行催眠を行うという考えは、巨大な恐怖心をかき立てたのです。

わたしの恐れは、お金についてでした。わたしは、人を癒す仕事で月々の支払いをまかなうことはできないと信じ込んでいたのです。ありがたいことに、わたしには時間が与えられました。それから3年もの間、これまでの仕事を続けることができたのです。その間に、自分自身の恐れをかき立てるネガティブな信念に取り組むことができました。あなたの転換期は、あなたが望むように早めることができると覚えておいてください。わたしがこれだけ時間がかかったのは、それが必要だったからです

――この期間は、安全感を提供してくれました。わたしは自分自身の信念を精査する作業において、非常に誠実で、徹底していたと思います。本書でも紹介している数々の原則にしたがい、自分自身の制限的な信念を手放すことができるように組み合わせて活用しました。多くのそうした信念は、わたしの子ども時代まで遡らなければなりませんでした。わたしは両親から現実に関する概念を信じ込まされ、また両親もまたその両親からそれらを受け継いできたということに気がつきました。

わたしは、それらの信念と格闘するのではなく、尊重することにしました。というのも、もしわたしが否定してしまえば、これまでの自分自身とそれらを拠り所につくり上げてきたすべてのことを否定してしまうことになるからです。そうした信念の価値を認めることで、新たな現実として自分が認識したいものへと、徐々に変容させていくことができるのです。

わたしのハイアーセルフと考える心は、とても息の合ったダンスを踊っているようでした。考える心はハイアーセルフに、「退行催眠の中に、毎日を充実した気持ちで過ごせる何かがあるとあなたが示してくれていると信じています。でも、わたしは怖いのです。わたしには支払うべき義務が、山のようにあるのです」と投げかけました。「あなたのことを愛しています。あなたにとって最善のことを願っているので、

このまま仕事を続けられるように取り計らい、あなたが自分自身の制限ある信念に取り組むために要する時間を差し上げましょう。わたしのことを信じても大丈夫ですよ。あなたの安全を守ります」とハイアーセルフは答えました。考える心は、「ありがとう。わたしはこのまま仕事を続けます。けれども、わたしが正しい方向に進んでいるとしるしを見せてください」と言いました。

わたしはゆっくりと確実に、自分自身の恐れに取り組みました。同時に、外にどんどん踏み出し、催眠療法家としての自分を世の中にアピールしたのです。ハイアーセルフは約束を守り、行く先々にしるしを与えてくれ、わたしを励まし、元気づけてくれました。

自分がわくわくすることを実行することで、わたしは自分自身とハイアーセルフ、宇宙に対してコミットすることを再確認していきました。わたしは、最も偉大で、幸福で、充実した自分になろうとしていたのです。そして、自分自身のそうしたエネルギーを、行動にしっかりと根付かせようとしました。回り道も終わろうとしていたので、大いなる源はさらに多くの機会を与えてくれました。わたしはひたすらわくわくすることを行動し、そこから得られる幸福感によって、退行催眠が十分に支えてくれること実感しました。退行催眠によって十分に生活が支えられると実感すればするほど、もっと自分を委ねることができ、より大胆な行動を起こすことができました――ひいては、それがさらなる喜びをもたらしてくれたのです。こうして少しずつ、わたしは法律家という仕事で生計を立てているという信念を手放すことができました。光はゆっくりと、しかし確実に暗闇を貫いていき、輝きで満たしていったのです。

＊

信じることを学ぶ必要はありません。疑わないことを学べばよいのです。バシャールが言うように、疑念とは、本当の自分と合致していない信念を100%信じることです。例えば、もしあなたが失業していて、給料のいい仕事を見つけることはできないだろうと疑うならば、あなたは欠乏という信念に全信頼を置いていることになります――つまり、あなたが十分ではないという信念です。

もし、わたしたちが疑念を抱いているのなら、本当の自分と調和していないことを信じているのです。わたしたちの魂は、ある特定の状況に対して、ものすごく注意を注ぎ、信じ込むことができるために、肉体次元での現実を創造し、体験することができます。わたしは退行催眠を通して、肉体的に生まれ変わるためには、全幅の信頼という状態にいなければ不可能だということを理解しました。わたしたちの本来の特質と能力を忘却し、制限だらけの地球という次元に身を置くためには、全身全霊の信頼があってこそ可能なのです。わたしたちは、生まれ変わりという駐在期間において、すでに自らの内に大いなる源への完全で透徹した信頼を持っているのです。したがって、バシャールの言葉にもあるように、わたしたちは常に信じているのです。わたしたちの内に信頼という機能が備わっているならば、自分が真に望んでいる現実を体験するために、それを方向付ければよいのではないでしょうか。

信頼に関するこのような一風変わった考え方を知ることで、わたしは楽になりました。わたしは信じることを学ぶ必要はなかったのです。そのために越えるべきハードルはありませんでした。わたしはすでに信頼する方法を知っており、あらゆる瞬間に信じてるのですから。わたしが取り組まなければならなかったのは、なぜ自分が欠乏という考えを信じているのか、ということでした――特に、自分が情熱を注げるような仕事によって、経済的に支えられることはないという信念です。わたしにとって、答えは明確でした。それは、わたしの知っている悪が、想像する悪よりも怖くないからでした。仕事のストレスや長時間労働、日夜問わずクライアントが必要としているときに対応しなければならないという期待に沿うこと、不条理なまでに短い締め切り期限、疲労と私生活の欠如など――これらがすべて、わたしの知る悪です。わたしはそれらに慣れきっていました。どのようにつき合っていけばよいかを知っていました。催眠療法家という仕事では、経済的に支えてくれないかもしれないという考えは、より悪魔的で恐ろしい悪でした。そのことがわかったときに、問いは次のようなものになりました――「自分が信じたいものをどうしたら信じられるだろうか？」というものです。そして、それはシンプルにもう一度意識の焦点を新たに設定するということに他なりませんでした。

わたしたちは、ある特定の物事を信じ込むように、自分自身に暗示をかけてしまうのです。わたしたちは、ひとつの見方を選び出し――あるいは、与えられた見方を取り入れ――、そこに疑問を投げかけないままに当然のものとして認識してしまいます。その間、相反する考え方をすべて除外してしまいます。これは、あまりにも自動的に行ってしまうために、わたしたちが立ち止まって、別の方法について熟考することはまずありません。わたしはもうすでに、自分自身が他のあらゆる可能性を除外してしまうほど、ひとつの仮説を信じ込むように暗示をかけられることを知っていました。今度は、自分が信じたいと思うものに意識を集中させるということを念頭に置きながら、意識的にまったく同じステップを踏めばいいだけです。そして、それはすごく上手くいきました。その違いは微妙なものです――わたしはただ、自覚的で意識的でした。けれども、その違いは歴然としていました。

わたしは催眠療法が現実的なキャリアとして、それにまつわる制限ある信念を手放していきました。また、自分が守られているという認識を拡大していけるようにしました。そして、そうした認識をしっかりと自分自身にも内在化できるように選択しました。神がわたしを創造し、そのわたしが情熱を注ぎ込めるものが退行催眠であるならば、宇宙はあらゆる瞬間に、その喜びの最大限の表現を見たいと願うはずです。大いなる源は、無条件にわたしを愛しているのですから、どんな方法であれ、わたしが自分自身を知りたいと願うものをサポートしてくれるはずです。法律家という仕事によってお金を稼ぐことができると信じていたわたしを、宇宙はサポートしてくれました。では、わたしが新たに望むものを設定し直したとして、どうして宇宙が同じことをしないと言えるでしょうか？　わたしはこのとき、自分自身に対する定義を変えたいと思っていました。そしてわたしは、宇宙のわたしに対する無条件の愛と慈しみの想いを信じていました。すべてなるものは、きっとこの新たな創造もサポートしてくれるに違いない、と。これがまさに無条件の愛というものです――いかなる制限も条件もない愛と支援です。わたしは、自分にとって豊かさが意味するものを再定義することを選択しました。わたしにとって豊かさとは経済的なものに限らず、機会や友人、可能性、開かれた心と精神まで含むものにしたいと思いました。

わたしは、自分の存在の成長・拡大を信じることを選びました。わたしは、自分が進もうとしている方向を信じることを選びました。わたしは、あるがままのわたしがサポートされると信じることを選びました。わたしは、あるがままのわたしが愛されていると信じることを選びました。宇宙がその無限の豊かさにおいて、わたしのあらゆる考えやあらゆるアイディア、あらゆる願望、あらゆる計画をサポートしてくれると信じることを選びました。そしてこの宇宙からのサポートは、これまでも、そしてこれからも常に適切で正しいと信じることを決意しました。わたしは自分自身に、小さなマントラを作りました。**わたしは自分を信じます。わたしは自分の人生を信じます。わたしは、すべてなるものを信じます。**

このマントラは、わたしの神聖な呪文になりました。あなたと分かち合えたら嬉しいです。付箋に書いて、洗面台の鏡や冷蔵庫、職場のコンピュータに貼っておくことをおすすめします。このマントラを暗記し、あなたのものしてください。信じることこそが、あらゆることの根幹にあります。

わたしの意識の焦点はゆるぎなく、明晰でした。時間が経過するにつれて、わたしの周囲に奇跡が起こり始めました。わたしの想像もつかないような仕方で、機会が訪れました。あたかも波がわたしを行くべきところに連れて行き、わたしはただボートの上に座って、景色の素晴らしさに驚いているような感じでした。わたしはまさに、老子の「道は常に無為にして、而も為さざる無し」〔訳注：「道はいつも何もしていないようでいて、しかもそれでいてすべてを為している」という意〕という智を、信じ、生きていました。

エクササイズ　人生の目的を見つける

「わたしの人生の目的は何ですか？」

この問いが、わたしが最も多くクライアントから聞くものです。自分の使命について明確に分かっている人が、わたしのオフィスにやってくることの方が稀でしょう。この問いが最も重要な意味を持っていることには、それなりの理由があります――わたしたちがそもそもどういう存在であるのかという本質に関わっているからです。わたしたちの創造性を行動に変換していくことは、わたしたちの本質を表現することです――そもそもなぜわたしたちが創造されたのか、という部分です。わたしたちの魂がどのように、どうして作られたのかについて語られたセリーナの物語を覚えているでしょうか？　大いなる源は、あなたという唯一無二のエネルギーの組み合わせを必要として、あなたを創造したのです――あなたが作られる以前に、あらゆる存在が感じていた空虚さです。あなたは、あなたというユニークな色のブレンドという目的で、創造されました。

「大きくなったら、何になりたい？」というのは、わたしたちが子どもの頃によく聞かれた質問でしょう。わたしたちは、自分を定義するような一生涯の仕事、あるいは、一つの肩書きや目標を持たなければならないと信じています。なので、それが見えないと、混乱してしまうのです。そして、半狂乱のゲームを始めてしまいます。「これがわたしのキャリアなの？　わたしの人生の目的は何？　わたしは人生の目的が分からない」。わたしたちは自分自身の内面ではなく、外側に答えを求めようとします。

けれども、答えはとてもシンプルです。あなたの唯一の人生の目的とは、**あなた自身**になることです。それが、あなたの創造された理由です——あらゆる瞬間に、完全に、完璧に自分自身であることです。この答えは、しばしば人々にショックを与えるようです。彼らは、「そんな簡単なことであるはずがない！」と言うのです。彼らは、自分の人生の目的がもっと大きく、偉大で、彼らの時代にとってもっと価値のあるものであるはずだと期待しているのです。でも真実は、最も偉大な使命は、一歩一歩の積み重ねで達成される、ということです。偉大な人生は、一瞬一瞬を大切に生きられているのです。そもそも、あらゆる瞬間において、自分自身を十全に完璧に生きること以上に、この時代に大事なことはあるでしょうか？

わたしたち一人一人は違っているので、このシンプルな人生の目的の表現は、人それぞれ異なっています。あなたの人生の目的の表現がどんなものであるのかを発見するために、わたしは一つのプロセスを提供したいと思います。少なくとも20分以上、静かにできる時間を確保してください。これからあなたは、人生の目的を発見するために、書く作業を行います。自分自身の次のような質問を行い、答えを書き出してください。

- あなたがやっていて最も楽しいことは何ですか？
- あなたにとって最も簡単にできることは何ですか？
- あなたの得意なものは何ですか？
- あなたが人からほめられることは何ですか？
- あっという間に時間が過ぎ去るように感じることは何ですか？
- あなたが我を忘れて没頭することは何ですか？

これらの問いの答えは、あなたの人生の目的を知るための最初のステップになります。人生の目的について、大まかな概念を与えてくれます。

次のステップは、あなたがこれらのスキルをどのように肉体次元に根付かせることができるかを問うものです。自分自身に「わたしに喜びをもたらす方法で、どのように自分の能力を使って人々の役に立つことができるだろうか？」と問いかけます。この問いについて瞑想し、思いついたことを書き留めます。自分自身の内なる衝動を信じ、わくわくする気持ちを尊重すれば、行動につながります。それが何も「でかい」行動であることを期待してはなりません――そうである場合とない場合があります。それが仕事やキャリアになるのか、この時点で知る必要はありません。一歩ごとに答えが明らかになっていきます。一歩ごとに道が作られていくのです。大事なのは、行動を起こすことであり、あなたがこの肉体次元に、自分の創造的なエネルギーを根付かせようとしていることです。自分が書いたことが、今後の日々や数ヶ月、数年間の青写真になっていくのだという見方をしてください。

三つ目の最後のステップは、自分に喜びを与えることを行動する、というものです。人生の目的を生きるカギとなるのは、あらゆる瞬間に自分自身に対し、「この瞬間に与えられているあらゆる選択の中で、わたしにとって最大の喜び、興奮、充実感をもたらすものはどれだろうか？」と聞くことです。そして、その行為を選択するのです。それくらいシンプルなことです。この問いを真心で受けとめ、そこから生きるようにしてください。わたしがどのように道を開いていったのかという物語が、あなた自身の励みやインスピレーションになることを願っています。わたしの人生が現在のような形になるとは、まったく計画にありませんでした。わたしは単に、一歩一歩自分自身がわくわくすることを追いかけていっただけです。「人生の目的が分からない」という考えを手放してください。あなた自身になるための最初の優しい一歩を踏み出しているに過ぎないとしても、次の新しいアファーメーションに置き換えてください。**「わたしは、自分の人生の目的を生きています。あらゆる瞬間に自分自身を生き、自分がわくわくすることをしています」。**

わたしたちの人生の目的とは、自分自身になることと自分がわくわくすることを行うことです――一方で、そのことが他の人々にも貢献しているのです。このような会話になったときは、あなたが知っていることを相手に伝えてください。あなたの周りの人々に、自分自身を生きないことは、そもそも彼ら／彼女らが創造された存在の意義を奪ってしまうのだということを気づかせてあげてください。あなたの周囲にいる若者たちにも教えてあげてください。大人たちが、あらゆる瞬間にもっと自分自身でいられるように励ましてあげてください。でも、何よりも大事なのは、あなた自身が自分の情熱を生きていることです。自分のわくわくすることを生きてください。あなたが自分自身に正直でいることは、とりもなおさず、あなたの周囲の人々に彼らの人生の目的を生きることを承認することになります。ただあらゆる瞬間に自分自身でいるということを通して、誰もが自分自身と神を尊重することができれば、どれほど世界が変わっていくのか、あなたは想像できるでしょうか？

結び

どこまでも拡大する輝かしい人生

現在も、わたしが行くべきところへシンクロニシティーが導いてくれることを信じています。わたしの物語は、決して完結していません。けれども、わたしの旅路——どのようにわたしが、法律家から催眠療法家へと導かれていったのか——を聞いてどれほど触発されたかということを言いに来てくださる方々に会う度に、わたしの心は温かくなります。わたしの物語があなたにも共鳴するものであれば、きっとあなたも神なる計画によって、本書にある言葉を目にしているのかもしれません。あなたもまた、成長・拡大する輝かしい人生を創造することを求める地点に来ているのでしょう。誰もが自分の一番したいことをして、サポートされるのだということを承認するために、わたしはここに一つの例として貢献させてもらっているのだと思います。あなたが完全に自分自身の力に身を置くことができれば、あなたが考えつきもしなかったような人生の目的と充実感を経験するでしょう。

本書で紹介した数々のレッスンが、あなたの意識の奥深くへ浸透させてください。それらについて熟考し、日々の生活の中に活用してください。エクサイズを行いましょう。自分自身に退行催眠を行い、過去の出来事を今ここで提供された新たな視野のもとで見つめてください。時間と遊んでみてください。シンクロニシティーや奇跡、魔法が起こるままに任せてください。自分自身と他者をゆるしてください。そして、何にもまして、愛してください。わたしたちはみな、他者を愛することには長けていますが、自分自身に対しても同程度に愛情を向けるときがきました。というのも、わたしたち自身の器が満たされてこそ、はじめて他者に対して、本物の愛、無条件の愛を注ぐことができるからです。

この本をあなたのそばに置いてください。読み終わったとしても、本書のエネルギーがあなたの魂の方向性の強力なリマインダーとなって働いてくれるからです。本書の中の物語やレッスンを他者と分かち合ってください。わたしのように、魂の近親者たちに本書を贈ってください。あなたの情熱を通して、他者の心に点火することができるのです。人に伝えたり教えたりすることで、あなた自身の理解が深まります。自分を信じ、人生を信じ、宇宙を信じてください。そして、何よりもあなたは**あなたのままで**愛され、大切にされているということを知ってください。大いなる源は、あなたを欲してあなたを創造したのです。大いなる源は、決して無意味なことはしません。

わたしは、本当の自分自身へと成長・拡大できることを自分にゆるしました。ですから、あなたにもそれができるということを知っています。あなた自身の中に全く同質の波動を持っているために、例としてわたしの物語を引き寄せたのです。あなた自身が最上の自己のポテンシャルを有していて、それを表現したいと思っていなければ、他者がそれを表現していることを知覚できません。ですから、わたしは、あなた自身の成長・拡大を信じることを奨励しているのです。あなたのわくわくする気持ちが引き寄せている方向を信じてください。

わたしは、あなたの進歩・拡大を助けるツールを作りました。それは、**信頼のメディテーション**という瞑想法で、自分を愛し、信じることに焦点を当てたものです。わたしのウェブサイト www.mirakelly.com/

meditation-down-loadから無料でダウンロードすることができます［訳注：英語のみによるご案内になります］。この瞑想法によって、スムーズに自分自身の制限ある信念、考え方を手放すことを可能にし、あなたがどれほど尊く、愛され、守り導かれているのかということを自分の中で実感し、内在化することができます。あなたが自分自身の求めるものを信頼し、最高の人生へと調整し、それを創造することができるように導きたいと思います。

本書の付録Aでは、自分自身に退行催眠を行うためのスクリプトを提供しています。信頼できる友人に読んでもらうこともできますし、自分自身の声でスクリプトを読んだものを録音することもできます。また、わたしのCD『前世療法の癒し、その先へ』の中にある前世療法のガイド瞑想を活用していただければと思います。どの方法を選んだとしても、退行催眠は、人生を奇跡的に変容させてしまうような魅力的な体験の世界へと誘ってくれるでしょう。あなた自身が生きた別の人生を再体験することができるのです。それは、感情と肉体的なトラウマを解放し、あなたのハイアーセルフからのガイダンスを受け取ることを助けてくれるでしょう。一度やってみると、その後、聞く度により体験が深まっていきます。あなたの催眠状態は、より深遠なレベルへと達し、探究の可能性は広がっていきます。ですから、あなたの直感にしたがいながら、何度も実践してみてください。ぜひ、あなたの体験談をinfo@mirakelley.com宛にメールしてください。あなたがどんな体験をしたのか、聞くのを楽しみにしています。わたしは、自分が毎日、魂とコミュニケートすることを実践できるのが大変光栄です。人類の意識の成長・拡大の最先端に身を置いていることを嬉しく思いますし、人々と深いレベルでつながり、その方々の感情的、肉体的な癒しと、より偉大な自己へと変容することを手伝うことができて幸せです。最近、ある美しい女性がスイスからわたしを訪ねてくれました。そしてセッションが終わったあとに、「どうしてあなたが自分のしていることをこんなにも愛していらっしゃるのか、今わかりました」と言ってくださいました。クライアントのみなさんが目覚めたときにたたえる、愛情に満ちた、リラックスした表情を彼女自身も浮かべながら。

あなた方に海のような大きな愛を送ります。前世療法を通して、あなたの冒険と変容、癒しの水先案内人とさせていただいたことに心から感謝しています。

光と愛、ひとつの内に……

ミラ・ケリー

付録A　前世療法のスクリプト

これから紹介するのは、あなただけの退行催眠の経験を作るために役に立つツールです。スクリプトを自分で読んだ声を録音し、それを自分で聞く方法もありますし、信頼できる友人に読んでもらうという方法もあります。どんな方法であれ、穏やかな優しい声で、ゆっくりとスクリプトを読むのがコツです。段落ごとに間を置くことに注意してください。長い間が必要な部分には、段落の終わりに括弧書きで明記しています。技術力がある方は、自分の好きなＢＧＭを誘導の声に付け加えてもいいでしょう。また、録音した声と一緒に、別のデバイスで音楽を流すという方法もあります。けれども、音楽は必須ではありません――あなたがよりプロセスを楽しめる機会を提供してくれるものに過ぎません。

退行催眠を横になった状態か、あるいは心地よい椅子に座った状態で行ってください。日中であなたがリラックスしていて、気分が良いときに退行催眠を行うことをおすすめします。つまり、あなたが疲れていて、すぐに眠りに落ちてしまうような就寝時ではありません。（退行催眠中にどのようなことが予測されるのかについての情報は、付録Ｂ参照してください。）一番大事なのは、自分自身を信じ、あなたにとって最善のことがまさに体験されるということを信じることです。

前世療法（退行催眠）に必要な時間は、おおよそ30分です。催眠から目覚めたあとに、自分の体験を振り返るための時間を十分に与えてあげてください。感情や思考、イメージや気づきなど、すべてを書き留めてください。あなたの体験した人生を反芻するために、瞑想したり、散歩したりするのもよいでしょう。

前世療法のスクリプト

優しく目を閉じましょう。

深く息を吸い込み、そしてゆっくりと吐き出しましょう。

さあ、リラックスしている自分を感じます。

まるで体が浮いているようです。

次に、息を吸いながら、宇宙の源の神聖な光が、あなたを包み込んでいる様子を見たり、感じたり、あるいはイメージしてみてください。

そして、この白い光が、ゆっくりとあなたの足下から染み渡っていくのを、見たり、感じたり、イメージしてみましょう。

この美しい白い光は、あなたの足の筋肉を、温め、リラックスさせてくれます。

この光が足下から足全体まで広がっていくのを感じましょう。

光の温かさを感じましょう。

あなたの足下と足全体がリラックスしていくのを感じましょう。

光は、ふくらはぎの筋肉をやわらげ、ゆるめて、それから膝をゆるめてくれます。

光が上にあがっていきながら、足の骨と筋肉をリラックスさせてくれます。

お尻の筋肉と骨を包み込み、さらにゆっくりとやさしくあがっていきます。

さあ、お腹の筋肉が光に包まれていくのを感じてください。

あなたのお腹をやわらげ、リラックスさせてくれます。

そして、光がゆっくりとやさしく胸を包み、それに伴って呼吸が深く、均等になっていく様子を見たり、感じたりしましょう。

次に息を吸いながら、どのように光によって胸が開いていき、広がっていくのかを感じてみてください。

あなたはもっと、もっと、リラックスしていきます。

さあ、光があなたの心臓を包み込み、浸透していくのを見たり、感じたり、あるいはイメージしてみてください。

清められた心臓のエネルギーを感じましょう。

そして、心臓は鼓動によって、このどこまでも平和で穏やかなエネルギーを広げていきます……この神聖な白い光を……動脈を介して、静脈を介して、体のあらゆる器官や組織、細胞に染み渡らせます。

さらにあなたは、もっと深く、深くリラックスしていきます。

光があなたの指先にまで届いている様子を見たり、感じたりしましょう。手の筋肉をやわらげ、ゆるめていきます。さあ、あなたの手が完全にリラックスしているのを感じてください。

その白い光がひじまで届き、それから肩まであがっていきます。

そして、白い光が腰から背中まであがり、腰の辺りの筋肉をやわらげ、リラックスさせ、ゆっくりと脊柱を通っていく様子を見たり、あるいはイメージしてみてください。

この短い時間だけでも、肩の上に乗っているこの世のすべての悩み事を脇に置きましょう。あとからいくらでも考えることができます。

肩の筋肉がリラックスし、そこに蓄積されたすべての緊張が解き放たれていくのを感じてください。

さあ、腕からあがってきた光と、胸や背中からあがってきた光がひとつになっていきます。

そして、あなたはもっと、もっと深くリラックスしていきます。

白い光が首に届き、首と喉の筋肉をやわらげ、ゆるめていくのを感じたり、見たりしましょう。

さらに、白い光があなたの頭と顔を包み込んでいくのを感じます。

顎がリラックスしていきます。唇がリラックスしていきます。舌がリラックスしていきます。

顔の筋肉のすべてが……肌が……頭皮が……そして耳の筋肉さえもリラックスしていくのを感じましょう。

目がリラックスしていくままに任せましょう。

白い光がゆっくりとあなたの脳に浸透していきます。

さあ、イメージの中で、無限のシンボル、8が真横に傾いている形を思い浮かべましょう。

光が、脳の片側からもう片側まで、行ったり来たりしている様子を心の目で思い浮かべてみましょう……

脳半球を行ったり来たり……無限のシンボルを辿るように……八の字を描いています。

行ったり来たり……行ったり来たり……ゆらゆらと脳の片側からもう片側へと……

行ったり来たりすることによって、二つの大脳半球が調和していきます……あなたの身体と心が同調していきます……そして、あなたの心がハイアーセルフへと同調していきます。

あなたの心、あなたの精神、あなたの思考がどんどんリラックスしていくのを感じましょう。

すべての恐れや、すべての心配事、すべての疑念がやわらいでいきます。あなたの身体がリラックスしていくにしたがって、すべてが融合し、溶けていきます。あなたはさらに平和に、穏やかになっていきます……そして、深く、深く、リラックスしています。

二つの大脳半球の間に、松果腺と呼ばれる小さな腺があります。松果腺は、別の次元や別の周波数……別の人生へとあなたをつなげてくれます。

白い光が優しく松果腺をマッサージし、あなたの探究を助けてくれるように、自然にたやすくＤＭＴ（魂の分子とも知られるジメチルトリプタミン）を生産してくれる様子をイメージします。

それから白い光に包み込まれている自分を感じたり、見たり、あるいは、イメージしましょう。まるで、白い光の繭の中……白い泡の中にいるようです。

あなたは、守られています。あなたは安全です。そのことを感じることができ、そのことを知っています。

［しばらく間をとります］

あなたは今、開いています。あなたは今、リラックスしています。あなたは今、調和が取れています。そして、今、癒されたいと思っています。今、変容したいと思っています。そして、今、無条件に愛されたいと思っています。

さあ、心の中で、天使たちを呼び、その愛や光、癒しのエネルギーであなたを包み込んでくれるようにお願いしましょう。

［しばらく間をとります］

白い光の繭の中にいながら、天使があなたの元にやってくるのを感じたり、見たり、イメージしましょう。

どのような形や姿であっても、それで完璧です。

どのように天使たちが、あなたを取り囲んでいるのかを見てみましょう。一人はあなたの頭の上にいて、もう一人は足下に、そして、身体の両側にもいるでしょう。

どのように彼らのエネルギーが優しくあなたのエネルギーにつながっているのかを感じます……そして、どのようにゆっくりと優しく、あなたが包まれている光の泡を持ち上げているのかを感じましょう。

彼らの腕の中でリラックスするままに任せましょう。漂うままに任せましょう。そして、安全で守られていることを感じましょう。

天使たちはあなたを高く、高く……高く、高く、持ち上げています。

あなたを時間と空間を超えて、どこへでも運んでくれます。どんな方向の時間や空間でも可能なのです。

わたしは今、天使たちに時間と空間を超えて、最も大切な学びと気づきが得られる別の時間や空間へと……わたしにとって最善のところへと、運んでくれることをお願いします。

さあ、天使たちがあなたを運んでいます。

時間と空間のまにまに、漂い、浮かびながら……漂い、浮かびながら……

そして、今、天使たちは立ち止まります。あなたが包み込まれている白い光の泡を表面に向かって、下へ下へとおろしていきます。

光の泡は、今表面に着きました。

これからわたしが3から1まで逆に数えるので、1まで数えたときに、あなたは光の泡の外側に立っています。

3……さあ、白い光の中に入っていきます

2……光の中へと進みます

1……さあ、今あなたは外側に立っています

あなたは今、違う場所、別の時間にいます。

周りをよく見回してください。

感覚のすべてを使って見回します。

一番はじめに目に入ってきたものは何ですか？

あなたが最初に感じた感情や印象はどんなものですか？

足下を見ましょう。あなたは何かを履いていますか？

自分の足や身体を見てみましょう。何か服を着ていますか？　服を着ているとすれば、どんなものを着ているでしょうか？　［しばらく間をとります］

あなたの前に手を伸ばして、見てみましょう。何かを持っていませんか？　［しばらく間をとります］

身体のどこかに装飾品はありませんか？

あなたは男性ですか？　女性ですか？

年齢はいくつでしょうか？

どんな姿をしていますか？

今は昼ですか？　夜ですか？

誰かそばにいる人はいませんか？　［しばらく間をとります］

この人生で起こった大事な出来事を探究してみましょう。　［しばらく間をとります］

不快感を感じるようなことがあれば、その場面から離れ、上から観察することもできます。自分が守られ、安全であることを確認しながら、遠くから観察することができます。［しばらく間をとります］

時間を進めたり、戻ったりしながら、この人生を探究し、全容を知ることができます。［しばらく間をとります］

その人生に登場する人々の中で、今の人生で出会っている人たちもいますか？［しばらく間をとります］

では、その人生の最期の場面に行き、痛みや苦しみを全く感じることなく、どのようにあなたの魂が肉体を離れていったのかを体験します。［しばらく間をとります］

この人生で、あなたはどんなレッスンを学んだのでしょうか？［しばらく間をとります］

この人生は、あなたの今の人生とどのようなつながりがあるのでしょうか？［しばらく間をとります］

あなたの今の人生について、知っておくべき重要なことは何でしょうか？［しばらく間をとります］

さあ今、その場面から離れていきます……どんどん離れていきます……遠ざかっていきます。

さあ、その人生から遠ざかっていくままに任せましょう。

あなたのハイアーセルフやガイド、あるいは夢の中の天使たちによって、引き続き必要な情報がもたらされるでしょう。また、起きているときにも、直感やサイン、ひらめきなどによってももたらされます。

これから数日の間は、鮮明な夢を見るかもしれません。これまで以上に、はっきりと覚えておくことができるでしょう。

さあ、これから現在へと戻る時間がやってきました。あなたは、自分の体験したことをすべて、はっきりと覚えておくことができます。この録音を聞き、退行催眠を行う度に、あなたは常に天使たちからガイダンスや癒し、助けを得ることができます。そして、それはいつも変容と癒しをもたらし、心地よい体験となるでしょう。

これから、わたしが5から1まで数えます。わたしが1まで数えたら、あなたは目を覚まし、元気よく、素晴らしい気分で起きることができます。

5……さあ、だんだんと意識が戻ってきます

4……現在の瞬間、時間に意識を向けていきます

3……目が覚めようとしています。身体が休まり、活力が湧いています

2……手や足を伸ばしましょう

1……目を開けましょう。あなたは完全に覚醒し、素晴らしい気分です。愛され、十分に休息し、元気がみなぎっています。

付録B　前世療法についてよく聞かれる質問FAQ

前世療法やわたしが行うセッションについて、もっともよく聞かれる質問について、答えておきたいと思います。

Q 前世に取り残されてしまうということはあるのでしょうか？

A セッションがどのように進んでいくのかについて、わたしの説明を聞き終えたあとに、自分が前世にはまり込んでしまい、二度と戻って来られなくなることはないのかという質問をよく受けます。わたしはクライアントに、完全に安全であることを保証しています。退行催眠とは、あなたが記憶を経験するように体験されるものです――あなたが子ども時代の記憶や昨日の晩ご飯をありありと思い出しているのと同じです。あなたがある特定の瞬間に意識を集中させているときに、そこに伴うイメージや思考、感情や詳細がふと頭に浮かぶのです。だからと言って、わたしたちはその記憶にはまり込むことはありません。同様に、前世の記憶に留まることはありません。

Q 何か怖いことを経験したら、どうすればよいのでしょうか？

A 人々はよく、「何かとてつもなく恐ろしいことを体験し、今よりももっと自分がおかしくなったらどうしよう？」と思うようです。わたしはクライアントに、前世療法はホラー映画を見に行くこととは全く異なるものだと保証しています――何の理由もなく、あなたを怖がらせるだけの目的で何かを体験することはありません！　退行催眠は、癒しという目的で、あなたにとって最善の効果がもたらされるような事柄が体験されるのです。仮に何か強い感情を伴うような体験があったとしても、あなたを怯えさせるようなことは起こらないでしょう。例えば、首を金属製の鎖でつながれていたわたしの奴隷の前世の体験を聞いて、非常に動揺された方がいるかもしれません。そして、自分はそんな恐ろしい過去を体験したくないと願うでしょう。でも、わたしにとってその人生は何ら恐ろしいものではありません。確かにたくさんの強烈な感情はありました――哀しみ、怒り、止めどなく流れる涙など。けれども、これらの感情を味わうことは、カタルシスとなり、癒しをもたらしてくれました。多くの試練を経験した過去の人生は、あなたのものです。つまり、それらはすべて、すでにあなたのエネルギーの周波数の一部となっているのです。ですから、たとえ再体験したとしても、あなたにとって異質で、我慢しがたいものとしては体験されません。というのも、あなたがかつて生きた人生だからです。無意識的には、あなたはすでに馴染みがあり、それらの人生とつながっているのです。

また、ハイアーセルフや守護天使、ガイドがあなたを見守っているので、あなたの手に負えないような経験はさせないということも保証したいと思います。その例として挙げられるのは、わたしが子どもの頃にはじめて経験した、ロシア人スパイだった前世のことです。大人になってからその人生を再体験したときに、子どものときには決して明かされなかった細部まで見ることができました。それらの細部は、少女の心にはショックが大きく心身に影響を与える恐れがあるものでした。けれども、わたしは守り導かれていました。わたしは、自分が手に負えるものだけが与えられました。わたしは、クライアントにシンプルにこう伝えています。「あなたは守り導かれています、ただ自分自身と大いなる源を信じましょう」と。

Q わたしは催眠にかかるのでしょうか?

A この質問は、自分がコントロールされてしまうことに対する恐れ、すなわち、マインドコントロールによって、何か自分の意志に反することをさせられてしまうことに対する恐れに関連しているように思います。確かに退行催眠は、催眠を使いますが、それは多くの人たちが催眠に対して抱いている認識とは大きく異なっています。恐らく多くの人たちが、エンターテイメントの目的で行われるステージ上の「催眠」のパフォーマンスを目にしているのではないかと思います。ステージ上の「催眠」は、ステージに上がる聴衆のボランティアとの間の無言の約束の元に行われています。つまり、催眠術師は、自分の指示を聞き、従ってくれることを期待してステージに登場するのです。そして、実験台になるために自らすすんでステージに上がってくる人は、指示を受け入れることに合意しています。このことはとても重要な点です。つまり、自分が合意しなければコントロールされることはあり得ません。

わたしはクライアントに、セッションの間ずっと、彼ら/彼女らが完全にコントロールを握ったままであることを保証しています。何か不快さを感じたり、感情が高まったりすれば、いつでも目を開け、立ち上がり、部屋から出て行くことができます。そのような衝動に駆られたときに、わたしがクライアントに勧めているのが、その経験に留まり、何が起こっているのかわたしに話してくれることです。そうすることによって、わたしはよりよくガイドすることができます。けれども、選択権はクライアントにあります。退行催眠の間は、わたしたちのどちらも常に、完全にコントロールを握っているのです。

催眠は、心から安心することから始まります。安心することで、リラックスし、内面から湧き起こる感情やイメージにフォーカスすることができるのです。実際に、催眠とは変容した脳波の状態、すなわち、深いリラクゼーションと創造性が高まった状態に他なりません。わたしたちは誰もが日常的にこの状態を経験しているので、ほとんどのクライアントは自分が「催眠にかかっている」ことに気がつきません。どのような仕組みになっているのか説明しましょう。

わたしたちが通常、起きている意識の脳波はベータ波です。そして、リラックスしたときに、簡単にベータ波からアルファ波に移行します。そして、わたしのガイドによって、クライアントはより深い状態に入ります。つまり、アルファ波からシータ波へと移るのです。シータ波の状態とは、意識はあるにもかかわらず、眠気のある状態です。誰もが夜、眠りに落ちる前と、朝方に目覚める前にこの状態を経験しています。シータ波は、意識と無意識の境にある状態です。深遠な学びや癒し、成長はこの状態で起こるのです。

けれども、クライアントの中には、より深いシータ状態に入る代わりに、アルファからガンマ状態に移行する人もいます。ガンマは、ベータより高い周波数で動いています。この状態では、より高次元の知覚や意識が可能になります。万物との一体感や至福の感覚、生命の本質的な理解が起こります。

セッションの最中は、わたしの誘導によって、クライアントはシータ波かガンマ波の状態にとどまることができ、非常にパワフルな作業を行うことを可能にします。わたしたちの身体や意識はこれらの状態に非常に馴染みがあります。この状態にいることは、ごく自然で簡単なことです。これらの状態に違和感がないということと、脳波がスムーズに移行していくために、人々は何も起こっていないと感じ、自分は催眠にかからないと思い込むのです。

自分に催眠はかからないと思うもう一つの理由としては、催眠が意識喪失になることだと思っている人が多いことも上げられます。実際に、わたしが出会ったクライアントの多くが、前世療法がうまくいくためには、意識があってはいけないと信じていました。その人たちは、わたしが無意識の部分に働きかけるので、意識が戻ったときに何が起こったのかを覚えていないと思っていました。確かにそういうことは起こります。でもそれは非常に稀なケースです。ほとんどのクライアントの場合は、セッションの間、ずっと意識があります。彼ら／彼女らは、自分がソファーに横たわっていて、わたしが近くの椅子に座っていることを知っています。同時に、あらゆる体験が意識に浮かんでくるのをゆるし、それをわたしに報告します。

退行催眠の間、なぜクライアントに意識があるのかについて、わたしは妥当な理由があると思っています。時代が変わり、厳格な宗教は数世紀前とは同じように、わたしたちの人生の拠り所とはなっていません。より多くの人たちが神と直接つながり、その神なるものから導きを得ることが自然であると感じています。宗教的な縛りがゆるくなったので、わたしたちは直接的に、神なる自分、あるいは大いなる源とつながり、交流することができると信じられるようになりました。ですから、自分の一部が自分について学んだことを、また別の自分の一部から隠さなければならない理由はどこにもありません。そうした智を理解できるようになったばかりか、自ら進んで智を求めるようになりました。わたしたちは自ら「悟り《エンライトメント》」を探究しているのです。わたしたちは全体性に向かって、情報を集め、行動を起こしています。自分自身のあらゆるパーツを統合しようとしているのです。前世療法によって再体験したことを、意識が隠蔽する理由はどこにもありません。というのも、意識もこのプロセスの一部を担っているからです。すべてを目撃することで、意識は情報を吟味し、最大限に有効活用することができます。

クライアントはセッションの全行程を意識的に経験しているので、体験の善し悪しについて判断したり、途中で中断したりすることもできます。クライアントは完全にコントロールしています。たとえば、「こんなことあり得ない」「史実と異なっている」と簡単に判断することができます。ですから、わたしはクライアントに裁く心を脇に置いて、自然に浮かんだものに対し、興味を惹かれたり、魅了されるままに任せることをおすすめしています。セッションの後で、いくらでも自らの体験を分析したり、理にかなっているかどうか確かめたりすることができるのですから。

Q 実際にどのようにして前世とつながるのでしょうか？

A わたしはクライアントの質問にすべて答えてから、セッションの体験的な部分に入っていきます。前世療法のプロセスそのものは非常にシンプルで優しいものです。まずは、クライアントに出来うる限り快適な姿勢で横たわってもらいます。それから、深いリラクゼーションの状態へとガイドしていきます。目を閉じて、意識を内側に向けることで、自然に五感、すなわち、視覚、嗅覚、触覚、味覚、聴覚を通して入ってくるものが減少していきます。身体をリラックスさせることで、内側に意識を研ぎ澄ませ、それ以外の情報を遮断します。

前述した変容された脳波の状態が、意識や知覚を拡大させます。このようにして、わたしたちは自分の生きた別の人生につながることが可能になるのです。別の人生が提供してくれる情報やガイダンス、癒しは常に現在にあり、わたしたちはいつでもそこにつながることができます。わたしのガイドによって、クライアントは他の人生と意識を融合させていきます。

クライアントは直感的に自分が誰であるか認識することができ、イメージや音、匂いなどが流れ込んできます。わたしはクライアントに自分の第一印象や考え、感情を信頼するように伝えています。また、仮に理にかなっていないと思ったとしても、何も裁かないように助言しています。すべては神聖な意図の元に構成されているのです。すべては完璧にまとまり、セッションが終わる頃には納得がいくでしょう。

Q 自分が見ているものを想像によって作っているのではないでしょうか？

A クライアントはよく、「自分が単に前世を想像しているに過ぎないのではないか？」と心配します。それで構わない、というのがわたしの答えです。想像は、しばしばわたしたちを前世の物語へと橋渡ししてくれます。

最近、わたしはデビーという女性にセッションを行いました。デビーをリラクゼーション状態へとガイドした後に、彼女がどのようなことを見たり、感じたり、体験しているのか聞きました。

「何も」と彼女は答えました。

「では、そこに何かがあると想像するとしたら、それは何でしょうか?」と聞きました。

「洞窟」というのが、その答えでした。何と面白い選択でしょうか! きっとそれは、わたしたちが誰かに同じ質問をされたとしても、思いつかなかった答えでしょう。

「他にも何かを想像するとしたら、何でしょうか?」とわたしは聞きました。「洞窟の中に人々がいます」と彼女は言いました。さらに面白くなっています! その人たちはネアンデルタール人ではなく、アメリカの先住民族の部族だとデビーは説明しました。彼らは嵐を避けるために洞窟に避難しているとのことでした。それを話しているうちに、デビーは非常に感情的になりました。彼女は半狂乱になって、部族の中にいる息子を捜し始めましたが、見つけることはできませんでした。デビーは息子がまだ外にいるのではないかと思い、彼を失うことを恐れました。

この人生は、想像してみることから始まりましたが、すぐさま、デビーにとって個人的で、非常に意味をもつ体験に変わりました。デビーがわたしのところに来たときに、彼女は夫と別れることを考えていました。けれども、そのことによって小さな息子を守ることができなくなってしまうのではないかという、非合理的な恐れに身動きが取れなくなりました。彼女がセッションの中で、自由にイマジネーションを働かせたことによって、前世とつながることができたのです。デビーは、非合理的な恐れに思われたものは、前世にルーツがあったことを発見しました。

イマジネーションとは、無いものにつながることではありません。魂の領域では、現在・過去・未来はすべて、この瞬間に存在しています。これまで存在したことがあるものや、これから存在しようとしているものは、すべてこの「今」の瞬間にあるのです。あなたもわたしも存在していないものをイメージすることはできません。そうしようと努力してみたところで、存在しないものを肉体次元に反映させたものをつくり出すだけです。わたしが非存在をイメージしようと思うと、存在の壁の向こう側にあるブラックホールのようなものを思い浮かべます。でも、イメージすること、それ自体が存在するものです。ですから、わたしたちが想像できるものはすべて、存在の次元はどこであれ、存在しています。想像することは、入手できる情報にアクセスすることに他なりません。

イマジネーションは、心理療法の手法としても積極的に利用されています。カール・ユングやその他の心理学者たちは、わたしたちの幻想《ファンタジー》の中に表れるイメージは、過去の深い感情的なトラウマや未解決の葛藤を起源としていることを理論化しています。心理療法家はしばしば、イマジネーションを使って、抑圧されたネガティブな感情を処理したり、あるいは、課題の解決方法を発見したりするのを手伝います。クライアントが催眠状態で見たものが「想像」であったとしても、心理療法家はそこに価値を置いています。というのも、そのヴィジョンはクライアントの無意識から生じているからです。無意識は、わたしたちの癒し方を知っています。ですから、退行催眠の最中に見たイメージが想像されたものであったとしても、そこには極めて優れた治療的価値があるのです。

わたしはクライアントに、イマジネーションを自由に働かせることを奨励しています。そうすることでエネルギーが自由活発に流れ、ハイアーセルフとつながり、人生がうまくいくための最善のアドバイスを受け取ることができると知っているからです。たった少しの時間、想像してみるだけで、物語は必ず、否応なく展開していくもので、そこからクライアントは実に鮮明で感情的な、また、癒しをもたらすような体験へとシフトしていくのです。したがって、とりかかりとしてのイマジネーションは、情報が流れ込むことに許可を与えるシンプルなツールなのです。

Q 前世療法の最中には、実際に何が起こるのでしょうか？

A すべてのセッションは唯一無二のものです。それぞれの体験は、退行催眠を受けている人のニーズや特定の状況を反映しています。クライアントの中には、誕生から死ぬまでの人生を経験する人もいます。つまり「通常」の人間の一生です。また、恐竜や猿、花など人間以外の生命体を経験する人もいます。他の例では、別の惑星や宇宙船の中で暮らす存在としての自分を体験した人もいました。さらには、天使やガイドに会ったり、どのように魂が造られるのかを目撃したり、あるいは、原初の源が何であるかを直接体験するといった神秘体験をすることもあります。

どのように退行催眠を体験するかも人によって異なります。ある人は、あたかも意識の中で映画を鑑賞しているように、細部まで豊かに見ることができます。このようなセッションに当たったときは、自分自身に冗談めかして「さあ、この人生を再訪するだけで一生かかるわね」と言います！　また、短いイメージの断片だけが浮かび、そこに付随する感情やその内容を一瞬で知覚できる人もいます。あるいは、退行催眠の全行程に強烈な感情が伴い、感情を通して物語が把握していく人もいます。さらには、セッションの中で何かを聞いたり、触ったりする人もいて、それをわたしに描写してくれます。言い換えれば、過去や未来の人生を経験することに「正しい」方法はないのです。わたしのセッションを受けたり、あるいは前世療法の録音を聞く方法であっても、あなたが体験することはどんなものであれ、すべてが正しいことをわたしは保証したいと思います。ただ、起こるままに任せ、信じてください。

Q ハイアーセルフとは何ですか？

A クライアントが必要とするすべての人生を訪ねた後、まだ深い催眠状態にいるときに、わたしはハイアーセルフとつながるように伝えます。ハイアーセルフは、魂のより大きく賢い部分で、わたしたちに無条件の愛を注いでくれています。わたしにとって、ハイアーセルフとは、わたしたちの最大限のポテンシャルというテンプレートを持っている存在です。魂が人生で探究したいと願う特定のテーマや目標を、最も偉大な形で体現している存在なのです。わたしたちの魂が実現したい最大限の可能性を発揮した姿だと言えるでしょう。

わたしたちの誰もがハイアーセルフを持っています。ハイアーセルフは、わたしたちの一部なのです――真実の自己の波動です。わたしがクライアントのハイアーセルフに語りかけるときに、クライアントはハイアーセルフの波動につながり、そこから明晰な理解を引き出しています。そうすることで、クライアント自身がその波動と一体化しているのです。わたしの前世療法のセッションが治癒的で革新的な理由の一つは、この点にあります。

わたしはハイアーセルフとの会話の中で、セッションの前にクライアントと話し合った問いや疑問点について聞いてみます。また、クライアントの身体的な症状やその感情的な要因について、治癒されるようにお願いします。別の人生を再訪する方法が人それぞれであるのと同様に、ハイアーセルフとつながる方法も様々です。すべての人の経験はユニークなのです。わたしはいつもクライアントに、ただ信じて、語られるままに任せることを勧めています。拡大された意識の状態において、おのずと答えが分かり、そのままわたしに伝えてくれるクライアントもいます。また、エネルギーの包まれていて、そのエネルギーの中から答えを引き出しているように感じるクライアントもいます。あるいは、自分以外の誰かが自分を通して話しているように感じ人もいます。どちらがより正しいということはありません。それぞれが、固有の方法でハイアーセルフからガイダンスを得ているのです。

すべての作業が完了したときに、わたしはクライアントを催眠状態から覚醒させます。目を覚ませたクライアントは、しばしばほんのわずかな時間しか催眠状態にいなかったと感じるようです。けれども、実際には数時間が経過しています。クライアントの時間の感覚が狂ってしまうのです。というのも、そのような意識の深いレベルでは、クライアントは存在の別の領域へとつながり、肉体次元の時間感覚というものがなくなってしまうからです。

Q セッションの最中に、催眠療法家はどのような体験をするのでしょうか?

A クライアントがわたしのオフィスに入ってきたときに、わたしは彼ら／彼女らが何かを体験するだろうと思います。けれども、どんな体験をするかまではわかりません！　はじめの部分で、クライアントが人生について話してくれているときは、わたしは真っ白なキャンバスになったような気持ちで聞いています。そのときはただ聞き、質問し、メモを取るだけです。どんなことも価値判断せずに理解しようと心がけるだけで、わたしとクライアントのエネルギーがブレンドされていくのです。けれど、一度セッションが始まると、何か普通ではないことがわたしの内面で起こります。わたしはしばしば、クライアントが見ているイメージを見たり、情報を聞いたりすることができます。さらには、クライアント自身にイメージが湧く前に、彼ら／彼女らの語る人生の全体像が見えてくる場合もあります。このことはわたしをより良いセラピストにしてくれていると思います。なぜなら、ただ盲目的にクライアントを導いているわけではないからです。こうした現象が起こる度に、わたしたちは一つである、ということを思い出させてくれます――わたしたちはみな、同じ一つの普遍的な情報の流れにつながっているということです。また、過去も未来もないので、並行的なタイムラインの中では、セッションはすでに行われているのだということも教えてくれています。つまり、クライアントは直線的な時間軸ではこれからやってくる経験を、すでに体験しているのです。

それはあたかもわたしの意識をクライアントの意識とブレンドさせて、共に時間と空間を旅しているようです。わたしたちは同じ原初の意識の一部を構成しているので、**すべてなるもの**の一部――「わたし」という身体と心――への強い執着から離れた瞬間に、そして、「わたし」自身の外側に意識を向けた瞬間に、すばやくそれと一体化することができるのです。ですから、わたしがクライアントの体験を知覚しているときは、わたしの意識はクライアントと融合しながら**一なるもの**の意識となり、共に他の場所や時間を旅しているのだと思います。

Q あなたの前世療法のガイドCDを聞くときに、何か留意することはありますか？

A いくつかの留意点をお伝えしたいと思います。もし、あなたが家でペットを飼っている場合は、しっかりドアを閉めて、別の部屋にいてもらうことをおすすめします。ペットは自然と心地よいエネルギーに引き寄せられるので、退行催眠のワークが進み、あなたがリラックスすると、彼らはあなたといたがるでしょう。このようにペットにびっくりさせられて、体験が中断するよりも、ドアを閉めておきましょう。そうすることで、妨げられることなくワークが続けられます。

二点目は、退行催眠を行ったあとの数日間、見る夢に注意してみることです。わたしたちはよく、夢を通して他の人生とつながっています。特に、意識的に魂の片割れたちとつながろうとした場合ができます」。そして、朝になり、目が覚めたら、そのまま横になって目を閉じたままの状態で夢を振り返ります。練習をすればするほど、簡単にできるようになります。

最近、ラジオ番組でインタビューを受けました。インタビューの準備として、ラジオ番組のホストがわたしの誘導CDを聞いてくれました。退行催眠がはじまると、彼女は全く予期しないようなことを体験し、びっくりしてしまったそうです。そこで、彼女は無理に意識を覚醒させて、中断したようです。その夜、彼女はある夢を見て、目を覚ましました。その夢は、退行催眠の中で見たヴィジョンと関連するもので、彼女の創造的な仕事と人生の目的について、この先どのようにすすめていけばよいのか、非常に具体的に教えてくれたのでした。わたしはこのエピソードが大好きです。なぜなら、わたしたちが意識的にガイダンスを求めたときに、どのように情報が必ずわたしたちの元へもたらされるのかをはっきりと示してくれているからです。

謝辞

わたしの現実の師であるブライアン・L・ワイス氏、ドロレス・キャノン氏。わたしが現在歩んでいる道の礎をつくり出してくれたことに感謝しています。わたしは心からあなた方の先駆的な仕事を尊敬しており、また感謝しています。わたし自身の真実の自己に目覚め、他の人々が変容し、癒されるためのツールを授けてくれたことに深くお礼を申し上げたいと思います。

わたしの非肉体次元の師であるセス、バシャールと、彼らの人間としての片割れであるジェーン・ロバーツ氏、ダリル・アンカ氏。あなた方のエネルギーは常にわたしを導き、そして、言葉はわたし自身の本質に気づくために、いつも目覚めさせてくれるものでした。ありがとうございます。

ジョン。振り返ってみて、今わたしに分かるのは、わたしたちの想い出深いセッションは、神なる計画だったということです。わたしたちが想像するよりも大きな使命があったのではないかと思います。わたしたちが会ったときには、お互いに気づいていませんでしたが、わたしたちのセッションはわたしたちにとって、そして世界にとっても非常に重要な意味をもたらすものでした。わたしにとっては、本著を書く動機付けの種となりました。あなたにとっては、あなた自身の生きる道を思い出し、人々の理解を促すために教えるという人生の目的を果たすためではなかったでしょうか――本書であなたの体験を紹介することを通しても、あなたの人生の目的を果たしているのではないかと思います。ジョン、あなたの友情に心から感謝しています。わたしの人生に大きな贈り物をしてくれたことに、百万回分の感謝の気持ちを送ります。

本書の中で紹介したすべてのわたしのクライアント。あなた方と出会い、あなた方がいかに素晴らしい魂であるのかを目撃できたことを光栄に思います。まさに、祝福です。わたしは、あなた方の物語が、わたしがそうであったように、本著を読む大勢の読者の心を打つに違いないと思っています。わたしが本著を執筆することを援助し、あなた方の掛け替えのない存在の素晴らしさを通して、大いなる源に触れることができたことに心から感謝しています。

イヴァン・ケリー。数えきれないくらい、わたしの退行催眠を受けてくれてありがとう。あなたが、わたしの催眠療法に対する情熱に温かな愛情を注ぎ、支えてくれたことが、今日のわたしを作っています。あなたはいつもわたしを信じてくれました。わたしが自分自身を見失っているときもそうでした。そばにいてくれて、本当に感謝しています。

ウェイン W・ダイアー博士．内なるガイダンスに耳を傾けて、わたしと前世療法をあなたの人生に招き入れ、そして、変容が起こるままに任せたことに感謝しています。わたしがどれほど、あなたの愛と心からのサポートに感謝しているか、到底言葉で表すことはできません。わたしとわたしの仕事に信頼を寄せてくれてありがとうございます。ありがとう！　ありがとう！　ありがとう！

リード・トレーシー。本著のヴィジョンを持ち、わたしの仕事のサポートをしてくれたことに心から感謝しています。わたしがあえて夢を見ることを行う以前に、あなたは本著の価値を知っていました。

シャノン・リッテレル。あなた以上の編集者がいるでしょうか！　本著とＣＤ『前世療法の癒し、その先へ』に対するあなたの尽力に感謝しています。

ケリー・ノタラス。あなたの名前とわたしの名字が同じ発音を持っていることに、心が躍ります。わたしが終わるところから、あなたが始まるのです。わたしの意見とともに、あなたのコメントや思慮深い校正を原稿に加えたことによって、本当に素晴らしい作品を共に作り上げることができました。本著は多くの読者の助けとなると信じています。心からの感謝を！

タマラ・エドガー。あなたの助けと愛とサポートに感謝しています。わたしたちのエネルギーとヴィジョンは本当に素晴らしく同調しています。他の人生でもわたしたちは共に支え合ってきたと確信しています。

リアナ・アンジェロヴァ・パスレヴァ。わたしはあなたのように素晴らしい女性を、母親に持てたことを祝福だと思っています。あなたは愛と忍耐に無限のキャパシティーを持っています。あなたの魂は本当に明るく、そして、思いやりがあります。わたしはあなたに利他性と奉仕の心を教わりました。あなたは常にわたしのすべてに関心を持ってくれました――わたしの言葉、友人たち、あらゆる人間関係、学校、キャリア選択、人生の紆余曲折、そして現在では前世療法から得たわたしのあらゆる発見を含むすべてです。あなたは常にわたしを信頼し、わたし自身が自分を信じられるように励まし続けてくれました。そして、あなたはいつもわたしの「信じる目」となり、惜しみなくわたしの夢をサポートし、必要なときは叡智の言葉を伝えてくれました。あなたがしてくれたようには、だれもその役割を果たすことはできません。あなたはわたしがより良い人になれるように、どう励ませばいいのかを知っていて、わたしの長所を祝福してくれました。あなたはわたしの親友であり、インスピレーションの源であり、そしてスピリチュアルな旅路の同伴者です。あなたの神聖なエネルギーは、常にわたしに滋養を与え、育んでくれました。お母さん、あなたがあなたであるもののすべて、そして、あなたがこれまでわたしにしてきてくれたことのすべてに感謝しています。謝意を込めて、本著をあなたに捧げます。

補足資料

下記のわたしのサイトから、自分を愛することや信頼することに焦点を置いた「信頼のメディテーション」をダウンロードすることができます。これは、無料の20分間の誘導瞑想（音声）です。

www.mirakelley.com/meditation-download.

また、わたしが誘導する前世療法を体験したい方は、『前世療法の癒し、その先へ』のCDをご利用ください。このCDには、前世療法の誘導や、誘導瞑想が含まれています。下記のサイトで、ダウンロード、及びCDを購入することができます。

もし、わたしから直接前世療法のセッションを受けたいと希望される方は、Eメールでお知らせください。info@mirakelley.com

また、わたしの開催する前世療法のワークショップやリトリートへの参加を希望される方は、www.MiraKelley.com/events. を参照ください。

わたしとウェイン W・ダイアー博士の深遠な前世療法のセッションに興味がある方は、博士の著書『ダイアー博士の願いが実現する瞑想CDブック――本当の自分に目覚め、満たされて生きる』（ダイアモンド社）をご覧ください。

ブライアン・ワイス、エイミー・ワイス著作の『前世療法II』（PHP文庫）には、わたしが提供した３つの体験が挿入されています――２つはわたし自身の体験で、もう１つはわたしのクライアントのものです。

また、フェイスブックのコミュニティーに参加して、同じ志を持った人々と前世療法について情報交換ができます。あなた自身の前世の体験を分かち合ったり、この本の感想を投稿したりすることもできます。グループ名は「Past-Life Regression」です。以下で検索してください。

www.facebook.com/groups/PastLifeRegression.

著者について

ミラ・ケリーはブルガリアで生まれ育ち、13歳のときに強烈な前世療法の体験をします。自分を信じ、勇気を奮い立たせて、アメリカの大学で学ぶために渡米します。法科大学院を卒業後、ニューヨークの大規模な法律事務所で、企業や証券会社の弁護士を務めます。肉体的な痛みに苛まれているときに、再び退行催眠によって、一瞬で感情や肉体が癒されるという体験をします。現在では、催眠療法によって、人々の人生の変容を助けています。ミラのセッションの内容は、ウェインW・ダイアー博士の著書『ダイアー博士の願いが実現する瞑想CDブック——本当の自分に目覚め、満たされて生きる』（ダイアモンド社）とブライアンL・ワイス医学博士の著書『奇跡が起こる前世療法』（PHP出版）の中で紹介されています。また、これらの体験談はOprah.com［訳注：アメリカを代表する人気トーク番組の黒人女性司会者、オプラ・ウィンフリーのサイト］で特集が組まれています。

ウェブサイト：www.mirakelley.com

訳者プロフィール

立花ありみ

サンフランシスコ州立大学マスコミ科卒業。臨床心理士。ヒプノセラピスト。翻訳家。公立小中学校、教育相談センター等でカウンセラーをする傍ら、スピリチュアルな気づきと心理学的手法の融合を目指している。訳書に『無我の経験』『わたしＩ　真実と主観性』（ともにナチュラルスピリット）等がある。

前世を超えて

●

2018年9月19日　初版発行

著者／ミラ・ケリー
訳者／立花ありみ

装幀／中村吉則
編集／山本貴緒
本文DTP／山中 央

発行者／今井博揮
発行所／株式会社ナチュラルスピリット
〒101-0051 東京都千代田区神田神保町3-2 高橋ビル2階
TEL 03-6450-5938　FAX 03-6450-5978
E-mail　info@naturalspirit.co.jp
ホームページ　http://www.naturalspirit.co.jp/
印刷所／創栄図書印刷株式会社

ISBN978-4-86451-278-7　C0011

●新しい時代の意識をひらく、ナチュラルスピリットの本

ぼくはのっぽの大リーガーだった
キャシー・バード 著
釘宮律子 訳

ハリウッド映画化、決定！ 野球史に残る大リーガーの記憶を持つ息子が語った衝撃の真実と家族に起きた奇跡。

定価 本体二〇〇〇円＋税

喜びから人生を生きる！
アニータ・ムアジャーニ 著
奥野節子 訳

山川紘矢さん亜希子さん推薦！ 臨死体験によって大きな気づきを得、その結果、癌が数日で消えるという奇跡の実話。（医療記録付）

定価 本体一六〇〇円＋税

もしここが天国だったら？
アニータ・ムアジャーニ 著
奥野節子 訳

アニータ・ムアジャーニ待望の2作目。ステージⅣの末期癌から臨死体験を経て生還した著者による、「向こう側の世界」で得た洞察を現実に活かすためのメッセージ。

定価 本体一七〇〇円＋税

バーソロミュー1・2・3
バーソロミュー 著
ヒューイ陽子 訳

『セスは語る』、『バシャール』、サネヤ・ロウマン本と並ぶチャネリングの古典的名著、待望の復刊！ 叡智あふれる存在からの愛と覚醒のメッセージ。

定価 本体各二一〇〇円＋税

光と影のやさしいお話
山田 征 著

環境活動家の著者の元にイエス、マリア、天使たちが現れ、始まった自動書記。30年前に自費出版され読み継がれていた幻の名著が、今またよみがえります。

定価 本体一五〇〇円＋税

あるがままに生きる
足立幸子 著

15年にわたり25万部以上のベストセラー&ロングセラー、待望の復刊！ 宇宙の波動と調和して直観に従って素直に生きる、新しい時代の生き方を示す一冊。

定価 本体一二〇〇円＋税

松果体革命
松久 正 著

人類の封印を解く！ わたし達の進化の鍵は、脳内の松果体にあった！ 松果体活性化により、自己の進化・成長に必要な大宇宙の叡智を手に入れる！

定価 本体一八五〇円＋税

お近くの書店、インターネット書店、および小社でお求めになれます。